当东方相遇西方

When East met West

感受文化的分量

张健雄 著

中国社会科学出版社

图书在版编目（CIP）数据

当东方相遇西方：感受文化的分量 / 张健雄著.
—北京：中国社会科学出版社，2011.6
ISBN 978-7-5004-9848-3

Ⅰ.①当…Ⅱ.①张…Ⅲ.①东西文化－研究 Ⅳ.
①G04

中国版本图书馆CIP数据核字（2011）第098878号

责任编辑　武　云　　路卫军
责任校对　周　昊
封面设计　图鸦文化工作室
技术编辑　王炳图　　王　超

出版发行　中国社会科学出版社
社　　址　北京鼓楼西大街甲158号　　邮　编　100720
电　　话　010-64036155　84029450（邮购）
网　　址　http://www.csspw.cn
经　　销　新华书店
印　　装　三河市君旺印装厂
版　　次　2011年6月第1版　　　　印　次　2011年6月第1次印刷
开　　本　710×1000　1/16
印　　张　14　　　　　　　　　　　插　页　2
字　　数　244千字
定　　价　29.00元

CONTENTS | 目 录

❺ 方言的故事   45

方言是人类的文化瑰宝。中国各地方言中保留着古汉语词汇。方言的"岛效应"使海外唐人街既吸纳了当地语言词汇，又保留了旧时代汉语的特点。已消逝的老北京音韵在台湾的国语中依然存留。欧洲的方言也闪烁着万花筒般的异彩，并留下了奇特的故事。

❻ 悠悠胡天情   54

中华大家庭中的维吾尔族辗转来自北亚，与匈奴、契丹、鲜卑、高丽和蒙古族有着共同的祖先。他们把中亚的喀什当做本民族的发祥地，突显族群归属意识中文化的分量。历史上驰骋北亚、威震欧洲的匈奴族虽然已消失，他们的后代却依然在心中构筑着祖先的文化家园。

❼ 溯流尼罗河   66

尼罗河文明和黄河文明都是人类文明的先驱，两大文明各有千秋。埃及的金字塔、古历法和古医学、纸草书折射出的高度智慧令人敬仰，但缔造这个文明的民族如今安在？两千多年，外来民族走马灯似地侵入埃及，埃及人从种族到文化都发生了嬗变。黄河文明的子孙却依然故我地繁衍至今。

❽ 比水还淡的血   84

法兰克王国发生周期性的分裂和战争，皆因老王驾崩，儿子们分家后争夺王国地盘。查理大帝建立的庞大帝国也在儿子"虔诚的路易"手上一分为三，后来演化成今天的法国、德国和意大利。古代中原也频频演出兄弟争权、血亲仇杀的悲剧。王族血管里流淌着比水还淡的血。为防止国家分裂和兄弟仇杀，长子继承权制度在欧洲形成。

自 序

大海边上布满了色彩斑斓的贝壳。那贝壳就是史海中的文化。

文化是什么？过去，我们将受过教育的人誉为"有文化"，把文盲称为"没文化"，把学习识读叫做"学文化"。于是，我们对文化的最初理解是识文断字的能力。其实这只是对文化的一个粗浅的解读。文字和语言是文化，但只是文化的一部分。今天再听到"文化"这个词时，我们多半会想起文学、戏剧、音乐、美术等。不错，这些领域是更高层面的文化，但广义的文化仍然不止于此。1871年，英国人E. B. 泰勒第一次对文化的含义进行界定。他认为："文化或文明是一个复杂的整体，它包括知识、信仰、艺术、伦理道德、法律、风俗和作为一个社会成员的人通过学习而获得的任何其他能力和习惯。"自他之后至今的近一个半世纪里，有一百多位学者追随其后为文化打造定义，但尚无任何一种定义得到学术界一致的首肯。文化涵盖面广，支系脉络盘根错节，要想用一两句话准确地概括其全部意义并不容易。

从广义上说，文化至少有两个方面的含义。一是人类的开化的状态，即与野蛮渐行渐远的结果。这个含义的文化与"文明"一词类似，并被交替使用。人们用"两河文明"、"尼罗河文明"、"黄河文明"和"印度河文明"来铭记世界四大古文明的同时，又用"半坡文化"、"蓝田文化"、"殷墟文化"、"红山文化"、"马昌文化"等称谓来标注四大文明中的某些亚文明圈。

人类最初的营生应该是狩猎，但狩猎不是人类区别于一般动物的本质特征。任何食肉动物都依靠捕食其他动物来维持生存和繁衍。不同的是，人类是用弓箭、长矛和石斧等工具来捕猎，而野兽则靠利爪和牙齿。人类作为高等动物的本质特征之一是学会了农耕，这是从等待大自然的恩赐进化到向大自然索取的重要一步，也是人类文化的发端。英文的"文化"一词culture(拉丁文为cultura)与"开垦"(cultivation)和"农业"(agriculture)有着共同的词根。可见，农耕文化是人类文明的重要里程碑。

人类与低等动物的另一本质区别是人类拥有复杂思维的能力。在早期人类活动的遗址中发现了动物骨头制成的项链，壁画上留下了舞蹈和祭祀的形象，说明在石器时代人类就有了审美、娱乐和宗教的意识。这是精神追求的开始。精神追求是文化的第二个含义。这个层面的文化包括神话故事、宗教观、审美观、哲学理念、社会习俗、民族传统、语言文字、文学作品、社会关系以及价值观等。

人类的精神追求便是一种无形的文化。在人类的进化过程中，无形的文化越来越多地凝结在他们的物质产品中，成为有形的文化。中世纪后飞檐式建筑成为中式民居的基本模式。这种风格来源于道教庙宇的"宫"式风格。这与民间的天宫神话有着内在的联系。中式房屋的大门，无论宫殿或民居，都有着高高的门槛。这道门槛肩负着防止内财外溢和外鬼侵入的重任。而欧洲大量见诸教堂的哥特式建筑则追崇高耸挺拔，折射出欧洲人力求与上帝和天堂缩短距离的心理企盼。

由于世界各地社会进化的环境不同，文化有着鲜明的地域性和民族性的特点。每个民族的文化，投映出各个民族的历史和心路历程。

如今中国人到欧洲观光，总要探寻那里中世纪的古风。威尼斯的运河和拱桥上留着马可·波罗的足迹，西西里的卡塔尼亚城有古希腊剧院、浴室遗迹和古罗马的斗兽场，那里的阿拉伯楼阁与亚平宁房屋相互交错，簇拥着欧洲最著名的巴洛克式的教堂。同样是教堂，在西班牙却呈现出不同的风格——多菱形带园拱窗的塔楼，塔楼顶上又是多层的尖塔。这些教堂许多就建在清真寺的废墟上，还带着摩尔人的印记。托莱多和格拉纳达的古堡散发着倭马亚王朝的气息，令人浮想联翩。马德里午夜的弗拉明戈舞蹈和里斯本小巷子里的法戈表演的魅力不亚于巴黎和维也纳的交响音乐会。同样，来到北京的欧洲客人，常常将长安街和中粮广场丢在身后，执意钻进大栅栏、什刹海的狭窄小巷，莫名其妙地迷恋那青石铺地的胡同和缠绕着葡萄藤的四合院，寻找明清时期北京人的生活场景。文化的魅力如此地国际化，因为民族的就是世界的。

笔者认为，文化应该定义为人类一切有形和无形的精神产品的总和与积累。这个定义或许仍然过于简陋，没有将文化的全部内涵和特点囊括进来。

现如今，当我们在审视和比较各地区各民族的某种行为模式或思维定式时，常常用"文化"一词作标签。譬如，在探讨不同民族的情感习俗时，不用"情感模式"一词，而称之为"情感文化"。类似的词汇还有很多，如"胡同文化"、"饮食文化"，甚至"地铁文化"等。这是因为"文化"一词承载着比"模式"更深邃的内涵和更丰富的历史积淀。

意识形态作为一种精神产品，属于文化范畴，以此类推，政治制度与政策也是一种文化。然而，政治是一个博弈过程而不是精神产品，因此不在文化范畴内。同理，经济思想和经济政策是文化，而经济的运行不是文化。政治和经济是与文化互相平行的范畴。

厘清文化与政治、经济的关系是为了权衡三者在历史进化中的作用。

翻开史书，发现人类历史的轨迹像股市的走势般曲曲折折。这条曲线的各个转折点分布着一次又一次的战争、吞并、起义、政变和王朝的更替。而在这一次又一次的变更后面又有着各不相同的推力。

在撞击出历史拐点的诸种因素中，经济因素首当其冲。从远古开始，对生存资源的争夺就是部落间摩擦和争斗的动因。这也是后来民族间、国家间战争的基本原因。前后长达两百年的"十字军东征"是欧洲人洗劫东方财富的侵略战。鸦片战争缘于英国以鸦片贸易搜刮中国财富的企图。日俄战争是两个帝国为争夺中国东北地区的经济主导权打的一仗。

政治是影响历史进程的另一重要因素。18世纪初的西班牙王位继承战，起因于法国国王路易十四让他的孙子获得西班牙王位继承权。路易十四的孙子登上西班牙王位将导致法、西两国合并成为超级大国而打破欧洲原有的权力均势。为阻止这种前景，欧洲各列强伙同觊觎着西班牙王位的哈布斯堡王朝向法、西宣战。这场持续了11年的战争是欧洲霸权的争夺和反争夺的斗争。这是政治星火点燃战争的典型例子。

在很多情况下，经济因素与政治因素交织在一起，共同改变着历史前行的轨迹。

在经济和政治之后，还有一个因素影响和改变着历史轨迹，那就是文化。欧洲历史上的好几场战争，如三十年战争和胡格诺战争，就是由文化冲突点燃的。三十年战争被史学家界定为欧洲重新划分势力范围的战争，但它最初的导火索是宗教分歧。信仰路德教的波希米亚人拒绝神圣罗马帝国皇帝为他们指派天主教国王，遭到了帝国的镇压。瑞典王国为解救自己的新教兄弟波希米亚愤而出兵，最后演化成一场泛欧洲的势力范围争夺战。从中世纪一直延续到今天的穆斯林什叶派与逊尼派之间的争斗，将历史的轨迹搅得七弯八拐，也是文化因素在起着作用。

笔者将影响和改变历史进程的文化现象称为政治文化。文化在推动历史进化的动力中占据着什么样的分量，是本书探讨的问题。此外，本书还涉及情感文化、文化的民族性和世界性关系等问题。

中国与欧洲经历过相似的历史发展阶段和相似的历史事件，然而由于各自文化间的差异，两地的思维模式和行为回应不尽相同，两地经历的历史轨迹便有所不同。本书旨在探讨和比较中国与欧洲各自历史轨迹中的文化根源。本书文章大多以笔者的亲历事件为引线展开，每一篇论及一个文化课题。其中，大部分为政治文化课题，多数涉及中、欧间的比较。

笔者才疏学浅，谬误在所难免，欢迎读者诸君不吝赐教。

张健雄

2011年1月29日

1

"长恨歌"罢长问天

阳朔江畔的"印象·刘三姐"和陕西临潼华清池的"长恨歌"融表演艺术于大自然舞台中，弘扬着老子"天人合一"的理念。看"印象·刘三姐"，享南国人文风光；观"长恨歌"，问李隆基有多少真情。

到楼观台一游。不去不知道，去了才知那是个了不起的地方，我们耳熟能详的成语"紫气东来"与那里还有些关系。

在距今2500年前，函谷关令尹喜在关旁草楼上观天象，忽见东方一片紫色云彩滚滚涌来，其状如飞龙，长达三万里。尹喜精通历法，善观天文，见此云大喜，称："紫气东来三万里，圣人西行经此地。"他就此料定将有圣人到来。这个典故就是成语"紫气东来"的来历。于是他每天沐浴熏香，在关旁恭候。那圣人就是老子。不久，老子果然骑青牛到来。尹喜将老子留在函谷，拜老子为师。老子在此写就了不朽名篇《道德经》。尹喜筑草台请老子讲经。那草台就是楼观台。800年后产生的道教，将《道德经》奉为圭臬，将老子尊为该教的开山鼻祖"太上老君"。

尹喜所指的"紫气"就是带有吉兆的彩云，即祥瑞之云。那祥云的紫颜色，只有像尹喜那样道行高深的术士才能辨别出来，我们凡胎肉眼在祥云面前都是色盲。

函谷关之所在，至今颇有争议。河南省灵宝市北的王垛村，修于春秋战国时期。由于有"紫气东

2500年前，老子骑青牛来到函谷关，被关令尹喜留下，拜为师。老子在此写就了名篇《道德经》。尹喜筑草台请老子讲经。道教产生后，奉老子为太上老君，尊《道德经》为圭臬。图为老子像。

来"和老子创作《道德经》一说，河南省灵宝市王垛村因此被称为道教圣地。但是，还有另一个说法，尹喜所筑的楼观台不在函谷关，而在秦岭山脉终南山的西段。楼观台之所在，在西安以西75公里周至县境内。

我们乘坐的汽车沿着八百里秦川向西行驰，右边是一片金黄的麦浪，左边是绵延巍峨的秦岭，一路风景美不胜收。楼观台现已辟为森林公园，园内以竹类植物品种繁多著称，原生和移栽的各类竹子共128种。楼观台有主殿四座，配殿两座。主殿是老子祠、斗姥殿、救苦殿和灵官殿。配殿是太白殿和四圣殿。山门两侧有钟、鼓二楼。山门前石阶盘道，蜿蜒而上。山门西侧外有一石砌泉池，名为上善池，池内一石雕龙头终年吐水不断。讲经台南800米外山岭上有老子的炼丹炉，东北方是老子墓所在，北二里则是宗圣宫遗址。老子本名李耳，唐代帝王也姓李，故将老子奉为先祖，在老子讲经处修建家族祠堂，后改名宗圣宫。讲经台园区有碑石170余块，留下名人诗词150余篇。唐代的王维、李白、白居易、李商隐，宋代的欧阳修、苏轼等都在这里留下墨宝。道教协会会长任法融先生常年居住在此。据此，我倾向于挺它为《道德经》的诞生地。

楼观台园内有碑石170余块，留下名人诗词150余篇。唐代的王维、李白、白居易、李商隐，宋代的欧阳修、苏轼等都在这里留下墨宝。山门西侧外的上善池内有一石雕龙头，终年吐水不断。图为上善池碑亭。

《道德经》凡五千字，分为上篇《道经》和下篇《德经》。《道经》论及宇宙的根本及变化规律。《德经》说的是为人处世之术和长生久视之道。几千年来振聋发聩、不绝于耳的"道德"一词原来指的是人的世界观和行为准则。想想也对。老子的学说思想十分丰富，最著名的是他朴素的辩证法，认为世界万物都由正反两面组成，并且由对立而转化，如"无"和"有"，"祸"与"福"等。东汉末年产生的道教源于老子的道论。道教有其拜鬼神、做斋醮、求仙境的唯心主义的一面，但其"阴阳"学、"天人合一"、"顺其自然"论却继承了老子的辩证观点。

"天人合一"和"顺其自然"体现了人类与自然的融合、和谐、互补。现

慕尼黑的英国公园。"天体运动"的崇尚者在这里尽情享受身体与阳光、空气和大自然的亲密接触。他们认为衣服是人类社会性的符号,是人与自然之间的隔膜。去除了这个符号,人类就还原到天地之中,热烈地拥抱大自然。

代社会人类活动的巨大张力冲击和毁损着自然环境,人与自然的对立日益明显。道教中的"天人合一"和"顺其自然"的观点重新受到国内外的重视。当今,退耕还田、退耕还林、退耕还海成为时尚,是对被讴歌了几百年的"征服自然"的谬误的修正。今人对自然的回归正是"顺其自然"和"天人合一"的实践。

早在20世纪初期,欧洲便掀起了"天人合一"运动。此运动的倡导者认为社会的发展使人忘却了自己的自然本性。要回归自然首先要去除人与大自然间的隔膜。于是,一群群男女走进森林、草地、海滨,脱得一丝不挂,尽情地让肌肤享受与阳光、空气和自然美景的亲密接触。衣服是人类社会性的符号,是人与自然之间的隔膜。去除了这个符号,人类就还原到天地之中,热烈地拥抱大自然。于是,这些人便把自己称为"自然主义者"(Naturalists),国内有人将之翻译为"天体运动"。"天体运动"的益处尽管有种种理论依据,但仍然被社会尤其是教会视为有伤风化。官方采取了折中的办法,允许他们随心所欲地裸裎"天体",但活动被圈定在有限的场地里。德国慕尼黑的英国公园和英国南部的布赖顿海滨浴场便是欧洲最有名的"天体运动"中心。每年盛夏,"赤条条"便成了那两个地方的特殊风景线。

今天，"天人合一"的观念也融入表演艺术中。广西阳朔推出的山水实景表演《印象·刘三姐》和陕西临潼华清池的歌舞剧《长恨歌》将演出舞台从剧场搬到自然环境中，展现"天人合一"的美学价值，令观众体验了人文元素、科技元素与自然元素的三重冲击。

《印象·刘三姐》的演出场所选在阳朔漓江与田家河的交汇处，河的对岸便是秀丽的书童山。演出水面方圆两公里，背景是漓江沿岸的12座山峰。观众席建在刘三姐歌圩上，为梯台式造型，在2200个坐席上可将180度水面演出尽收眼底。为突出声光对视觉的引导效果，演出在天黑后进行。

"天人合一"的演出，打破了传统表演艺术的种种局限。电影《刘三姐》虽然展示了刘三姐和漓江的美好风光，并具有快速切换画面的种种特点，但它毕竟是投射在墙幕上的光影，缺乏立体感和人物的质感。舞台剧让观众看见了有血有肉的"刘三姐"，但那漓江风光却是画在板材上的布景或投在布幕上的幻灯。刘三姐坐的"船"也是木制的道具，下面装上轮子，由幕后的工作人员牵引而行。这布景和道具只是"象征物"。它们与实景间的视觉鸿沟只能由观众动员自己的想象力来填补。观众的审美享受不得不打了大大的折扣。舞台艺术中的象征物在京剧里尤其典型。那关云长率领的千军万马，用的是插在戏服后面的四面小旗来代表。观众看见哪位武生后身插着四面小旗，就必须启动自己大脑的主观能动性，想象此刻的舞台上千军万马在主帅身后驰骋疆场。

《印象·刘三姐》开始时，漓江上一艘小船从远而近飘然而至。优美的歌

《印象·刘三姐》——侗家女儿在夜幕下的漓江畔表演多声部合唱的侗家大歌。世界旅游组织称它为值得从世界上任何地方买张机票专程飞来观看的表演。

声响起："多谢了，多谢四方众乡亲。我家没有好茶饭，只有山歌敬亲人、敬亲人……"岸上的聚光灯打在小船上。船头上刘三姐亭亭玉立，歌声娓娓动人。刹那间几十盏高功率射灯亮起，周围12个山头被照得如同白昼。那不再是舞台上的布景，那是真实的漓江，真实的山峰，真实的广西。观众不必再劳烦自己的想象力便可以尽情享受融化在自然真实中的表演。

随着音乐的不断变换，场景也在变化。一会儿，几百位身着红红绿绿少数民族服装的青年男女和着歌声，踏着"浪"从左右两方聚拢在一起。原来，江面上不知道从什么时候开始出现了一座浮桥。浮桥时而合拢，时而分开，时而消失。又一会儿，几十盏渔灯从观众的左右两侧江面飞速地向正前方聚集，那是漓江渔火。身着白衣头戴斗笠的青年渔夫划着竹排穿梭江面，再现了漓江夜渔的美丽景象。还有一个节目，几十位侗族姑娘江岸边观众面前，唱起侗族民歌。侗族民歌是中国少数民族中唯一运用多声部合唱的民歌。这时，所有的音响设备都关闭了，观众在徐徐的夜风中欣赏到原汁原味的侗族风情——艳丽的服饰、那优美的和声和纯真的笑容。

自然是美丽的。然而人的审美需求总是得陇望蜀，不会停留在千百年来早已熟悉了的自然景观上。《印象·刘三姐》运用高科技的手段为观众展示了一个超自然的景象。

漆黑的江面上，突然出现了一位全身亮晶晶的姑娘，全身的"银饰"随着她两腿的抖动闪烁。不一会儿，一位姑娘变成了两位，两位变成了三位，三位变成了几十位，构成一条银色的长龙。银饰是广西少数民族姑娘节日盛装时必不可少的装饰物。姑娘们莲步轻移，银饰发出"嚓嚓"的声音。这时，观众感觉那悦耳的"嚓嚓"声是江面闪烁的长龙游动时发出来的。突然，刷地一下，银光闪闪的长龙消失得无影无踪，江面重新被黑暗所笼罩。观众正瞪大了眼睛捕捉着刚才的印象时，刷地一下，长龙又出现了。那一长队的姑娘仍在江面上抖动着全身的"银饰"。又一会儿，长龙又灭了，只剩下最后一位姑娘还亮着。这最后一位姑娘刷地一下也不见了，但隔着她几个人的前面那位姑娘却亮了。高科技在这里发挥了最大的幻象效果，亮晶晶的姑娘在数目上和空间位置上不断变换。这种超自然的景象要归功于演员衣服上的电光材料和导演手中的程序遥控设备。其视觉冲击效果和幻觉印象令人叹为观止。

《印象·刘三姐》几乎场场座无虚席。两千多名观众进场、出场费时一二十分钟。观众中外国人不在少数。自从世界旅游组织对它作出了"世界其他地方

华清池九龙湖上演出的"长恨歌"实景舞剧，以唐玄宗与杨贵妃在华清宫的"七月七日长生殿，夜半无人私语时，在天愿作比翼鸟，在地愿为连理枝"的誓言为主题，演绎了两个人的情缘。

看不到的演出，从地球上任何地方买张飞机票飞来看了再飞回去都值得"的评价后，吸引了许多专为看演出而来的外国看客。坦率地说，从表演艺术的角度说，《印象·刘三姐》水准平平。这些外国看客千里迢迢飞到阳朔来，是要亲眼见证人文艺术与自然风光温馨的结盟。

同一年夏天，我在陕西临潼的华清池还观看了另一场大型实景歌舞剧《长恨歌》。一个是民间传说，一个是历史故事，演出的风格不同，却有同样的审美冲击力。

华清池建筑群尽显盛唐风采。大院内雪松傲立，九龙湖垂柳拂岸，湖水平如明镜，亭台、石舫排列湖上。湖的北岸是飞霜殿，东岸是宜纯殿，西岸是九曲回廊。从北漫步向南，穿过龙石舫、晨旭亭、九龙桥、晚霞亭，便进入"贵妃池"建筑群。唐玄宗从开元二年(717)到天宝十四年(755)的41年里到过这里36次。天宝六年(747)扩建后，玄宗每年都携杨玉环到这里过冬、沐浴、赏景。宫内的飞霜殿便是唐明皇与杨玉环的卧室。据最近的考古考证，现在的"九龙汤"是李隆基的御用泉池，"贵妃池"则是杨玉环专用泉池。白居易笔下的"春寒赐浴华清池，温泉水滑洗凝脂"描述的就是玄宗与玉环在这里的生活。

实景歌舞剧《长恨歌》以白居易的同名叙事诗《长恨歌》为故事线索，再现了唐天宝年间帝妃巡游、贵妃奉诏温泉宫、贵妃出浴、贵妃醉酒、七夕盟誓、千里单骑送荔枝、马嵬兵变等故事场景。整个舞剧以李、杨在华清宫的"七月七日长生殿，夜半无人私语时，在天愿作比翼鸟，在地愿为连理枝"的誓言为主题，演绎了唐玄宗与杨贵妃的那段情缘。

《长恨歌》以骊山为天幕，以龙吟榭为背景，以九龙湖为演出场地。湖上设置的上百平方米的机械舞台可伸可缩、可升可降。这个神奇的舞台一会儿完全潜入水中，一会儿升出水面。平台的中心部分还可升至离水面两三米高处。舞台伸出时，可与观众席对接。舞台背后还有一面号称当时亚洲最大的液晶软幕。整个演出过程是舞台表演与屏幕投影的相互结合。

机械舞台仅代表了这个舞剧科技含量的一小部分。舞剧一开锣，湖面就升起了一个能遮蔽整个舞台的水幕，激光打在水幕上，要文字有文字，要画面有画面。九龙湖的上空架设了拍摄武打片常用的飞人钢索。琴乐奏起，贵妃从天而降。亭台水榭变成金碧辉煌的宫殿，高大的液晶屏幕打出敦煌的飞天。骊山上出现了一轮明月和万颗星星。一条光影制造的山涧瀑布溅着水雾一泻至地。战争场面的烟火据说是引进的好莱坞技术。

舞剧中贵妃的戏份儿最多。贵妃的形象在舞剧中得到充分的展现——霓裳羽衣、温泉凝脂、夜半醉酒。贵妃的身姿一会儿袅娜多姿，一会儿莹纱透体。舞剧中群舞华贵艳丽，宫女们衣袂飘飘，贵妃与玄宗双人舞热烈奔放，让观众享受到一场声、光、色、舞的饕餮盛宴，体验了一回盛唐的奢华淫逸。

突然平地炸惊雷。安禄山率叛军破潼关。几发炮弹带着火光从骊山上打下来，焰火也从两侧打向湖中，华清池水瞬时变成一片火海。一股热浪向观众扑来，那是真正的火焰。紧接着，马嵬坡禁军哗变。唐明皇在万般无奈中赐给贵妃一条白绫。编导在贵妃白绫舞上做足了功夫，表现了贵妃对生命和爱人的无限眷恋。宽大的白绫被舞台底部的气流卷起，形成一个巨大球体。白球慢慢地将贵妃包围起来。最后，贵妃缓缓飘离舞台，升向空中，双手依依不舍地伸向地面，消失在远空。明皇也伸着双手向着远方追去。

有人说，这个歌舞剧是一个古代版的《人鬼情未了》。从情感的角度来说，我看不出两个版本的"人鬼"有多少可比性。一个是阴间的男人不断呵护人间的女人，另一个是身为皇帝的男人用一条白绫将自己的女人送进阴间。但是，至少明皇伸出双臂追着远去的贵妃有模仿《人鬼情未了》阴魂离去的意境之嫌。然而，后续的场景使眼眶里的眼泪转了几圈后又缩回去了——明皇与贵妃在月宫相会，实现了"在天愿做比翼鸟，在地愿为连理枝"的夙愿。中国式的浪漫主义是一锅绝好的心灵鸡汤。接下来，头顶上飞来了两位美艳无比的仙女，一片片玫瑰花瓣飘落观众头上。一出"仙女散花"为歌舞剧画上完美的句号。

与传统歌剧相比，《印象·刘三姐》最大的特点是，它摒弃了老版歌剧中阶级斗争的内容，代之以艺术、美学和环境的元素。以"人奶"换下了"狼奶"，让下一代多一点人性，少一点狼性。它还砍掉了极其荒唐的"秀才对歌"一场戏。那场戏无限夸大了劳动实践对智慧生成的作用，对文化知识的亵渎和对知识分子的贬损到了无以复加的地步。中国20世纪六七十年代盛行的"读书无用论"，老版歌剧《刘三姐》为它开了一个坏头。

中国的历史传说中有许多爱情故事，如七仙女不顾王母娘娘的禁令，舍弃天宫的生活，下嫁凡界；梁山伯与祝英台违抗父母之命以身殉情。然而，将李隆基杨玉环之情也列入传世爱情经典恐怕是对"爱情"一词的误读。

唐玄宗李隆基本是一个有才干的政治家，他开启了唐代最辉煌的开元盛世。然而，他又是一个糊涂皇帝，轻信了前宠武惠妃的诬陷，一天之内诛杀了自己三个亲生儿子，酿成一桩千古冤案。杨玉环本是他儿媳、寿王的妃子，被他看上后据为己有。为遮人耳目，他先将玉环送入道观，取号"太真"。拐了一道弯后，才将她纳为己妃。此时，他已经有30个儿子、29个女儿了。玉环这年年方二十，玄宗自己五十有三。白居易一句"杨家有女初长成，养在深闺人未识"造成玉环是玄宗从某处深闺中发掘出一朵蓓蕾的印象，严重误导世人。

有人以玄宗对玉环用情专一来证明他们爱情的深厚。不错，中国古代帝皇专宠一妃长达18年之久确不多见，但据此说明皇从此"后宫佳丽三千人，三千宠爱在一身"却有些言过其实。白诗说："姊妹弟兄皆列土，可怜光彩生门户。"贵妃的三位胞姐韩国夫人、虢国夫人和秦国夫人极度奢靡，只要京城有比自己更豪华的府第，就要将自己的住宅拆除重建；出门必宝马雕车代步，且以珍珠美玉点缀。史书称，三个胞姐"因有才貌，均承泽恩"。此言说明，三位贵妇见宠于明皇并非仅仅是玉环的关系，也与她们伶俐讨巧和艳丽姿色引起明皇的觊觎不无关系。

玄宗干的最糊涂的事是因杨国忠和安禄山的阿谀奉承，竟委以他们重任。安氏本有谋反之心，而杨国忠对其的打压成为他举兵反叛的导火索。潼关失守，明皇离京逃往四川。翌日禁军在马嵬坡驿站哗变，斩杀了祸国殃民的杨国忠。这次哗变其实是太子李亨一手策划的，诛杀杨国忠只是抢班夺权的信号弹。明皇要制止太子夺权就必须稳住禁军，而要稳住禁军就得献出杨国忠的族妹杨玉环的人头。皇权在乱世之中面临的挑战已容不得半点儿女情长。在片刻的迟疑后，明皇传高力士以白绫赐死贵妃。贵妃自缢，尸体被曝庭院，以安抚情绪激昂的禁军官兵。那动人的诗句"在天愿作比翼鸟，在地愿为连理枝"不过是诗人自己善良的想象。

唐明皇李隆基。他统治前期开启了唐代最辉煌的开元盛世，后期却因荒于政事和用人不当几乎断送了大唐王朝。在白居易《长恨歌》中，他充当了悲剧性男一号的角色。

据说，明皇还亲临驿站佛堂与贵妃诀别，愿她"善处转生"。贵妃明事知恩，挥泪嘱皇上"前路保重"。太子发动兵变，目的在诛杀政敌杨国忠和夺取帝位，并未有弑父之心。李隆基如果让出皇位，与玉环退隐田园聊度余生并非绝无可能。退一万步说，就算与爱妃一同殉情，完成"比翼鸟"和"连理枝"的誓言，对于一位七十有二的耄耋老人来说又有何惧？但在江山和美人之间，他舍弃了后者。曾遣骑千里送荔枝以博贵妃一笑的明皇，现在一挥手将贵妃的头颅抛了出去。白居易的一句"君王掩面救不得，回看血泪相和流"也掩盖不了这位皇帝的伪善。

从白居易所作的《长恨歌》到现在华清池的同名山水歌舞剧，所营造出的贵妃之死的美学价值都是建立在这样一种错误的政治理念上的：明皇被迫赐死贵妃隐含着以国家社稷为重的崇高动机。有了这样一个政治理念基础，贵妃面对死亡"明事知恩"便显得尤其感人。然而，只要稍稍考察一下天宝年间的唐代政治便可以看出，老年的玄宗早已昏庸不堪，"安史之乱"是明皇庸政的必然结果。同时代的诗人杜甫见证了当时的弊政。他的诗句"国破山河在，城春草木深。感时花溅泪，恨别鸟惊心"，刻画了长安沦陷给百姓带来的巨大痛苦。太子李亨在撤出长安的次日举兵夺权是力挽狂澜、救国救民的英明抉择。贵妃之死仅仅将太子的夺权行动推迟了28天。

离开马嵬坡与父亲分道扬镳后，李亨在灵武宣布登基，另立中央，取庙号肃宗，成为唐代第八位皇帝。登基后的李亨扛起了平叛的大旗，沦陷区军民抗敌士

杨贵妃墓。唐王朝收复长安后，玄宗曾命人迁葬杨玉环。此墓究竟是杨玉环的迁葬墓还是衣冠冢尚未得到确认。据说日本也有两座杨贵妃墓。

奥地利皇帝弗兰茨·约瑟夫与皇后茜茜。电影《茜茜公主》中的茜茜幸福美满，令人艳羡，而真实的茜茜公主与夫君却形同陌路。身为奥国皇后的茜茜虽然荣耀富贵，却过着深宫怨妇郁郁寡欢的生活。

气大振，扭转了明皇出逃后的被动局面。在李亨的领导下，经过一年的艰苦卓绝的斗争，政府军终于收复首都长安。杜甫的另一首诗"剑外忽传收蓟北，初闻涕泪满衣裳。却看妻子愁何在，漫卷诗书喜欲狂"，是对李亨领导的平叛斗争取得决定性胜利的赞颂。李隆基如果有自知之明，真为国家社稷着想，就应该在马嵬坡主动让贤，那样或许还不至于断送贵妃的生命。

长恨歌罢长问天，李隆基对杨玉环究竟有几分真情？

我叹息白居易早生了660年，否则一曲"在天愿作比翼鸟，在地愿为连理枝"讴歌的将是明孝宗朱佑樘——中国文字史记载中唯一一位实行一夫一妻制的帝王。这位明代最贤明的皇帝在位18年间，朝中无权臣宦官专权，后宫无外戚干政。他不迷恋佛、道、房中术，专注于诗琴画造诣。他任用贤臣，修明制度，体恤民情，创造了明代中期的中兴盛世。可惜这位皇帝36岁时因偶感风寒被误诊而英年早逝。他的逝去令百姓无限哀痛，"深山穷谷，闻之无不哀痛"，"哭声震野"。

白居易的一首《长恨歌》使李隆基和杨玉环成了流芳百世的模范鸳鸯。看完实景歌舞剧"长恨歌"后我想起了另一对伪鸳鸯——茜茜公主和弗兰茨·约瑟夫。电影《茜茜公主》三部曲也精心构筑了一个娓娓动人的爱情故事。美丽的茜茜在英俊的丈夫、奥地利皇帝弗兰茨·约瑟夫百般宠爱下幸福无比。他们童话般的爱情一直为全世界男女影迷们羡慕不已。而真实生活中的皇帝夫妇却形同陌路。弗兰茨一生中大多数时候混迹于情妇之中。身为奥国皇后的茜茜虽然荣耀富贵，却过着深宫怨妇郁郁寡欢的生活。他们之间的关系可以用欧阳修的一句诗来形容："玉勒雕鞍游冶处，楼高不见章台路。"与丈夫同床异梦，与婆婆针尖对麦芒，茜茜最后迈出深宫，在异邦的游走中寻找自己的精神家园。但是，她命中注定是一个悲剧人物。她的独生子鲁道夫王储与情人玛丽·费采拉在维也纳森林里殉情自尽。如果没有那次自杀，15年后引发第一次世界大战的萨拉热窝街头那一枪射杀的就是他，而不是他的堂兄弟斐迪南。9年之后，茜茜自己也在日内瓦街头被刺杀。一个妄图一鸣惊人的无政府主义者用一把不是很尖锐的锥子正面刺入她的心脏，使她当场毙命。

不过，对于艺术作品来说，历史的真实性并不重要。重要的是，在过去的许多年里，无论是李隆基、杨玉环，或是茜茜与弗兰茨，都一直圆满地完成着愉悦大众的功能。这就是艺术的价值所在。没有必要揭开那覆盖在历史面容上的玫瑰色面纱，让它们继续发挥这样的功能吧。

如果李隆基、杨玉环在天之灵偶尔俯瞰大地的话，他们定会惊讶今天夜夜笙歌的华清宫百倍于他们当年的风光，并感叹百姓对他们含泪的怀念和虔诚的景仰。幸好，他们不知道什么叫做"文化产业化和市场化"，1200年前的古人对现代汉语最多只能听懂四五成了。

2
和亲、王室联姻和新时代的灰姑娘

和亲牺牲王室女儿真爱换取国家安定和平。岂知远嫁有多少甘苦、多少凶险？王室联姻织出错综复杂的王室血系，它消弭了多少迷雾硝烟，又伴随着多少刀光剑影？如今，和平不再维系在血缘亲情中，王室联姻这一古老的政治文化最终谢幕淡出。

一年元旦的前夜从西双版纳飞抵丽江古城。

古城秀色可餐，弥补了高原地区氧气不足的缺陷。最大的不适是夜间的寒冷。深夜从机场摸到城里，匆匆住进了一家三星级酒店。谁知这家酒店为彰显民族风情，将整面窗户装饰成多宝格形式，因而四壁生风。空调机吐出的暖风如一丝游气，压不住窗缝里灌入的寒风。在接近零度的房间里瑟瑟缩缩地度过了一夜，天亮后马上退房，另觅他处。然而，大多数宾馆因淡季客房入住率低而停开暖气。找一家能避寒的宾馆还真不容易。身旁走过一群来自东北的背包族，只听得一声"妈呀，一晚上冷得够呛！"原来受冻的不止我们一家。

街头见到一群群头戴蓝色解放帽，胸前交叉白色长带，身披七星羊皮的纳西族妇女时，才感觉自己进入了云南腹地的一个古老民族的家园。充满古韵的四方街和流经城中清澈的小溪诉说着这个民族千年的历史。

在古城中间，有一座宏伟的园林，那就是纳西族土司的官邸——木府。纳西木姓土司承袭二十二代，历经元、明、清三朝470年。清朝雍正年间改土归流后，木姓才从世袭的州官变成乡绅。占地46亩的木府相当大气。正门前立着12米高、三间四柱的石造牌楼"忠义坊"，四尊石狮守在坊前。石牌坊的前面是一组仿京城金水桥的石桥。前院的整个布局像是一个微缩的紫禁城。院中议事厅、万卷楼、护法殿、光碧楼、玉音楼、三清殿集南、北派园林与纳西民居风格于一身。纳西土司世代崇尚汉文化，曾有纳西文不得入木府的家训。木府中的万卷楼

丽江木府占地46亩，正门为12米高、三间四柱的石造牌楼"忠义坊"。前院布局如一个微缩的紫禁城。院中有议事厅、万卷楼、护法殿、光碧楼、玉音楼、三清殿集南、北派园林与纳西民居风格于一身。图为鸟瞰中的木府。

藏书万卷，是木府子弟读书习文之处。在如此浓厚的书香气的熏陶下，难怪木家出过好几位三品、四品大员和六位传代诗人。

纳西木府府衙与家院合一。家院即土司家庭的生活区，用墙与办公区的府衙隔开。家院空间狭小显得有些局促，但院中栽着奇花异草，别有情趣。在这个狭小的家园里，有一组卧室享有特殊的地位。它位置靠前，房间较为宽敞，而且房间对面专设仆人和侍女的休息室。仆人和侍女昼夜不能卧寝，随时准备听从这个房间主人的召唤。

这具有特殊地位的家庭成员是谁？她们就是土司的长女和次女。土司的长女和次女从出生那天起，就注定要为部落和民族作出牺牲。她们长大成人后必须放弃自主选择配偶的权利，因为她们肩负着维护民族和平安宁的重任。16岁是她们离开家园和父母的时候，她们要远嫁他乡。她们肩负着重大的政治使命。她们的丈夫可能是敌对民族或部落的首领，联姻可以化敌为友，消弭仇恨；也可能是盟友部落头人，联姻使两族的联盟更加紧密，以便聚集力量对付强大的敌人。

总之，她们的婚嫁将换来纳西家园的和平和安宁。运气好的话，她们也许会遇到一个疼爱她们的好丈夫，生儿育女，幸福地度过一生。但更大的可能，是嫁给一个年龄如她们父辈或祖辈的老男人，在长妻们的使唤下过奴婢般的日子。

木府呈长条形，前门立于旧城四方街内，后门延伸到城中的狮子山上。整个府第被一条街市分成两个部分。一座跨越这个街市的廊桥又将两部分府第连接起来。这个风格独特的廊桥不仅是土司了解街市民情的观景台，也是土司的三女和四女决定终身大事的地方。三女、四女初长成时，择吉日在廊桥上抛出绣球。这一天各方青年才俊隆重齐集廊桥街市，个个踌躇满志、成竹在胸，要将绣球收入囊中，登上木府东床。这一天是土司家三小姐、四小姐一生中最浪漫、最兴奋、最幸福的日子。

可以想见，历代土司的大小姐和二小姐每每走过这廊桥，心中都充满了惆怅和悲凄。世世代代廊桥下演出的多少浪漫的狂欢节都注定与她们无缘，只因她们降临人世先于几个妹妹。纳西是一个人口不多的小族，千百年来在比他们强大得多的藏、白两族的夹缝中生存。和亲是纳西土司维护民族和部落安宁拥有的不多的可选手段之一。为了部落和家族的利益，土司府的长女和次女不得不牺牲自己选择爱情自由的权利。

和亲的事例在中国历史上不在少数，但有文字记载的不多。国人最熟悉的当属西汉昭君出塞和唐文成公主远嫁吐蕃王松赞干布。昭君名王嫱，原为汉元帝的宫女。她相貌出众，贤淑高贵，但"入宫数岁，不得见御，积悲怨"。公元前33年，元帝驾崩，适逢匈奴呼韩邪单于前来请求和亲，昭君请嫁于匈奴。唐朝李白、白居易、杜甫，宋朝苏轼、王安石等诗人都留下了吟咏昭君的诗赋。元人马致远的《汉宫秋》还将昭君出塞的故事搬上舞台。这些作品多为悲叹昭君身世，称颂昭君出塞后60年长城内外出现了"剑戟归田尽，牛羊绕塞多"的和平繁荣景象。

昭君出塞对于巩固边陲的确作出了贡献。然而，在昭君北嫁之前24年，匈奴就已经分裂为两部分，相互争夺地盘。郅支单于部获胜占据漠北地区，后来退居中亚康居。呼韩邪单于部抗争失败，南下投靠汉朝。为巩固自己的地盘，呼韩邪单于主动要求与汉朝结亲，才有了昭君出塞的故事。这时候的形势实际上是汉朝占据上风，北方呼韩邪单于部已经屈居下风。其实，早于昭君出塞六十多年前，汉朝公主也有过两次出塞和亲事例，其凶险程度远远大于昭君，却因未得到名人骚客的咏叹赞颂而鲜为人知。

汉武帝时期，汉朝国力处于历史巅峰状态。西汉对匈奴的斗争遂从战略防御转为战略进攻。公元前119年，汉将卫青和霍去病分东西两路进攻漠北匈奴。霍去病将匈奴撵至狼居胥山，卫青扫平匈奴王庭。匈奴右贤王率领四万人投归汉朝，单于及左贤王向西逃走。为了抑制匈奴，汉武帝东部联合乌桓，西部以和亲和通商的方式联合西域诸国。公元前105年，汉武帝将江都王刘建的女儿细君嫁给乌孙王，但细君公主水土不服，在乌孙只生活了5年便与世长辞了。汉武帝继将楚王刘戊的孙女解忧嫁至乌孙。解忧公主到达乌孙后，乌孙不再臣服于匈奴。

乌孙人就是今天哈萨克民族的先祖之一，居住在今天的伊犁河和玛纳斯河一带。乌孙国水草丰满，牛羊遍地。然而，每逢秋天羊肥牛壮的季节，北方的匈奴就会挥鞭执戈，横扫天山南北，劫掠财物。为解除匈奴大患，乌孙王主动请求与汉朝联姻，结成反匈联盟。

昭君和亲纪念像。昭君出塞后60年长城内外出现了"剑戟归田尽，牛羊绕塞多"的安定繁荣景象。汉胡联姻缔造了两代人的和平。

乌孙自有了解忧，犹如背靠大山，不再害怕匈奴。匈奴王见乌孙人腰杆变硬，不再俯首称臣，便视解忧为仇寇。公元前73年，匈奴发兵灭了乌孙的邻国车师，包围了乌孙国。匈奴王灭车师，实为杀鸡儆猴，目的是迫使乌孙国交出解忧公主，割断西汉与西域的联系。此时乌孙国危如累卵，解忧向汉廷投书，请求汉朝出兵解乌孙之急。不巧，汉昭帝病危，汉廷无暇西顾。乌孙国人惶惶不可终日。解忧在宫中设宴，款待群臣，席间鼓舞乌孙人奋勇抗敌。乌孙群臣喝了汉朝的美酒，听了解忧的演说，重新燃起了斗志。解忧再次向汉朝修书求援。这时昭帝已故，宣帝即位。汉宣帝接到解忧急报后，派出15万大军，分五路改打匈奴后方。乌孙王的5万军队从西面配合汉军包抄匈奴。匈奴两面受敌，溃不成军。汉朝与乌孙联军大获全胜。

汉乌和亲的后续故事更为凶险。后续故事的主角由解忧转到冯嫽身上。冯嫽是解忧的随嫁女侍。汉乌联军打败匈奴后，西域诸小国纷纷要求与汉朝交好，以求获得汉朝的保护。解忧便派冯嫽持汉节出使各国。冯嫽不是一般的女流之辈，她通晓经史，见多识广，足智多谋。她领命游历西域各国，宣示汉朝睦邻主张，扩大汉朝的抗匈联盟，受到西域各国的竭诚欢迎。冯嫽因此成了西域闻名遐迩的奇女子，被尊称为"冯夫人"。然而，冯嫽最大的功绩是化解了乌孙国内的一场政治危机，维护了乌孙与汉朝的联盟。

原来，解忧公主并不是乌孙国唯一的国母。乌孙王翁归靡有两位夫人，解忧是右夫人，左夫人是匈奴王廷的女儿。乌孙王娶的两位夫人一汉一匈，有其权谋的考虑，为的是首鼠两端，施展骑墙战略。然而，凡事有一利必有一弊。这样的政治布局也带来了极大的隐患。乌孙王翁归靡去世后，左夫人的儿子乌就屠先声夺人，发动宫廷政变，夺取了乌孙王位。一时间，宫廷内阴云密布。乌孙国何去何从，右夫人解忧及亲汉派命运如何，顿成悬念。在此危急关头，汉宣帝派冯嫽为汉使，乘锦车持汉节入宫进行调解。乌就屠权衡利弊，接受了冯嫽提出的方案，将国家按六四比例分为两部分。解忧之子贵靡为大王，乌就屠为小王，大王管六，小王管四。

这次和亲带来的长期成果是：解忧的长子当上乌孙的大王，次子后来做了莎车王，三子当上乌孙的左大将，大女儿嫁给龟兹王为妻，小女儿嫁与乌孙呼翲侯为妻。解忧的孙子和重孙后来也做了乌孙王，并一直保持与汉朝的友谊。

800年后，唐人常建有七绝《塞下曲》一首，咏叹汉乌和亲为西域带来的和平景象：

> 玉帛朝回望帝乡，乌孙归去不称王。
> 天涯静处无征战，兵气销为日月光。

和亲，或者王室联姻，并不是中国特有的现象，而是一种常态性的政治文化。

欧洲的王室联姻与中国历史上的和亲有共同之处，也有不同之处。共同之处是目的依然是维护国家外部安全。一桩王室婚姻可化解一个仇敌，或缔结一个联盟。一国的公主嫁给外国的国王或者王子，无异于将国君的心肝骨肉送到外国当人质。这个行为本身就能使对方的政治疑虑消除一半。一国公主成为外国的王后之后，将母仪天下，成为举国上下的偶像和楷模。国民对王后的崇敬自然转化为对王后娘家母国的好感。两国一旦结亲，王室之间书信往来乃至君主间的互访必然大增，大多潜在的误解都能化解在萌芽中。两国之间在商品贸易、商贾旅行、文化交流方面也会因王室结亲而变得更加便利。两国间一旦发生纠葛，公主吹吹枕边风便大事化小、小事化了了。一国与第三国发生战争，也较容易与亲戚国结成联盟，对敌对国产生阻吓作用。王室联姻还有一个更远期的效果。那就是一旦外嫁公主的儿孙成为婆家国的君王时，姥姥家的血液将在君王身上发挥作用。新君王对母亲的祖国必然有一种天然的亲近感。

与中国历史上的和亲的不同之处是，欧洲的王室联姻不是偶然的现象，而是一种常态的文化。欧洲的王子公主选择配偶，几乎无一例外地将目光投向外国王室家族。直至第二次世界大战前，欧洲王室中除法国和塞尔维亚外，几乎每个王室成员都有外国血统。这是因为，按照欧洲人的观念，王室婚配必须遵守血统铁律。欧洲王室崇信"蓝色血液"的高贵性，认为王族血管中混入了平民的血液，君主统治的根基就会动摇。这是"君权神授"理念的逻辑延伸。王室家族一国独尊，王子或公主都无法在国内找到门当户对的配偶，只能在外国王室中寻觅。中国人不讲究血缘匹配，只要是龙种，撒在哪块土地上长出来的都是龙子龙孙，被皇帝宠幸的宫女生出来的孩子一样能够继承皇位。明万历皇帝朱翊钧以及万历皇帝的儿子明光宗朱常洛都是宫女所生。清乾隆皇帝爱新觉罗·弘历的生母也极有可能出生卑微。

王室联姻使得王家婚姻变成政治结盟的机缘和标签。王孙公子和金枝玉叶们就与谁同床共枕的选择空间相当有限。他(她)们的婚姻成了外交谋略的载体，因此他(她)们几乎没有机会体验求偶过程的曲折浪漫和婚恋中的缕缕柔情。即便这艘政治婚姻的大船在感情礁石上撞出了大窟窿，为了国家，他(她)们也必须忍辱负重，让这艘漏船东倒西歪地继续驶下去。只有当国家的政治诉求发生变化时，当事人才能抛弃这艘破船另谋他图。

英国国王亨利八世娶了其兄阿拉贡的寡妻凯瑟琳，因为凯瑟琳是西班牙国王斐迪南二世和伊莎贝拉女王的女儿。英国必须与西班牙结盟，共同分享海上霸权地位。将这个婚姻继续下去是维持这个联盟的需要。后来，他休掉凯瑟琳，不仅是因为他看上了更年轻貌美的宫廷侍女安妮·博琳，也是因为亨利八世为了与法国重修旧好，决定舍弃与西班牙的联盟。

王室联姻的另一功效，是借用外国亲戚的势力实现宫廷某个政治集团的目的。1688年英国的"光荣革命"便是一例。新教占主导地位的国会与强行推崇罗马天主教的国王詹姆斯二世发生尖锐冲突。詹姆斯二世停止了议会活动，借此封杀反对派。支持议会的托利党人和辉格党人本来寄希望詹姆斯二世死后由他信奉

英国国王詹姆斯二世。英国议会邀请他的女婿,信奉新教的荷兰执政官威廉三世率舰队前往伦敦,驱逐了这位天主教国王,英国就此巩固了新教的国教地位,并奠定了君主立宪制基础。

"欧洲的老祖母"英国维多利亚女王。她膝下9个子女中有7人与外国王室联姻,其后代中产生了一系列叱咤风云的人物,改写了欧洲的历史。

新教的女儿玛丽和平接班,却未曾料到詹氏老蚌生珠,55岁时得一子。玛丽公主继承王位的希望顿成泡影。于是,反对派们秘密派人前往荷兰,请求公主的夫君荷兰联省共和国的执政官威廉三世出兵英国,驱逐詹姆斯二世。荷兰与西班牙一直在争夺海上霸权。考虑到帮助英国新教夺得政权有利于建立荷英联盟反击西班牙,威廉三世决定出兵英国,对新教贵族伸出援手。威廉率领500艘战船和15000人在英国托尔登陆,兵不血刃地开进伦敦。詹姆斯二世逊位,并被驱逐到法国。英国议会宣布由威廉三世和其妻玛丽二世共同统治英国。国会还通过法令,规定此后国王未经议会同意不能停止任何法律效力。它在历史上首次以"君权民授"取代"君权神授"的政治理念,奠定了君主立宪制的基础。这是一场不流血的革命,史称"光荣革命"。

时尚了几百年的王室联姻的果实之一,是在欧洲编织出一个严密的王室宗亲网络。欧洲各国百姓保持着较为纯净的民族血统,而各国王室血脉却盘根错节,各国君主之间几乎都能找到某种血亲关系。在近现代史中,英国维多利亚女王的泛欧脉系最具典型性。女王的母亲出自德国著名的萨克森—科堡王室。比利时国王利奥波德一世既是女王的亲舅舅,又是女王丈夫阿尔贝亲王的亲叔叔。女王膝下9个子女中有7人与外国王室缔结姻缘。他们的后代中产生了一系列叱咤风云的历史人物,改写了欧洲的历史。例如,德国皇帝腓特烈三世是她的大女婿。他的儿子,即维多利亚女王的嫡亲长外孙,便是德国末代皇帝威廉二世。俄国末代沙皇尼古拉二世是女王的二女儿的女婿，也就是维多利亚女王的外孙女婿。挪威国王哈康七世是女王的孙女婿。在英国王室的欧洲血亲中，德国人占了一多半。1965年 英国女王伊丽莎白二世携夫君菲利普亲王访问联邦德国，与街头的市民闲聊，谈起她和菲力普亲王在德国有400多位在世的亲戚。

女婿和孙女婿中的外国亲王也不胜枚举。维多利亚女王的二女儿艾利丝公主嫁给了德国黑森的路易斯四世。他们的后代中有两个名人。一个是长外孙爱丁堡公爵，即当今英国女王伊丽莎白二世的丈夫菲力普亲王。另一位是路易斯·蒙巴顿勋爵，第二次世界大战期间任英国海军参谋长、东南亚盟军司令部最高司令、末代印度总督。这位勋爵是英国王室中极为显赫的人物。现今英国女王的夫婿菲力普亲王是他的外甥，他对这位舅舅极为崇敬。1979年，勋爵在驾驶一种新型双体游艇时，因速度过高而被海浪掀翻。这位前海军元帅当场殒命。事后有人说快艇毁于爱尔兰共和军的炸弹。然而，当年电视画面中的游艇是被海浪掀翻后反扣在海面上的，并没有爆炸的火光和硝烟。不管有没有炸弹，这种运动对一位年届七旬的老人来说毕竟过于冒险。

尽管几乎欧洲所有的王室之间都有着千丝万缕的亲缘关系，但过去几百年来战争一直没有断过。王室毕竟只是统治集团中的一小部分。血缘亲情在整个统治集团的政治诉求和全民族利益面前常常显得苍白无力。哪个君王如果胆敢将血缘亲情置于国家民族利益之上，将冒天下之大不韪。俄国彼得大帝的外孙彼得三世就是因此丧命的。彼得大帝的女儿叶丽萨维塔女皇没有后嗣，她去世后皇位传给了她姐姐的儿子卡尔·彼得·乌尔里希，封号彼得三世。此公也是王室联姻的产物，母亲是俄国公主而父亲是德国亲王。他本人生于德国长于德国，在登上沙皇宝座时还说不出一句完整的俄语。当时普俄战争正打得难解难分，俄国几乎胜券在握。这位在德国长大的沙皇屁股完全坐在德国一边，他一登上皇位便下令停止对德国进攻，并把俄国占领的土地拱手归还德国，还与德皇腓特烈二世订立攻守同盟。他的亲德卖俄行径受到俄国贵族和民众的强烈反对。不久，这位心怀异志的沙皇就被他的妻子，即后来的女皇叶卡捷琳娜二世推翻。

19世纪中叶以后，欧洲的君主专制普遍被君主立宪制取代，王室的政治地位变得微妙起来。一旦与外国开战，王室成员便陷入尴尬的境地，举手投足须得谨小慎微，闹不好就有"亲敌"之嫌。上面说到的蒙巴顿勋爵的父亲巴腾贝格亲王本是英国海军中的高级官员，第一次世界大战爆发时就因其德国血统被解职。为表明家族对英国的忠诚，巴腾贝格一家后来放弃了德国姓氏，代之以英国味较浓

维多利亚女王的孙子英王乔治五世。第一次世界大战期间，他与表妹夫俄国沙皇尼古拉二世站在一个阵营，领导英国人民与他的表兄威廉二世皇帝治下的德国作战。

维多利亚女王的长外孙德国皇威廉二世。他在第一次世界大战爆发后失去英国人民的好感，在战争中频频抛头露面，动员军事生产、颁发奖章、发表煽动性演说，战后被《凡尔赛条约》定为战犯。

的路易斯为姓。第一次世界大战后期，英国王室将原来的德国祖籍封号"萨克斯—科堡—哥达王朝"更名为纯英国味的"温莎王朝"。

维多利亚女王的长外孙德国皇帝威廉二世第一次世界大战期间是同盟国的魁首。敌对阵营的英国国王乔治五世和俄国沙皇尼古拉二世本是他的至爱亲朋。乔治五世是他的表弟，尼古拉二世是他的表妹夫，三人年轻时亲如兄弟，相互称呼对方的昵称"威利"(Willy)、"乔吉"(Georgie)和"尼基"(Nicky)。年轻时，威廉曾疯狂追求过亲表妹伊丽莎白，也就是后来沙皇尼古拉二世的妻子，给她写过多首情诗。伊丽莎白不为所动。第一次世界大战期间，他曾多次建议帮助她逃离俄国，也被她拒绝。老祖宗维多利亚女王弥留之际，威廉作为长外孙守候在病榻前，握着外祖母的手直至她驾鹤西归。这一幕曾感动了无数英国人。随着大战的爆发，英国人对他的好感烟消云散。

第一次世界大战结束后，威廉二世被《凡尔赛条约》定为战犯。但他本人将战争责任推得一干二净。他声称，奥国皇储弗朗茨·斐迪南被刺后，他的确主张过追查塞尔维亚的幕后支持者，但他也曾努力避免大战爆发。德国高层中有人不想让他干预此事，在奥地利对塞尔维亚发出最后通牒时，劝说他按时进行每年一度的北海巡航。他是在奥地利向塞尔维亚发出最后通牒后拔锚起航，在奥地利向塞尔维亚宣战那天回到柏林的。那时阻止战争爆发已为时过晚。然而，在返回柏林的次日他还与表妹夫尼古拉二世进行过沟通，为避免战争进行了最后的努力，但一切都无济于事了。战争爆发后，威廉二世便被战车拉着往前跑。1916年德国政府变成军事独裁政权，操控在兴登堡与鲁登道夫手里，作为皇帝的威廉被边缘化。然而，他在战前鼓吹军国主义，大肆扩充海军，战争期间他一边埋怨下属将国家推入战争，另一边又频频抛头露面，动员军事生产、颁发奖章、发表煽动性演说。所有这些都使得他难辞其咎。

第一次世界大战后期德国发生革命，威廉被迫退位，流亡到荷兰。《凡尔赛条约》要求追究他的战争责任。荷兰女王威廉敏娜为他撑起了保护伞，拒绝将他引渡给协约国审判。作为中立国，荷兰此举无可厚非，但女王将多恩的一座城堡送给威廉居住，这还是亲情发挥了作用。荷兰王室与德国王室血脉交融，荷兰女王算起来也是威廉的亲戚。第二次世界大战期间，希特勒曾企图寻求与他留在波茨坦的长子威廉王储合作，但王储不愿涉足政治。威廉二世本人却希望希特勒帮助他恢复帝位。希特勒对他不感兴趣。1941年，威廉在孤独中客死荷兰。占领荷兰的德国纳粹军为他举行了一个小规模的军人葬礼。

有学者认为，封建主义是民族主义的大敌，因为封建君主们热衷于与外国王室联姻，置本民族的利益于不顾。这个观点并非空穴来风。

历史上严重损害国家和民族利益的王室联姻不胜枚举。最突出的例子当属勃艮第大公国的玛丽公主与哈布斯堡王朝的马克西米连一世的联姻。这次婚姻使得勃艮第公国最富庶的北方17省被当作为公主的嫁妆带到了哈布斯堡王朝。那17省就是现在的荷兰、比利时和卢森堡，当时统称为尼德兰。玛丽与马克西米连生的儿子腓力长大后娶了西班牙的公主胡安娜，当上了西班牙国王，史称腓力一世。当腓力一世和胡安娜相继过世后，他们的长子查理从父亲那里继承了西班牙的王位，史称查理一世，又从他的祖母，即当年的勃艮第公主那里继承了尼德兰。这样，王室联姻使得尼德兰两次转手，最后沦为西班牙属地。

查理一世出生在尼德兰的根特，熟知当地的语言和民风，善于将胡萝卜与大棒结合使用，能够团结尼德兰的上层人物，容忍以新教占优势的北方各省一定程度的自治。他的儿子腓力二世却相反。他生性专横、傲慢和残暴，不了解尼德兰民情，藐视当地的政治诉求，特别是不能容忍尼德兰北方加尔文教派离心倾向。他继承王位后采取铁腕政策，废除尼德兰的地方自治传统，横征暴敛，镇压加尔文教派。尼德兰生灵涂炭，民不聊生。1558年，尼德兰人民揭竿而起，宣布建立荷兰联省共和国，与西班牙进行了长达80年的战争，最后赢得独立。这是欧洲时间最长的独立战争，也是历史上最血腥的战争之一。

欧洲历史上还有一次惨烈的战争也祸起王室姻缘。那就是西班牙王位继承战。

1700年，西班牙国王查理二世去世。查理二世没有子嗣，他在遗嘱中把王位传给他最近的旁系后代，即法国国王路易十四的孙子。这一意外的收获使四面受敌的法国国王路易十四喜出望外。他得意忘形地狂呼"比利牛斯山将不再存在"。法国一旦与西班牙合并，欧洲大国之间的均势将被打破，法西联邦将成为欧洲最强大的国家。这是列强们最不愿看到的前景。奥地利、英国、荷兰和勃兰登堡迅速组成了一个新联盟，强烈反对法国王孙继承西班牙王位。1702年，路易十四强行将他的孙子扶上西班牙王位。反法联盟向法国宣战。这场绵延11年的战争在欧洲的旷野上留下了累累白骨。1713年，双方打得筋疲力尽，最后坐下来签订了乌德列支条约。条约允许法国王孙继承西班牙王位，条件是法、西两国永远不得合并；法国的新斯科舍及纽芬兰，以及西班牙的直布罗陀转让给英国；南尼德兰（现比利时地区）、那不勒斯和米兰则割给奥地利哈布斯堡王朝。这样，波旁王朝的枝蔓从法国越过比利牛斯山延伸到西班牙。这支古老的"蓝色血液"在西班牙脉动至今，就是今天的卡洛斯王室。这恐怕是这场战争留下的唯一遗产。

从20世纪中叶起掀起的个性解放的大潮也刮进了深宫。王室子弟也开始举起反叛的大旗，拒绝按血统定婚配。他们纷纷走出金碧辉煌的城堡，到民间寻觅意中人。1972年，瑞典国王公开叫板禁止王室与平民通婚的法律，向德国女子西尔维娅发出使世间所有女人心动的誓言："如果他们不接受你，我就退位。"传统最终向爱情让步。他们至今生活得很幸福。丹麦王储与澳大利亚平民玛丽·唐纳森结为连理，而他的弟弟与香港民女文雅丽结合又离异。1999年，比利时王储菲力普与平民女儿玛蒂尔德结婚，英国女王的幼子爱德华迎娶以前的同事苏菲。2002年，荷兰王子威廉与阿根廷银行职员马克西姆走进婚姻殿堂。这些的灰姑娘的故事说明一件事——世道变了。

当今王室的马车轮还在欧洲10个首都敲打着鹅卵石路面，但君王手中的权

法国国王路易十四。他为了将其孙子扶上西班牙王位，不惜与英国、奥地利、荷兰、葡萄牙等国打了一仗。这场延续了11年的西班牙王位继承战在欧洲大陆留下累累白骨。

杖已失去百年前的分量。在经历了无数波革命和变革冲击的今天，君主政体令人生厌的成分已被剥离得干干净净，留下的只是王公、妃子、公主、城堡这些充满童话般诗意的文化符号。祖先留下的一草一木对欧洲人都弥足珍贵，不敢轻易改动，精神遗产更是如是。王室的留存表明欧洲人用形式与内容分离的方式对传统的政治文化进行着最后的呵护。今天，王室被赋予了新的使命，那就是民族精神的化身、国家凝聚力的来源和人格的典范。当今的国际政治虽依然纷繁复杂，但联合国和国际法框架的建立很大程度上使世界走出无序状态，国家安全和地区的稳定无须王室联姻为基座。在平等的理念下，血统的贵贱失去道义基础。

更现实的问题是，欧洲的王室圈子越来越小。第一次世界大战前后，葡萄牙、德国和俄国的王冠相继滚落地上。第二次世界大战后，意大利、希腊、南斯拉夫、罗马尼亚、保加利亚的王族也蜕变为庶民。目前欧洲仅存的10个王室家族成员满打满算也只剩下300多口人。除去老的小的，婚龄青年可能不足百人。王室青年的择偶运动如果继续被圈定在这100人中，他们无论如何是要造反的。

王室联姻这一古老的童话剧终于落下了帷幕。

3

怎一个爱字了得：
阿拉比达修道院和鹊桥仙

情感文化在东方和西方有着不尽相同的价值天平。东方咏叹爱的隽永，西方颂扬爱的火烈。二者都演绎出美丽感人的故事。然而，西方宗教禁锢情感，东方神话放飞真情；西方男女享有平等的爱，东方礼教剥夺女性爱的权利。

　　一辆黑色的奔驰车载着我驶出里斯本，向远处奔去。不一会汽车拐上了山崖，反复地左盘右旋。我迷失了方向，弄不清东西南北。后来，眼前豁然开朗，前面出现了一片开阔的水面。汽车最后在山崖上一个石头垒就的院子里停了下来。这里就是阿拉比达的修道院宾馆。

　　阿拉比达是一个小地方，一般的地图上都找不到这个名字。它是里斯本东南几十公里外濒临大海的一个小村庄。准确地说，它位于塞图巴尔湾塔古斯河的出海口旁。村庄一面是水，一面是悬崖峭壁。修道院宾馆坐落在几十米高的峭壁上，与老修道院紧紧相邻。现在这里是东方基金会专为举办国际年会使用的场所。

　　从高高的悬崖上俯瞰约两三公里宽的河口及远处的海湾，视野极其开阔。河的中间有一条细长的沙洲。沙洲上栖息着一群群的鸥鸟。往东就是深蓝色的大海。这里天空清澈，海水湛蓝，河面上翻着白色的浪花，景色美不胜收。修道院选址很讲究。这里远离尘嚣，面对碧海蓝天，世俗欲念诱惑的渠道被切断。享受着大自然的纯净，修士们可以把自己的身心全部奉献给上帝。

　　说不清在什么年头，一个青年修士每天矗立在悬崖边，双手抱拳，久久地低头沉思。他已经忘记了自我，沉浸在与上帝的心灵交流中。众修士被他的虔诚所感动。被感动的还有峡谷另一边山坡上的牧羊女。每当这时，雪白的羊群就会出现在山坡上。有一天,修士和牧羊女双双失踪。凡心未净的修士脱下了道袍与牧羊女携手远走他乡。

这是许多修道院发生过的故事。在天主教文化浸润下的葡萄牙,这是一个警示后人的故事。如果把这个故事搁在中国,恐怕又要演绎出牛郎织女式的美丽传说了。众所周知,天界是一个风景如画,四季长春,物质极度丰富,没有生命衰老和死亡的极乐世界。但是,禁欲是仙界居民享受丰食美果、玉液琼浆和长生不老的前提条件。因此,天仙擅渡人间被视为不可饶恕的叛变。本为天仙的织女放弃天上优越的生活,来到凡界,与牛郎结为夫妻,生儿育女,过着男耕女织的平凡生活,追求的是什么? 就是男女情爱。在一个情字面前,执法如山的王母娘娘最后也动了恻隐之心,允许被银河阻隔的织女与牛郎每年七月初七见一次面。修士犯的是教规,织女犯的是天条,西方文化圭臬中的罪孽,在中国却成为美谈而被千古颂扬。宋人秦观写道:

纤云弄巧,飞星传恨,银汉迢迢暗度。

金风玉露一相逢,便胜却、人间无数。

柔情似水,佳期如梦,忍顾鹊桥归路?

两情若是久长时,又岂在、朝朝暮暮!

阿拉比达修道院。这里风光秀丽,远离尘嚣,面对碧波蓝天,享受着大自然的纯净,修道院的修士们在这里把自己的身心全部奉献给上帝。

可见，中国文化有着比西方文化更人性的一面。

秦观的《鹊桥仙》描写的是织女和牛郎一年一度的会面情景，片刻的欢娱后又要踏着鹊桥返回银河彼岸，忍受再一年的分离，以此歌颂他们坚贞不渝的爱情。男女间的坚贞不渝在中国文化中是一种很高的境界。其美学意境除了来自忠诚于彼此的道德理想外，还有一种"厮守不如思念"和"久别胜新婚"的心理暗示。

20世纪90年代初，英国天主教某海岛的教区主教与一女教民相恋的桃色事件被媒体曝光，引发了英国公众和天主教会对禁欲戒律的大讨论。记得当时英国电视节目中出现过教会辩论的镜头，身着天主教道袍的修士和修女们情绪激昂地争论不休。高级神职人员特别是大主教们坚决要求严惩违反教规的主教，相当一部分神职人员保持沉默或希望从宽处理，还有些修女和修士公开主张废除教会关于神职人员不得结婚的禁令。我和在利物浦大学修习语言教学的修女杰奎琳嬷嬷讨论过这条新闻。她认为，在基层教区工作的神职人员比修道士和修女们艰难得多。修道院毕竟是一个集体，修士们和修女们分别生活在一个身份相同的群体里，这个群体的成员每天沉浸在对神谕的探讨中，相互给予激励和力量，精神世界已被共同的理想所占据。而基层神职人员远离组织，形单影只地身处世俗环境，自然感到寂寞难耐。所以，她认为，偶尔发生越轨的事情是可以理解的。看来，是人都有七情六欲，彻底戒除凡心并不是一件容易的事。

利物浦圣母会修道院的杰奎琳嬷嬷已50多岁。她出生于利物浦一个爱尔兰移民家庭。像其他爱尔兰移民一样，她的父母都是虔诚的天主教徒。她自幼学习成绩优秀，但由于家境贫寒，高中毕业时面临辍学的困境。这种情形在20世纪60年代的英国并不罕见。教区的神父找到了她的父母，为他们的女儿指出一条康庄大道：只要她愿意当修女，教会将提供她大学时期全部的学费和生活费。这个机会有如刀尖舔蜜，她的父母很难为她做主。父母深知出家对女儿一生的含义，再虔诚的教徒面临这样的抉择也难免犹豫不决。决定权最后完全交给了女儿。

20世纪60年代的英国还并不是很开放，不像90年代以后，各种同性恋、异性恋和双性恋同居俱乐部如雨后春笋般繁茂。当别的同龄女孩在恋爱的起跑线上舒展手脚时，她胸中的小鹿还处于沉睡之中。杰奎琳对升学有望的第一个反应是欣喜若狂。她自幼沐浴在天主教会慈爱的关怀中，本能地拒绝一切欲望的诱惑，对于终生不得出嫁的前景几乎没有认真考虑。在失而复得的机会面前，她的眼里只有蜜糖没有刀尖。

进入修道院的仪式是在上帝面前誓发三愿："贞洁、神贫、服从。"经过这个仪式后，18岁的杰奎琳如愿以偿地进入了大学历史系，专修欧洲史。在整整四年里，她每天身着修女道袍，奔波于大学和修道院之间。根据教会的纪律，除去短暂地探视父母、生病住院或执行教会的任务，修女们不得在修道院以外的地方过夜。

杰奎琳曾邀请利物浦大学语言中心的临时教师卢旺达人达希罗和我到圣母会修道院做客。在院长默菲嬷嬷的带领下，我们参观了整个修道院。修道院像一座公寓。两层楼外有一个花园，里面栽种着一些花卉和果菜。室内分为公共活动区和生活区。公共区域除了一个像会议室的礼拜堂和一个会客厅外，最引人注目的是两个图书室：一个神学图书室和一个世俗图书室。生活区有餐厅、浴室和洗衣房。修道院餐厅雇了专门的厨师。每个修女有一个单独的房间。修女们终生侍奉上帝，无儿无女，因此老年修女在修道院享有最高的待遇。修道院专门雇了有资质证书的护士照顾失去自理能力的老年修女。

来到这里我才知道，天主教修女及修士与泰国寺庙里的和尚不一样，她们中没有一个吃闲饭的人。修道院中除了个别负责院务管理的嬷嬷外，每一个修女在社会上都有自己的职业。杰奎琳本人是一名中学历史教师。修道院实行一种公社

作者与卢旺达人达希罗(右)在利物浦圣母修道院做客。修道院的修女都有自己的职业，根据"神贫"的誓言，所有的修女的工资收入都要上缴给修道院。杰奎琳嬷嬷(中)的职业是中学历史老师。

式的管理制度。修女们将自己每个月的工资都上缴给修道院，修道院再返回每人一些零用钱。按照"神贫"的誓言，修女们从父母或其他亲属那里继承到的动产和不动产也要上缴修道院，财产衍生的收入归修道院支配，个人对上缴的财产只保留名义上的所有权。

杰奎琳在利物浦大学语言中心的培训结束后，被教会派到刚果工作，教授英语和传教。临走前，达希罗交给她一些钱，托她通过非洲的天主教会网络转给他在卢旺达的妻子。达希罗是一个图西族政治流亡者，离开祖国已有好些年了。那时胡图族与图西族之间的种族大杀戮还没有发生，但卢旺达的国内形势已经动荡不安了。他与妻子失去了联系，不知道她是否还住在原来的地方，于是向杰奎琳提供了一个长长的亲友名单，以便需要时扩大寻找线索。满含泪水的杰奎琳非常理解这对夫妻的思念之情。从她对违反教规的海岛主教所持的宽容态度看，我认为她还不属于那种圣徒式的修女。有一个问题在我的心中转了几天，临到离别时也没有问出口来。那就是，在过去30年里她是否已经感觉到蜜糖下刀尖的锋利，是否向往过世俗凡人的生活。

西方文化并不排斥爱情。中世纪的禁欲主义如今只残留在天主教会神职圈内。天主教会严格禁止神职人员涉性，但对教徒并无禁欲的戒律。相反，天主教会鼓励生育，谴责避孕是对上帝意旨的背离。天主教褒扬夫妻恩爱，强烈反对离婚，发挥了家庭稳定器的作用。英国和荷兰这两个以新教为国教的国家之所以新教徒人口被天主教徒所超过，原因就在于两个教会在节育和离婚问题上不同的态度。

西方文学更是爱情颂歌最喧嚣的海洋。莎士比亚的《罗密欧与朱丽叶》歌颂冲破家族世仇藩篱的爱情，《奥赛罗》则赞美贵族女子苔丝狄梦娜打破肤色歧视樊笼与黑人统帅奥赛罗的恋情。《简·爱》中夏绿蒂·勃朗特所塑造的简·爱与罗切斯特的情感关系虽然有点畸形，但也不失为一部褒扬跨越社会等级鸿沟的爱情经典。美国影片《爱情故事》是一对现代情侣的故事。他们的遭遇综合了上述三个作品的特点：种族不同，贫富悬殊，门第差异，父母反对，但双方却爱得死去活来。

《罗密欧与朱丽叶》是西方爱情的典型范式：坠入情网的男女蒙上双眼，任由激情牵引前行，哪怕迈入万丈深渊、滔天洪水或火海烈焰也万死不辞。作品中的两位主人公在化装舞会中偶遇，尚不知对方姓甚名谁便坠入情网。罗密欧咏叹道：

火炬远不及她艳丽明亮，她是天上明珠降落人间！我从前的恋爱只是游戏，今晚才遇到真正的爱人！

西方情感文化推崇的就是这种烈火干柴式的一见钟情。罗密欧在决斗中杀死了朱丽叶的表兄，两个家族之间旧恨又添新仇。这依然未能阻止这对情侣秘密幽会并私订终身。凌晨时分，罗密欧不得不离开朱丽叶的卧室时，朱丽叶依依不舍地咏叹道：

你就这样走了吗，我的夫君，我的爱人，我的朋友？我盼望每一天每一刻都能听到你的消息，因为我度日如年。照此计算，下次我再见到你时，我又会老了十几岁……

从16世纪的《罗密欧与朱丽叶》到20世纪70年代的《爱情故事》，西方爱情文学讴歌的是男女间相互强烈的吸引，突显的是不顾一切地对个性解放的追求和对世俗观念的挑战，而往往忽略爱情的忠贞和隽永，必要时甚至不惜以"殉情"(死)来逃避男女间不能相互厮守的"活寡"式的爱情。其实，在西方的现实生活中不乏贞节、隽永的爱情，但这样的爱情在文学作品中常以苍白病态的面目出现。譬如，一辈子身着嫁衣、守着被老鼠啃食的婚礼蛋糕等待爱人归来的老妇人。这样的人物实际上是一个被嘲笑的对象。像《幸福的黄丝带》那种描写一个女子对狱中恋人苦苦等待的作品在西方文学中寥若晨星。

西方情感文化张扬的烈度，中国情感文化赞美爱的隽永。

秦观《鹊桥仙》的美学精髓就在"柔情似水，佳期如梦，忍顾鹊桥归路"。中国的户籍制度造成了六七十

罗密欧与朱丽叶（电影剧照）在化装舞会上相遇，两人尚不知道对方的名字就双双坠入情海，相互爱得死去活来。

年代数以百万计的两地分居族，与此同时，离婚率却几乎接近于零，其原因除了当时僵化的法律对离婚设置的钢铁栅栏外，秦观"两情若是久长时，又岂在朝朝暮暮"的诗句功不可没。这句诗在几百年里培育出的社会语境，成为两地分居族在那些孤寂的年月里自我激励的心灵鸡汤和维系情感和婚姻的精神纽带。

一年仅一度的"柔情似水"在西方人的眼里简直匪夷所思，无人颂扬。在西方的价值观里，夫妻长期分居是反自然规律的。出现这种情况夫妻自然会劳燕分飞，世人不应对此侧目。要谴责的只是造成这种分居的根源。由于这个原因，中国学生向西方国家使领馆申请陪读签证要比申请留学签证更来得容易。

西方国家大学同事间举行家宴时发出的邀请函往往注明邀请你与Partner一起参加。其实，那个Partner有着很宽泛的含义。它既可以是配偶、未婚妻或未婚夫，也可以什么都不是，仅是一个异性伴侣。在这方面，现代的西方文化又比中国文化更为开放。

中西文化各有短长。中国的情感文化并不是完美无瑕的。

中国几千年的封建传统在中国的文化的价值体系中留下了深深印记。"奴家"、"贱内"等称谓揭示了中国性文化中男尊女卑的特质：把两性关系中的男方定位为主，女方定位为奴，不能不说是中国传统性文化中的一种诟病。

中国古代男性帝皇三宫六院嫔妃无数蔚然成风。唐玄宗李隆基53岁时开始专迷于年仅20岁的杨玉环，尽管后宫养着佳丽三千，还是被当作情深似海的好男人世代颂扬。其祖母武则天虽然因"英才远略，鸿业大勋，雷霆其武，日月其文"而彪炳史册，但她对面首(男性嫔妃)的小小嗜好仍被世人看成是一个洗刷不掉的人格污点。这就是中国几千年封建制度形成的观念：对性爱的享受是男性的专有权利，女性在这个过程中只能充当工具的角色。如有哪个女性企图谋求这种权利便会落入万劫不复的境地，哪怕贵为女皇也不能幸免。

武则天的人格污点定性在所有的史籍中都遭遇到同一个字——"淫"。"淫"字在对女性评价的汉字谱系中处于最负面的一端。这个字也最能揭示中国传统文化中性别的价值失衡。这个字偏旁意味深长的三点水暗示它所描述的是某种与液体有关的生理现象。这种液体的释放与神经中枢的某种亢奋烈度间有一种微妙的数量关系。这个字的含义与中国传统的两性价值评判标准高度吻合：女性性欲的旺盛无一例外地被斥为淫荡、邪恶和下贱。与此相对应的另一个共识是：男性性欲炽烈是阳刚之气、英雄本色、豪情万丈的标志。

这套评判标准是中国封建社会这棵大树上长出的一根弯枝。男性豪迈的阳刚

封建时代皇帝亲赐的"烈女"牌坊是套在妇女脖子上的精神枷锁，其功能是为女性树立清心寡欲的楷模。

为一夫多妻制提供了合理的依据。然而，在一夫多妻的家庭模式中，壶水难浇众花。于是，为避免自家园子的花枝伸到墙外沐浴他人的雨露，便打造出"万恶淫为首"的精神枷锁套在女人的脖子上，如越雷池，轻则逐出族门，重则施以坠石沉湖的私刑。官宦人家采用较为斯文的做法，往往扔出一把剪刀或一条白绫，由那个令家族蒙羞的女子自己了断。这种精神枷锁的正面物化体便是为"烈女"建造的贞节牌坊，其功能是为女性树立终生节欲的楷模。中国淑女端庄贤淑的隐性标准便是清心寡欲。在这种道德语境中成长的女性因此都戴着性冷淡的面具，以博得"良家女子"的资质。

如今，封建社会已成为永远的历史，但男尊女卑的观念依然挥之不去。

20世纪80年代，在文学和电影创作领域拨乱反正之初，有人策划了一部中外合拍片。这部作品描写抗日战争期间，几名八路军战士受命护送一名被迫伞降在解放区的美国空军飞行员穿过敌占区的故事。剧本设计了一个美军飞行员与护送队伍中的八路军女战士双双坠入情网的情节。抗战时期中国军民对美军飞行员的救援和掩护不乏其例，但在剧本中描写的国际恋情显然是杜撰的，不过是为增加影片票房撒的胡椒面。剧本送审时，领导对这个情节的设计很不以为然：为什么让中国姑娘落到美国大兵手里，这岂不是又添"国耻"？为什么不能让美国女兵投入八路军的怀抱，让国人也扬眉吐气一回？外方合作者大惑不解：跨国恋情，无非就是中女爱外男或外女爱中男，这两种模式有什么区别吗？

也是20世纪80年代初，国内大学里跨国恋情频发。如果国际鸳鸯中的男生是中国人，大家尚能认可，如果女生是中国人，就会遭到公众的白眼以及同学、老师和家长的巨大压力。

影片剧本闯过了重重难关终于按原来的设计拍摄出来；进入新世纪后跨国婚姻也司空见惯，公众对国际鸳鸯性别模式的关注也渐渐消退。社会毕竟在进步。

王母娘娘最后与七仙女达成的妥协，避免了罗密欧与朱丽叶鱼死网破式的悲剧结局，留下了一个皆大欢喜的美好神话。中国儒家思想主张和谐，避免对抗；主张中庸，反对极端；主张含蓄，忌讳直白；提倡内敛，杜绝张扬。王母与仙女的妥协以及悟空与玉皇的言和都在中国儒家思想的圭臬之中。当然，中国情感故事中也不乏悲剧，西方爱情喜剧也俯拾皆是。这些反例给批评家们留出空间吧。

坐落在葡萄牙塞图巴尔湾的阿拉比达修道院最后被废弃了。修道院的院墙完好无损，废弃的原因是修士们后继无人。杰奎琳告诉我，她所属的英国天主教圣母会也面临接班人短缺的问题，在当时的400多名修女中，30岁以下的只剩下20来人了。

东方基金会买下了阿拉比达修道院。保护文化遗产也是这个基金会的宗旨之一。修道院遗址从此得以保存维护，供世人凭吊。

4
舌尖上的尊严

语言是文化的基石，背负着沉重的尊严。在多文化圈的社会中，语言极易成为冲突的导火索。在缺失主导语言的比利时，两大语族间的摩擦从文化教育领域溢出到政治领域，屡屡酿成政府危机。文化对历史进程的影响力不可小觑。

21世纪的第七个年头，比利时迎来建国177周年。就在这年年末，这个国家发生了历史上最严重的政治危机：在大选结束的190日之后，新政府还迟迟未能出炉；议会陷入瘫痪，频频传出南北两个大区要分家的声音。两大语族间的纷争直接导火索虽然是经济问题，根子却在文化分野上。

我曾在布鲁塞尔待过一些时候，在学术单位做些研究工作，每天上班下班，穿行在那哥特式的街巷中，对那个充满浓郁中世纪风情的欧洲城市迷恋不已。我喜欢"五十年纪念公园"里的凯旋门和浓阴华盖的橡树林。那里面是那样恬静，那样优雅，那样大气。为打发周末的寂寞，我常常在凯旋门后的军事博物馆里消磨时光，凝视着这个国家历史上六位国王的座像，一遍又一遍地观察他们的武器、装备和军装在百多年里的演变。我不由自主地琢磨，八国联军攻北京时，他们穿的是哪种军装，用的是哪种武器。

这个公园落成于19世纪80年代，为纪念比利时建国50周年而建。20世纪30年代，在这个国家独立百年之际，布鲁塞尔又修建了一个"百年纪念公园"。1953年，为迎接在这里举办的万国博览会，比利时人在"百年纪念公园"里建起了一个高达百余米的铁塔。铁塔的造型非常奇特，由9个银白色的圆球和它们之间的通道组成，代表铁原子的原子核和围绕着它的8个电子。比利时人以铁原子作为博览会的标志，是因为那时候世界正迈入钢铁时代，钢铁工业如雨后春笋般蓬勃发展，成为20世纪中叶工业化的支柱产业。比利时人将工业化的符号永远铭

比利时建国五十周年时修建的"五十年纪念公园"里的凯旋门。凯旋门的两侧是军事博物馆、航空博物馆和汽车博物馆。

刻在建国纪念公园里，真是匠心独具。原子塔的"原子核"和8个"电子"内都有一个小小的展厅，展示比利时的历史和铁塔的建设过程。从最高的"电子"球中透过玻璃窗极目远眺，半个城市展现在眼前。如今，这个原子球塔已经成为布鲁塞尔的城市符号，就像埃菲尔铁塔是巴黎的符号、鸟巢是北京的符号一样。

此后，比利时人再没有修过新的建国纪念公园，可能是因为建国初期的豪情已经消退，也可能是这个国家的民族主义情愫被欧洲联合大潮所消融，或者是这个国家的两个亚文化圈忙于内讧，已无心再搞新的建国纪念公园。

比利时的两大亚文化圈指的是两大语言族群。打开比利时地图，在首都布鲁塞尔以南不远的地方有一条像"三八线"一样的分界线，非常整齐地将这个国家切成南北两半。北半部是佛勒芒区，居民说佛勒芒语；南部是与法国接壤的瓦隆区，居民说法语。这个国家的第三个行政区即首都布鲁塞尔区，大致上位于这两大区的中间。比利时还有9万说德语的居民居住在靠近德国东部边境的地区。北部居民说的佛勒芒语与荷兰语同根同源，但由于发音不一样，荷兰人听不懂佛勒芒语。不仅如此，佛勒芒语方言复杂，区内5个省的居民也听不懂彼此的话。为了便于交流，佛勒芒区政府规定以标准荷兰语作为他们的普通话，该地区所有学校采用标准荷兰语教学，所有佛勒芒区的报刊书籍用标准荷兰文印刷，电台、电视台用荷兰语播音。

一国操数语及数国用一语是世界文化万花筒中的一道特殊风景。在一个国家内部，由语言文化的差异造成不同亚文化圈之间在政治上的分野、摩擦和对峙，影响着国家历史发展的进程。这是所有缺失占绝对强势地位的主体语言的国家的共性。这样的国家除了比利时外，还有加拿大和瑞士。加拿大东部说法语的魁北克省与其他说英语的省份之间一直龃龉不断，并发展到要独立单过的地步。这个省曾两次以全民公投的方式来决定本省的命运。瑞士表面看来语族间的纷争还未闹到分家的地步，但说德语的北部地区与说法语的南部地区的文化分野也造成两地区间的政治疏离。这个国家在两次世界大战中均保持中立，但北部德语区居民强烈倾向于德国，而南部的法语区居民则明显同情法国。

然而，没有哪一个国家由语言的不同造成的文化冲突和政治对立像比利时那样突出。两地区事事攀比，绝不容对方高出自己一筹。佛勒芒区有一所国立大学，瓦隆区就得有一所与之对应。布鲁塞尔有一所说法语的自由大学，就必须有一所说佛勒芒语的自由大学与之平衡。这一切都是鲁汶大学分校事件惹的祸，舌尖上的尊严竟然如此沉重。

佛勒芒区的鲁汶大学是欧洲最古老的大学之一，建于1384年勃艮第公国时代。比利时的大学有用法语教学的历史传统。从19世纪末起，佛勒芒人开始了争取本民族语言地位的运动，大学开始开设双语课程，但法语教学仍然占绝对优势的地位。1963年，鲁汶大学佛勒芒族师生抗议荷兰语受歧视，要求所有重要课程均设置荷兰语教学课堂。校方没有满足这一要求。佛勒芒族学生向不开设荷兰语课程的教室投掷石块，砸碎玻璃。说法语的师生则以罢课表示抗议。1966年，学校再次因族群矛盾爆发学潮。冲突发展到白热

1953年，为迎接万国博览会，比利时人在"百年纪念公园"里建起了一个高达百余米的象征铁原子结构的铁塔。比利时人将工业化时代的符号永远铭刻在建国纪念公园里。

鲁汶大学建于14世纪勃艮第公国时代。1968年，学校两大语族师生因教学语言发生争执，政府和教会出面调停失败，最后导致分校，法语校园从这里分出去，这里成为佛勒芒语的鲁汶大学校园。

化的程度，学校的教学秩序无法维持。政府和教会不得不出面调停，但两派师生均坚持己见，首相和红衣主教的斡旋无功而返。1968年，政府采取了最不得已的措施，将鲁汶大学一分为二，两族师生终于分道扬镳。

　　荷兰语科系留在佛勒芒区鲁汶市，仍叫鲁汶大学，即老鲁汶大学。讲法语的科系迁到布鲁塞尔以南的奥地涅和屋吕威，称为新鲁汶大学。校产的分割是一个繁琐而漫长的过程，尤其是图书馆馆藏书籍的分割。为避免在珍本书和绝版书的所有权上产生争议，双方对图书馆藏书的分家方案达成协议：所有的图书按馆藏编号决定去留。抽签结果是，佛勒芒语鲁汶大学得到尾数为单号的藏书，法语鲁汶大学得到尾数双号的藏书。紧随鲁汶大学之后，布鲁塞尔自由大学也在原地分成两校。校园从中间一刀切开，一半是法语自由大学，另一半是佛勒芒语自由大学。

　　语族风波从教育界蔓延到政坛。比利时基督教社会党和比利时工人党都是全国性政党，无论是说法语还是说佛勒芒语的党员都是同一个战壕的战友。大学分校风波像急性流感似的感染了各个政党。各大政党内部也发生了裂隙。昔日亲密无间的战友因语言冲突反目相向。比利时基督教社会党分裂为荷语基督教社会党和法语基督教社会党。10年后，比利时第二大党工人党也分裂为法语社会党和荷语社会党，文化利益置于阶级利益之上。比利时其他政党都是地区政党，要么是法语区的，要么是佛勒芒区的。从此，比利时再也没有一个全国性的政党。

1994年，比利时对宪法进行了修改。这次修宪最大的动作是将国家改为联邦制王国，由佛勒芒区、瓦隆区和布鲁塞尔区组成。联邦制进一步突出了各语言组群的独立地位。如果你到比利时旅行，你会发现，瓦隆区所有的路牌路标都是用法语标示的。佛勒芒区也如法炮制，马路上只有荷兰语路名标牌，没有法语标牌。只有法定的双语区布鲁塞尔的路牌采用荷、法两种语言标示，以显示首都的包容性和全民代表性。法律规定，比利时联邦政府和布鲁塞尔市政府的官员至少必须精通法语和荷兰语两种语言。这是这两个部门公务员的基本资质。

说起比利时南北两大语言区的形成，不能不提及比利时的国家历史。这个地面上最早的居民是凯尔特人。公元前56年，恺撒率领的罗马大军征服过这片土地。公元5世纪到9世纪，这里是法兰克王国的一部分。此后，这片土地经历了4个世纪的群雄割据诸侯混战的局面。此后，这片土地和北边后来变成荷兰的那片土地都被纳入了勃艮第公国的一部分。勃艮第公国曾经是欧洲经济最繁荣的地区。1477年，勃艮第大公查理在南锡之役阵亡。法国国王以查理大公没有男性继承人为由，要收回这片土地。查理的女儿玛丽及时地嫁给了哈布斯堡王朝的马克西米连大公，在法国人接管这个地区之前，新娘将公国北部最富庶的17个省作为父亲的遗产和自己的嫁妆带到了奥地利。于是，这个最富庶的地区便留在她的名下。这17个省就是今天的比利时、荷兰和卢森堡。

勃艮第公主玛丽与哈布斯堡大公马克西米连的儿子菲力普与阿拉贡国王斐迪南和西班牙女王伊莎贝拉的女儿胡安娜结亲，生下二子。长子查理长大后从外祖父母那里继承了西班牙王位，号称查理一世，又从自己的父亲那里继承了西西里和拿坡里，从祖母玛丽那里继承了尼德兰。尼德兰，也就是今天被称为比利时和荷兰的地方，就这样经过两次王室联姻沦为了西班牙的属地。查理一世1556年将王位传给儿子腓力二世。腓力二世继位后，对尼德兰进行高压统治，经济上横征暴敛，政治上取消地方自治，宗教上镇压加新教运动，尼德兰人民苦不堪言。1558年，尼德兰爆发了由威廉·奥兰治·拿骚领导的起义。这次起义演变成了一场长达80年的独立战争，直到1648年才结束，尼德兰获得独立。

然而，得到国际社会承认的独立国家不是当初勃艮第的17个省，而仅仅是最北边的7个省。获得独立的这7个省组成的国家叫做荷兰共和国。南部10个省的居民虽然与北方7省居民同种同文，却站在荷兰的敌人西班牙王国一边。

　　当初奥兰治·拿骚发动的起义波及整个尼德兰，即今天的荷兰和比利时。如果尼德兰17个省的人民能够始终如一地同仇敌忾、一致对敌的话，今天的欧洲版图将会完全不同。不幸的是，起义阵营很快就出现了分裂。这个裂隙始于起义队伍内部的宗教分歧。中世纪宗教改革运动的"幽灵在欧洲的天空游荡"，不仅罗马教廷将之视为洪水猛兽，固守天主教信仰的普通教徒也与之不共戴天。宗教分歧像一条深深的鸿沟，横亘在共同遭受西班牙统治者压迫的两个教派同胞之间。

　　西班牙总督法恩斯巧妙地利用了民众间的宗教分野来分化尼德兰的起义阵营。他拉拢天主教势力较强的南部省份签署了《阿拉斯和平协议》，组成"天主教联盟"。北部以加尔文教派为主的省份随后也针锋相对地组成"乌特列支联盟"。在西班牙统治者的离间下，民众间的宗教分歧鸿沟加深，南部省份最后退出了起义阵营。西班牙军队于是对南部地区的新教徒进行残酷扫荡。南部各省的新教徒为免遭杀戮，拉家带口星夜逃往北方。根特城的76000人口几天之内骤降一半。南部10个省最后只剩下天主教徒居民。他们最后站到西班牙的阵营里，与北方的起义者建立的荷兰七省共和国作战。荷兰七省共和国强大的海军曾长期封锁南方的安特卫普港，使得西班牙统治下的南方省份经济凋敝，民不聊生。宗教的对立和80年战争中结下的仇恨，是同根同源的尼德兰人民分解成今天比利时和荷兰两个国家的最初原因。

说法语的新鲁汶大学迁到奥地涅和屋吕威，新鲁汶大学校园环境幽雅，校舍采取了现代设计风格，与老鲁汶大学的古典风格完全不同。

南尼德兰人民帮助残酷剥削他们的西班牙人镇压他们北方的血脉兄弟，仅仅是因为宗教信仰分歧。这是现代东方人很难理解的问题。然而，历史上宗教一直是各个民族文化的价值核心，在中世纪的欧洲尤其如此。人们的经济活动为谋一衣一食，只解决人的生存，而宗教作为精神指南和道德基础，解决的是人的生存目的。目的解决了，纲举目张。生存的目的弄不清楚，生存手段将是无源之水、无本之木。因此，宗教精神能够化解对压迫者的不满，能稀释手足同胞的血液，点燃对异教徒的仇恨。

根特城一角。16世纪，西班牙总督为分化瓦解尼德兰的起义阵营，在南部省份组织"天主教联盟"，新教徒为躲避迫害大量逃往北方，今天的根特城只剩下天主教居民。

今天那片被人称为比利时的土地当年与北尼德兰分离后，一度成为西班牙国王腓力二世的女儿的私人采邑，18世纪又被奥地利统治了77年。1792年，比利时在法国革命的影响下宣布独立，但3年之后又并入拿破仑的法国。在法国统治下的17年时间是这个地区语言变迁的重要时期。大量说法语的居民迁入人口稀少的比利时南部，使这个地区成为法语区。那里原来说佛勒芒语的居民逐渐被法语所同化。这就是比利时南北语言分野的由来。

拿破仑的失败改变了欧洲的命运，尤其是改变了荷兰和比利时的命运。1814年，联军进入巴黎，拿破仑被迫在枫丹白露和约上签字投降，并被流放到厄尔巴岛。1815年，拿破仑从厄尔巴岛逃出，聚集旧部重新挥师北上与联军作战时，在滑铁卢战役中再次被打败。荷兰和比利时的历史命运在滑铁卢战役的维也纳善后会议上出现了根本的变化。

1815年，欧洲各国首脑聚会维也纳，重新规划被拿破仑搅乱了的欧洲秩序。由于荷兰在战争初期站在拿破仑一边，作为惩罚，英国以前从荷兰手里夺走的领土正式确认归属英国。这些领土包括南非、南美圭亚那的一部分以及锡兰岛。欧洲列强主导的这次会议专断地将荷兰的国体由共和国改为王国，原荷兰联省共和国的执政官威廉·弗利德利克·奥兰治被指定为荷兰王国首任国王，封号威廉一世。考虑到荷兰在剿灭拿破仑战争的后期作出了贡献，于是把原奥属尼德兰（比利时）给了它，以弥补它割让南非、圭亚那和锡兰的损失。就这样，从1815年起，比利时便成了荷兰王国的一部分。

经过两百多年的分离后，历史赋予这两个血亲兄弟一个和解与重构共同家园的机会。然而，这对兄弟没有抓住这个机会。共同的血统、语言、文化和风俗并没有使比利时对荷兰产生认同感。宗教分歧、80年战争的积怨、南北经济结构的差异、政治传统的不同，以及威廉一世的专制主义作风使两个兄弟再次反目，并最后决裂。1830年，比利时地区召开"国民大会"，宣布比利时独立并发动起义。起义军在布鲁塞尔与荷兰军队展开巷战，荷兰军队频频败北。英、法出于各自利益的考虑，改变了在维也纳会议上的立场，转而支持比利时独立。欧洲其他列强不愿意为了区区小国荷兰得罪英、法，纷纷放弃了对荷兰的支持。获得列强的认可，比利时人勇气倍增，所向披靡。八年的战争使荷兰人困马乏，国库枯竭，最后只能服输，吞下让比利时独立的苦果。

比利时的独立过程再次表明，小国只不过是大国棋盘上的棋子，它们的存亡必须符合大国间维持均势的需要。

在19世纪初叶欧洲专制主义的政治氛围下，独立的比利时必须成为一个王国。这个新的王国需要拥有一个本国国民和周边大国都能接受的国王。比利时从1830年宣布独立时起便开始为自己物色国王。比利时的国王必须符合一系列苛刻的条件。第一，他必须来自著名的王侯家族，血管里流的是"蓝色血液"。第二，他必须从外国引进，因为比利时法语区的居民不能接受佛勒芒人的国王，而佛勒芒语区的居民也不能接受来自瓦隆区的国王。这好比我们今天的情况：一个窝里斗得厉害的单位换届时，新领导只能从外单位派来。第三，他不能是奥地利人或西班牙人，因为这两个国家曾经奴役过比利时，比利时人民对它们有不共戴天之仇。第四，他更不能是荷兰人，因为当时比利时与荷兰之间正处于战争状态，况且荷兰是一个没有经历过王朝历史的国家，王族脉系严重短缺。第五，他也不能是法国人或英国人。法国和英国共同主导着比利时王国的建构过程，它们都不能容许对方在比利时拥有更多的影响力。经过反复的磋商、酝酿、协商和比较，比利时首任国王的候选人目标逐渐集中到一个人身上。这个人就是出身德国萨克森—科堡—萨尔菲德家族的贵族男子利奥波德。

萨克森—科堡—萨尔菲德是德国的一个显赫的王室家族，统治着有几百年历史的萨克森—科堡—哥达公国。其贵族脉系可以追溯到公元10世纪。利奥波德当时是该公国统治者恩斯特一世的弟弟。这位王室贵胄有着英雄般的履历。在他15岁时，他的祖国一度被拿破仑占领。他拒绝了拿破仑的封官许愿，加入了反法阵营。利奥波德以其独特的政治修养和超凡的人格魅力受到各方面的青睐。他不仅在政坛上左右逢源，在情场上也春风得意。美丽的英国女王储夏洛特解除了与荷兰国王威廉一世的婚约嫁给了他。不幸的是，新婚燕尔的夏洛特次年便因难产去世。19世纪30年代初，欧洲有两个新独立的国家需要从国外引进国王，一个是刚刚摆脱荷兰统治的比利时，另一个是希腊。利奥波德同时被两这两个国家国民议会推选为本国的国王。这位刚刚成为鳏夫的幸运儿婉拒了希腊国王的王冠，接受了比利时的王位，封号利奥波德一世。

主导着欧洲各小国命运的英国和法国对比利时议会的选择难得地一致表示首肯。英国认可他是因为他是前英国女王储的丈夫，并拥有英国康塞公爵的封号。法国认可他是因为法国国王路易·菲利普年仅19岁的女儿路易斯—玛丽公主刚刚接受了他的求婚，他即将成为法国国王的女婿。这位昔日的英国驸马在40多岁时又摇身变成了法国驸马。好在他和路易丝—玛丽最后白头到老，否则不知欧洲还有多少位公主要被这位英俊的白马王子迷倒。

值得一提的是，利奥波德促成了他孀居的姐姐维多利亚公主与英国亲王爱德华的婚姻。这段因缘最丰硕的果实是他们所生下的女儿后来成了英帝国近代最强盛时期的君主，即维多利亚女王。维多利亚后来嫁给了利奥波德的侄子阿尔贝。因此，他是英国维多利亚女王的双重长辈。

1831年7月21日，利奥波德正式加冕成为比利时国王。这一天被定为比利时国庆节。一周半后，荷兰军队对比利时发起进攻。利奥波德一世领导比利时军民进行了英勇的抵抗。曾在情场上败在他手下的荷兰国王威廉一世在战场上同样不是他的对手，输得一败涂地。1839年，荷兰终于承认比利时的独立。双方重新划定了边界。

我曾在荷兰马斯特里赫特大学做访问学者，周末曾与我的老板穆伊斯肯教授到郊外一座叫做内尔坎涅的城堡(Kasteel Neercanne)远足。这个城堡在拿破仑时代曾经是法国人的要塞。城堡旁十几米处有一行铁柱子，每根柱子上都铸着"1839"的字样。这些柱子便是荷比两国间的界碑。在荷兰败给比利时的那一年，两国正式划定了国界。这段历史便永久地铸在这些界碑上。跨过这一行铁柱子是比利时的国土。想想当年荷兰人在埋设这些界碑时是多么沮丧和无奈。

比利时从独立到今天经历了6个国王。每个国王都有一段非同寻常的故事，囿于篇幅不能在此一一提及。这里只提一提比利时的第二代国王利奥波德二世。利奥波得二世是利奥波德一世的次子，于1865年继位。他对处于原始状态的非洲具有浓厚兴趣，拿出自己从父亲那里继承到的大量资产投入到非洲的探险中。他雇用英国探险家斯坦利到刚果探险，并派兵护送。利奥波德二世通过他的这个代理人买通了刚果河流域的500多个地方酋长，与他们签订土地归属协议，使这个面积达34万平方公里的热带雨林地区成为他的私人领地。当时比利时和欧洲其他国家正处于工业化飞速发展阶段，对工业原料的需求如饥似渴。他在刚果大量种植橡胶，以满足世界对轮胎的需求。利奥波德二世对刚果的资源掠夺和对刚果人民的残酷剥削引起国际舆论的强烈不满。在国际舆论的压力下，利奥波德二世终于在1908年把他私人经营的刚果交给比利时政府管理。比利时正式成为刚果的宗主国，完成了"老鼠吞大象"的过程——一个独立不到百年的欧洲小国，摇身一变成为海外疆土10余倍于本土面积的殖民帝国。

利奥波德一世带领比利时军民对入侵的荷兰军队进行了英勇的抵抗。曾在情场上败在他手下的荷兰国王威廉一世在战场上同样输得一塌糊涂。图为比利时首任国王利奥波德一世（右下）及其在布鲁塞尔的纪念碑。

那年7月初的一天，布鲁塞尔的天空中突然响起了巨大的轰鸣声，我从窗口往外看，两架F—16战斗机低空掠过头顶。办公室秘书施奈德女士到各个房间告诫大家不要惊慌，说这是国庆阅兵的热身预演。秘书太太的告诫并非多余。随着国庆日的临近，笼罩布鲁塞尔的紧张气氛日益加剧。一周前一个北非恐怖组织在一家阿拉伯文网站上宣布要在国庆期间"血洗"布鲁塞尔，作为对比利时向法国引渡爆炸案嫌疑人的报复。荷枪实弹的警察开始出现在街头小巷，进出商场、车站和机场的顾客都要接受便衣警察的检查，以防"人体炸弹"混入公共场所。

我所在的办公室紧傍着法律大街。这是阅兵队伍经过的大街。说起布鲁塞尔的国庆阅兵，那场面和规模当然不能与北京同日而语。天安门广场上的国庆大典动辄上百万人，无论观阅的群众还是受阅的军队都必须在凌晨3点排队进入场地。不算首长讲话、阅兵、游行那三个小时，光是群众进场、出场都得走好几个钟头，一天下来精疲力竭。小国有小国的好处。像比利时这样的国家，国庆节没有群众游行，没有任何单位的队伍或方阵。受阅军队和军车早上7点才进入法律大街附近的街巷等候。群众早上8点后才三三两两聚集到法律大街两旁。你爱站哪儿就站哪儿，没有任何规矩。检阅开始时，马路两旁的群众估计满打满算也不过几万人。国王阿尔贝三世的吉普车在前面开道。站在敞篷吉普车里的国王敬着军礼缓缓经过，距离路旁的群众不足20米。群众向站立车上的国王欢呼致意。

利奥波德二世是利奥波德一世的次子和比利时第二任国王。他通过代理人买通了刚果河流域的500多个地方酋长，与他们签订土地归属协议，使这个面积达34万平方公里的热带雨林地区成为他的领地。一个独立不到百年的欧洲小国，摇身一变成为海外疆土10余倍于本土面积的殖民帝国。

再回到本文开篇的话题上来。那一年的政府危机，直接起因是瓦隆区与佛勒芒区经济发展日益严重的两极分化。历史上，南部瓦隆区人口众多，工业经济发达，而佛勒芒区则是传统的农业地区，人口较少，经济相对落后。说法语的瓦隆区居民不仅在文化上歧视北部的佛勒芒区居民，在经济上也看不起北部的穷兄弟。然而，三十年河东，三十年河西，风水轮流转。20世纪70年代后，佛勒芒区利用后发优势奋起猛追，成为比利时高新技术密集的发达地区。瓦隆区却患了硬化症，经济一蹶不振。两个地区的经济权重成七三开之势，佛勒芒区占七，瓦隆区占三。两个大区的人口分布也出现逆转。佛勒芒语族人口增长到六成，瓦隆区人口滑落到四成。人口就是选票。由于佛勒芒语人口大大超过法语人口，法语公民已有30年无缘问津比利时王国的首相宝座了。

这一次政府危机，起因于组阁的牵头党荷兰语基督教民主党要求联邦政府向两大地区下放更多的主权。这个政治提案传达出一个令人不安的信息：富庶的佛勒芒地区有可能在经济上甩掉瓦隆区这个沉重的包袱。这个动议遭到组阁伙伴法语革新运动党、法语基督教民主党的强烈反对。谈判陷入的僵局使佛勒芒区居民

比利时国王在佛勒芒和瓦隆两大文化圈之间充当调停人，发挥了政府和议会无法发挥的特殊作用。图为国庆阅兵式上的现任国王阿尔贝二世。

开始失去耐心，有半数居民开始嚷嚷要与瓦隆区"分家"，于是便出现本文开头的那一幕。

　　在国王阿尔贝二世苦口婆心的劝说下，双方终于达成协议，新内阁在难产中诞生，结束了192天权力真空的危机。新政府将所有有争议的问题都暂时搁置一边。来日方长，以后再慢慢较劲吧。

　　在君主立宪制下，比利时国王没有一点实权。名义上他是国家元首和军队总司令，国家所有法令在生效前都要送到他的办公桌上经由他签字，但是他必须听命于政府和议会，该他签的字他不敢不签，所以他只是个橡皮图章。但是，这个橡皮图章有时候也能够发挥政府和议会无法发挥的特殊作用，那就是在两大亚文化圈之间充当调停人，以维系国家的团结。由于他既不是瓦隆人也不是佛勒芒人，他的公正性才得到两个亚文化圈的认可。170年前比利时人找了个外国人当他们的国王算是找对了。

　　文化的力量就是这样不可思议。

5

方言的故事

方言是人类的文化瑰宝。中国各地方言中保留着古汉语词汇。方言的"岛效应"使海外唐人街既吸纳了当地语言词汇，又保留了旧时代汉语的特点。已消逝的老北京音韵在台湾的国语中依然存留。欧洲的方言也闪烁着万花筒般的异彩，并留下了奇特的故事。

利物浦是英国西北部的港口城市，那里有一个华人社区，有华裔居民一万多人。规模虽然不大，却是欧洲最古老的唐人街。这个唐人街的历史可以追溯到19世纪。1865年，大洋汽船公司在利物浦成立，公司开张后不久便开辟了从利物浦到中国的远洋航线。这条航线上的所有轮船都把烟囱刷成蓝色，所以叫做"蓝烟囱航线"。从航线开辟之初，轮船上便出现了中国海员的身影。自那以后，这家公司所雇用的中国海员逐年增多。后来，许多中国海员因工伤或其他原因离开了轮船，在利物浦定居下来。他们便是利物浦唐人街的奠基人。定居下来的海员逐渐娶妻成家，他们的妻子多半同样是外来移民，有北欧女人、爱尔兰女人或犹太女人。后来有许多未下船的海员回家娶了亲，有的把家乡的新娘接来，安置在这城市，每次远航归来，便有个家庭港湾歇息。时间久了，他们的兄弟姐妹或表兄弟姐妹也踏着他们的足迹来到这里，逐渐形成一个华人社区。广东话是这里通用的语言，因为"蓝烟囱航线"招募的中国海员大都来自香港和广东。两次世界大战期间，英国劳动力的奇缺，航运公司从中国大量招募海员，以满足为战时急剧扩张的航运业务的需要。利物浦因此出现过两次华人定居高潮。

我在利物浦的一个养老院里见到过三位垂暮老人。他们都是第二次世界大战时来到英国的华籍海员。他们中有两位对英语和广东话的反应已经很迟钝了，只会讲他们各自的客家话和台山话，近20年的事情基本上忘得一干二净，而年头越是久远的经历记得越清楚。利物浦市政府华裔社区事务局对自愿探视养老院孤老并能够用他们听得懂的方言陪他们聊天的人支付一定的报酬。利物浦大学一位碰巧会说广东三大方言的陈姓女生每周都去看望他们，问候他们的起居，倾听他们讲述半个世纪前的往事，以此作为她半工半读的工作之一。

我在利物浦学习期间，常到唐人街购物，一来可以买到中餐的原料，二来可以接触这里的居民，了解他们的风俗文化。最早的广东移民都聚集在皮特街和克里夫兰广场，那里今天仍然是唐人街的中心。这里最显著的特征是几家挂着中英文招牌的中餐馆。此外，还有一些华人开的杂货店和古玩店。一家设在地下室的中文书店，里面出售中国内地、中国台湾、中国香港的图书和杂志。这家书店的老板还代理旅行社的生意，代购中国内地和中国香港航班的飞机票。这条街上还有一家专为华人打官司的律师楼，主理律师是第二代或第三代的侨民。他们在这条街上出生、长大，英语和广东话说得都很流利。这条街的年轻人大多已经融入英国社会，从牛津、剑桥或其他英国大学毕业后，到外埠的大公司里上班。在这条唐人街上见到的黄面孔多半是老人和儿童。

我踟蹰在唐人街的小超市里，一边慢慢挑着货架上的商品，一边竖起耳朵聆听周围的交谈，细细品味他们的词汇和口音。我尽量找机会和商店的老板或店里的顾客搭搭讪，话话家常。细细品味起来，这里的广东话与现代的广东话已有相当的距离。

语言是一种奇特的文化生物。它跟随历史的发展而成长。现代化的进程催生

英国的利物浦城。1865年，大洋汽船公司在这里成立，并开辟了首条从英国到中国的"蓝烟囱航线"。这条航线招募的香港和广东籍船员后来成了利物浦唐人街最早的华裔移民。

利物浦唐人街最早的广东移民都聚集在皮特街和克里夫兰广场。今天那里仍然是唐人街的中心。那里最显著的特征是几家挂着中英文招牌的中餐馆。这张老照片上的房子是这里最早的中餐馆——上海楼。

着新词汇，扬弃着旧概念。于是，一些词汇消亡了，更多的词汇产生了。一个远离故土的移民语言，置身于一个与发源地迥异的文化环境中，其进化不得不拐入一条狭小的历史胡同。利物浦唐人街人口稀少，缺乏语言创新的能力，对社会、经济、政治发展中涌现出来的新概念，他们只能借用周边语言的词汇来表达。故土母语的进化浪潮很少能够波及这里。其结果是，这里的广东话一方面引进了大量的英语词汇，另一方面又保留着不少故土母语早已被更替了的陈旧元素。譬如，这里的老人仍然将美国称为"花旗国"，乍一听像是回到了大清国。

类似于利物浦广东话的"花旗国"这样的"活化石"也存在于汉语的本土方言中。

汉语方言种类繁多。有一个很有意思的现象，那就是许多在普通话中消失了的古汉语词汇还顽强地存活在各地方言中。例如，明代的钱庄发行的可在本钱庄兑换成白银的票据，即中国最早的纸币，在当时称为"银票"，或者"银纸"。广东话今天依然把钱叫做"银纸"。从汉代起，就把形状细长的装酒的容器叫做"尊"。今天北方人要在借助字典才能弄懂"尊"的意思，但广东人不必，因为在现代广东话里酒瓶依然叫做"尊"。上海话则把钱叫做"铜钿"。那铜钿就是铜板的意思，也是现代方言中的一块活化石。在明清的白话文小说里，把"姑娘"称为"女子"。在现代的普通话中，"女子"一词却泛指所有的女性。然而，在陕西话中，"女子"一词仍然专指"姑娘"。品味各地的方言，可以体味到汉语进化的痕迹。

利物浦唐人街处于英语的包围中。这种语言中也处处铭记着本国的历史轨迹。历史上，不列颠岛被凯尔特人、盎格鲁人、撒克逊人、裘特人占据过，后来丹麦人来到了这里，再后来诺曼人征服了这个国家。现代英语中可以找到这些历史的痕迹，如camp (营)、wine (酒) 来自盎格鲁—撒克逊人的语言，wall (墙)、street (街) 是凯尔特语的词汇，candle (蜡)、apostle (门徒) 是基督教传入时带来的拉丁语和拉丁化的希腊语词汇，cast (投掷)、call (唤) 来自斯堪的纳维亚语。11世纪"征服者威廉"从诺曼底来到不列颠，古诺曼法语成为英国官方语言，在现代英语中留下的痕迹就更多了。许多词汇同时存在于现代英语和法语中，它们虽然意思相近，却具有不同的用法。例如，ancient一词在英语中是"古代的"的意思，而在法语中则是"旧的"的意思，外壳有别而内核一致。

现如今，台湾电视主持人的形象频频出现在大陆的电视屏幕上，那柔软的台式国语字正腔圆，朗朗入耳。不过，大陆民众最不习惯也最不可理喻的是台湾人将连词的"和"字念成"旱"(hàn)音。你尽管觉得别扭，人家还是左一个"旱"，右一个"旱"的，"旱"得有滋有味，"旱"得理直气壮。其实，这"旱"并不是台湾同胞的走板发音。说起来难以置信，"旱"音居然还是老北京话中"和"字的诸种读音之一。1946年，台湾摆脱日本统治后，国民政府急于拨乱反正，扭转台湾的殖民文化，从北京请来了国语大师齐铁根先生，每天在当地的电台里教台湾人讲国语。其实，北京土语中"旱"音的读法在民国以后便很少用了。齐先生是老北京人，而且是老北京人中的老人，乡音难改，依旧将"和"念成"旱"。齐先生如是读之，台湾民众便如此效仿之。老先生一个无心的乡音旧习使得寒冷北方的一枝枯藤在台湾这片亚热带沃土上长得枝繁叶茂，浓阴华盖。60多年来的物理隔离，两岸民众老死不相往来，"旱"音便成了台湾"岛国语"中连词"和"字的正统发音。我把这种现象称为语言生态的"岛效应"。反过来想想，"和"音"旱"音本是京腔京韵的正宗老字号，在台湾民众眼里，大陆人将它读成"禾"(hé)才是离经叛道呢。

语言中处处辉映着文化的彩虹，又时时回荡着历史的余音。

电影《尼罗河上的惨案》中留着两撇翘胡子的神探波罗常常被人误以为是法国人。每当发生这种误解时，他都不厌其烦地纠正道"比利时人"。这个误会来自他说英语时流露出来的法语口音。法语是比利时的国语之一。比利时国土面积30500平方公里，北部五个省构成佛勒芒区，通用荷兰语；南部五个省叫做瓦隆区，通用法语；西部靠近德国的地区还有几万人说德语。法语、荷兰语和德语都

台湾省台中市街道一角。1945年台湾光复后，北京语言大师齐铁根先生被请到台湾推广国语，使国语成为台湾全岛的普通话。今天台中市能够采用大陆的汉语拼音标注街道名，齐铁根先生功不可没。

是比利时的国语。

　　佛勒芒区五个省方言迥异，居民之间交流困难。于是，佛勒芒区政府规定，以邻国同源的荷兰语为普通话。瓦隆区各省说的法语虽然也多少有点口音的区别，但在交流上毫无问题。比利时的法语与法国法语也有口音上和词汇的差别，这很自然，因为法国各省的方言在发音和用词上也不尽相同。

　　1999年我在布鲁塞尔工作时，一次与办公室秘书碧蒂丝聊天时不知怎么提到了1999年这个年份"mile neuf cent quatre vent dix neuf"。碧蒂丝笑笑说："这是法国人的说法，我们没这么啰唆。我们就说'neuf—neuf'"。原来法语里没有"八十"这个词。法国人表达"八十"这个概念时说成"quatre vent"，意思就是"四个二十"。法国法语里也没有九十这个词，如要表达"九十"时就说"quatre vent dix nevre"，意思就是"四个二十加十"。说1999年就是"一千九百又四个二十加十九"，挺累人的。而比利时人则把1999年念成"neuf—neuf"，即"九九"，真是言简意赅。

　　人类语音器官里发出的声音不仅传递着信息和意愿，还通过不同的遣词体现言说者的文野雅俗。比利时法语表达数字简单明了，但在法国人耳朵里却显得太野太俗，缺乏文化素养。而法国人的表达方式在比利时人看来又文绉绉的，太绕口。有一年参加一个国际会议，法国人坦卡在饭桌上调侃瑞士人说法语乡土气太重。原来瑞士法语的数字表达方式也和比利时一样，不说什么"四个二十加十九"，怎么简单怎么来。

比利时佛勒芒语和法语方言的特征在第二次世界大战期间曾经被盟军一名军官用来破获过几起德国间谍案。这位军官名叫奥莱斯特·平托，荷兰人，上校军衔。第二次世界大战期间，平托上校先后在英国军情五处、荷兰流亡政府的外事警察局、盟国远征军统帅部供职，从事反间谍工作。德国间谍们在被派遣之前就精心编造了一套天衣无缝的履历，将自己装扮成盟国的普通老百姓，伺机接近盟军的要害部门。平托的工作就是运用自己丰富的知识从间谍伪造的履历中找到破绽，搜岩剔薮地将德国间谍从成千上万的普通民众中甄别出来捉拿归案。

1939年战争爆发后，欧洲大陆大量难民涌入英国。英国政府出于人道的考虑，接纳所有的欧洲难民。但是，所有来自欧洲的难民都必须经过甄别，找出隐藏在他们中的德国间谍。这是一项艰难而繁重的工作。英国军情五处邀请欧洲各国在伦敦的流亡政府官员介入这项工作。他们与难民逐一面对面地交谈，询问他们的来历。经过第一轮和第二轮谈话，大部分难民的身份得到确认，离开收容所，剩下有嫌疑的人要由军情五处经验丰富的反间谍专家进行进一步审查。许多专家是来自大陆沦陷国的军官，他们识别来自本国的假难民比英国人更有经验。在战争结束前的5年里，平托使数千名无辜者获得自由，使数百流亡青年如愿以偿地加入到反法西斯的队伍中去，同时也将7名鱼目混珠的德国间谍送上刑场。

一次，一艘外国轮船在苏格兰的格拉斯哥靠岸，载来了800多名欧洲各国难民。平托上校带领一个7人审查小组登船进行难民甄别工作。有一个叫做"朱莱斯·弗拉厄斯"的比利时人引起了他们的怀疑。他自称是安特卫普"至上饭店"的服务员。他声称自己在德国人占领比利时后参加了抵抗小组，印刷和散发号召民众起来反抗法西斯的传单；后来抵抗小组被盖世太保破获，他只身逃出比利时，经过长途跋涉到达葡萄牙，然后从里斯本坐船到美国，再从加拿大乘船到英国。

他的第一个疑点在于他的言谈举止不像饭店侍者，而像是一个受过高等教育的人。他的第二个疑点是随身携带的150英镑和300美元。这笔钱在今天只能在欧洲或美国过上几天，但在第二次世界大战时期足以盘下一家咖啡店。他自己的解释说这是他当侍者10年的积蓄。虽然疑云重重，但这两点还不足以推翻他所讲述的故事。他的第三个疑点是他的口音。他自称是佛勒芒人，有着佛勒芒人的名字，又在佛勒芒地区的安特卫普当了10年饭店服务员，佛勒芒语应该是他的第一语言。平托上校和他面对面地待了几个钟头，交替使用法语和佛勒芒语和他谈话，细细地咀嚼着他的语音、语调和措辞，从中看出了破绽。这个人法语无懈可击，而佛勒芒语用词不准，缺乏本土口音，而且语法屡屡出错。上校的结论是：他不可能是佛勒芒人，而且他在安特卫普居住的时间不可能长达10年。根据这个判断，上校大胆地布下一个陷阱，弗拉厄斯一下子便掉了进去。他不得不承认自己的真名是安德烈·维诺特，是布鲁塞尔人。他没当过侍者，也没参加过抵抗运动，他的履历是编造出来的。最后的真相出人意料。他不是间谍，而是一个从事非法堕胎的医生。在布鲁塞尔的诊所被德国警察查封后，他便带着他的赃钱潜逃了出来。他编造了一个抵抗运动幸存者的故事，用以掩盖他不名誉的职业。尽管他的职业和他所携带的钱不干净，但他没有在英国领土上犯过法，军情五处没有理由逮捕他。他从收容所出来后，在英国的盟军医院里服务，直到战争结束。

还有一个与方言有关的案子发生在战争后期。盟军的坦克部队所向披靡，在比利时瓦隆地区的巴斯托涅村一带与德军坦克师团遭遇，双方在这里展开了第二次世界大战期间最大的一场坦克拉锯战。德军节节败退，并伺机反扑。盟军巡逻兵抓到一个在盟军阵地附近转悠的流浪汉。这个蓬头垢面、衣着褴褛的汉子自称叫布朗格尔，说着一口带瓦隆口音的法语，左看右看都像个比利时南部的农民。但他那木讷愚钝的眼神中偶然闪出的一丝狡诈引起了平托上校的怀疑。平托问他："你是农民吗？""过去是，现在不是了。德国人抢走了我的牲口，土地荒芜了。房子被炸成废墟，我的女人被压在房子下面……我把我的女人从瓦砾中扒出来，但她还是死了。"他伸出双手，十个手指满是泥土和黑色的污血，有力地佐证着他的故事。他的故事有点感人，但无法进行验证，因为到处都在打仗。

第二次世界大战后期美军和德军曾在比利时瓦隆地区展开过一场恶战。瓦隆地区的巴斯托涅村还可以看到那场战争留下的坦克。

他的瓦隆法语毫无破绽，但上校还是怀疑他是德国人。"会数数吗？"上校将一盘黄豆放在桌子上问道。"数数？"流浪汉很惊讶。他慢腾腾地拿起盘子开始用法文数道："Un, deux, trios……"当他颤颤巍巍地数到72时，上校叫他停住。72是一个关键数字，如果他把它念成"soixante—douze"，上校就会马上逮捕他，因为这是标准法语的念法，不是瓦隆地区的土语。但是，他念的是"septante—deux"，这是瓦隆农民的念法，没有问题。

这一关通过了，但上校第六感官告诉他，这个人确实是德国人。于是又设计了另一个圈套。一个人对自己的第二语言敏感度较低，比较容易假装听不懂，但是对自己的母语反应是很灵敏的。上校决定用德语来考验他。上校派人弄来一捆麦秆，让士兵在关押"布朗格尔"的房间外点着。上校让士兵在外面用德语大喊"feuer!"，然后躲在暗处仔细观察他的反应。"布朗格尔"被喊声惊醒，但很快又翻过身睡着了。这一招仍然不灵。几天过去了，对手被折磨得疲惫不堪，上校也黔驴技穷。盟军没有理由再拘留他。上校派人把他叫到办公室，客客气气地请他坐在桌子对面，然后拿出一张纸，在上面写了几行字，还装模作样地在上面签上自己的名字，似乎在开具释放证明书，嘴里还无意识地嘟囔了一句德语："So, jetzt bin ich zufrienden. Sie Können gehen. Sie sind frei." 这句话的意思是："好，我很满意。你可以走了，你自由了。"

"布朗格尔"掉进了陷阱，虽然他一句话也没说，只是深深地舒了口气，动动肩膀，像是卸下了重负。他仰起脸，露出轻松的眼光。当他看见上校嘲讽的笑容时，赶紧低下头，刹那间恢复了呆滞的面容，但为时已晚。他表情的瞬间变化暴露了他的真实身份。两名士兵走进审讯室，为他戴上手铐。从那一分钟起，他与上校的谈话改用了德语，他自己的母语。

这个化名"布朗格尔"的德国间谍的语言天赋完美无缺。他对比

日内瓦公约不保护间谍，间谍一旦落入敌军手中都将命丧黄泉。图为被盟军捕获的德国间谍面临最后时刻。

21世纪初，我再次回到利物浦时，唐人街上出现了一座五彩的中式牌楼。这座由上海工匠建造的牌楼为利物浦的唐人街增添了东方风采。

利时法语方言的熟悉程度连第一流的反间谍专家都找不出破绽。他失败的原因在于，他在炫耀自己完美的法语知识时，忽略了防御自己母语的干扰。人们对母语的反应速度要远远超过自己对任何一门外语的反应速度，因此，要天衣无缝地假装听不懂自己的母语是一件很难的事情。如今"母语干扰"也是运动员们在本国主场比赛的一个非常不利的因素——观众席中发出的任何一个喊声都可能对他们技术的发挥形成干扰和误导。当观众兴奋地高呼"扣杀！扣杀！"时，场上的运动员可能会下意识地做出此刻不该做的扣杀动作而失球，在客场外语环境下比赛就不会犯这种错误。平托上校正是利用"母语干扰"效应揭开了"布朗格尔"的伪装。

离开10年后，我再次回到利物浦。利物浦还是多年前的样子。最大的变化是唐人街上出现了一座具有古典风格的中式牌楼，为这个古老的华人社区增添了新的东方风采。这个牌楼色彩鲜艳，散发着浓浓的中国气息。这个牌楼是当地华人社团集资，在上海定制的。据说利物浦市政当局也给予了若干财政支持，作为鼓励文化多样化政策的落实措施。我再次徜徉在唐人街上，耳朵里又听到了那辞藻古朴的广东话。

世界各地的方言妙趣无穷，内涵深邃，是人类宝贵的文化财富。

6

悠悠胡天情

中华大家庭中的维吾尔族辗转来自北亚，与匈奴、契丹、鲜卑、高丽和蒙古族有着共同的祖先。他们把中亚的喀什当做本民族的发祥地，突显族群归属意识中文化的分量。历史上驰骋北亚、威震欧洲的匈奴族虽然已消失，他们的后代却依然在心中构筑着祖先的文化家园。

飞机舷窗下是无垠的塔里木盆地。新疆的幅员如此辽阔，从乌鲁木齐到喀什竟然有1000多公里，相当于从北京到上海的距离。

我向往新疆，那里的少数民族个个能歌善舞。新疆民歌"我们新疆好地方"我百听不厌，到新疆去看看是我多年的夙愿。有一天，我买了一张机票，千里迢迢地从北京飞到乌鲁木齐，终于踏上了新疆的土地。到乌鲁木齐后又听人说，不到喀什就不算到新疆。于是我又买了机票，飞越千里戈壁来到喀什。

喀什为什么能够代表新疆？我一下飞机就东张西望，企望找到这个问题的答案。

横贯这个古老的边陲城市的人民路高楼林立。大街两旁星级饭店、步行商业街、广场、喷水池鳞次栉比，与内地城市一般无二。这里有中亚地区最大的清真寺艾提尕尔清真寺，能容纳10万人做礼拜。每逢穆斯林的节日，清真寺门前广场人潮涌动，热闹无比。到处飘动的维族妇女的五彩裙裾为这个城市增添了异彩。这个古老的中亚城市还有一道特殊的风景线，那就是极富魅力的城北区。那里保留着历史悠久、富有浓郁维吾尔风情的古街巷，有用黄泥和杨木建起的老民居。每个院子里栽种着红红绿绿的花草，原始、古朴而又典雅。维族居民有好客的传统，对每一个远方的客人敞开大门。维族民居的两扇门如果开一扇闭一扇，就说明主人欢迎你进去做客。你尽可以当一回不速之客，近距离领略维族人民的居家风情。

旅行社的维族司机告诉我们，喀什是维吾尔人的发祥地。这个说法在喀什的几天里不断听人复述着，颇令我费解。维吾尔的族源最早可以追溯到公元前3世纪活跃于西伯利亚的狄人。狄人是匈奴人、契丹人、鲜卑人、高丽人和蒙古人的共同祖先。从公元3世纪的汉朝到19世纪的清代，维吾尔人在历史文献中先后被称为袁纥、回纥、回鹘、畏兀儿。这些称谓都是维吾尔(Uygur)的不同音译。维吾尔人在中国西部不同地区居住过。他们到达帕米尔的喀什地区仅仅是公元9世纪以后的事情。

维吾尔人曾被突厥人奴役了3个世纪。公元8世纪中叶，维吾尔人在唐帝国的帮助下推翻了突厥统治者，建立起自己的回纥汗国，臣属于大唐帝国。回纥汗国每年用马匹与大唐交换丝绸，然后通过"丝绸之路"将丝绸贩卖到波斯、罗马、印度。丝绸在东罗马极受欢迎，一两丝绸与一两黄金等价。回纥汗国在它的百年历史中，通过"马绢贸易"向唐朝提供了上百万匹马，换回的丝绸达2000万匹。唐代后期，回纥人将自己的族名改为回鹘。

公元9世纪中叶，由于天灾人祸，回鹘汗国解体。回鹘各部落分四路外迁。其中一路迁徙到准噶尔盆地东部的北庭（今新疆吉木萨尔县）和高昌（今吐鲁番），并于公元866年建立了高昌回鹘汗国。另一路迁徙到葱岭(帕米尔)以西，与当地说突厥语的部落融合，建立起了喀喇汗国。这个王朝的统治中心后来迁徙到今天新疆的喀什。

喀什的艾提尕尔清真寺是中亚地区最大的清真寺，可容纳10万人做礼拜。每逢穆斯林的节日，清真寺门前广场上人潮涌动、热闹无比。

维吾尔人在到达喀什前已有一千多年的历史，为什么他们会把喀什当做自己的发祥地？我反复琢磨，可能有三个原因：宗教的更替、文化的羽化和种族的演变。

早期的回鹘人信仰佛教、摩尼教和萨满教。喀什是维吾尔人完成伊斯兰化的地方。公元9世纪，伊斯兰教传到中亚，公元959年，喀喇汗国将伊斯兰教确立为国教。喀喇汗国在伊斯兰化的过程中，放弃了回鹘文，接受阿拉伯文作为本民族语言的拼写文字。这是新疆文字阿拉伯化的开端。从考古壁画上得知，从早期的狄人到唐代的回鹘人，都是形似蒙古人的亚洲人种。而早期塔里木盆地周边的绿洲国家居民是来自伊朗高原的印欧种的塞人。回鹘人到了喀什地区后，处于塞人后裔的包围中，经过百年的民族融合，完成了人种的塞化，成为今天的具有印欧特征的民族。这是喀什地区回鹘人的情况，高昌汗国的回鹘人却不一样。

高昌汗国境内佛教寺院林立，通行回鹘文；而喀喇汗国清真寺密布，使用阿拉伯文拼写的突厥语。两个汗国的回鹘兄弟由于宗教信仰不同而处于军事对峙中。由于两国势均力敌，谁也吃不掉谁，这种对峙持续了一百多年。两个回鹘汗国最后的重聚是蒙古人促成的。1125年，契丹贵族耶律大石西征，在中亚巴拉沙衮建立起强大的西辽政权。高昌回鹘汗国和喀喇汗国相继被西辽吞并。1219年成吉思汗西征，将西域和整个中亚地区都纳入蒙古大汗国的版图。

长期居住在察合台汗国的蒙古人逐渐被当地居民同化，不仅接受了维吾尔的语言、习俗，还接受了伊斯兰教。1514年，已经维吾尔化的蒙古贵族速檀·赛伊德肃清了境内政敌，将天山南部各部纳入麾下。东察合台汗国被叶尔羌汗国取代。叶尔羌汗国最强盛时疆域北到巴尔喀什湖，南越昆仑山，西达伊赛克湖，东至吐鲁番。从喀喇汗国和高昌汗国到察合台，从察合台又到叶尔羌，回鹘兄弟又回到一个屋檐下，成为今天单一文化的维吾尔民族。

喀什是现代维吾尔文化的摇篮，这就是"不到喀什就不算到新疆"的原因。一个民族将自身文化的蝶化当成民族新生的起点，可见文化在民族史观中的巨大分量。

维吾尔民族历经磨难，最后幸运地生存下来。在中国这块土地上许多曾经非常活跃的民族却湮没在历史的深处。例如，一个叫做契丹的民族在中国北方草原驰骋了几百年。俄罗斯人至今仍用着"契丹"一词称呼中国，可见这个民族当年在北亚地区影响有多么大。但是，这个民族今天已经不复存在。历史学家只能从考古发现的壁画来揣摩他们的模样和寻找他们失落的脉系。他们至少有一部分融

喀什街边散发着浓郁的民族风格的楼房

合在蒙古民族当中，因为赤峰附近的蒙古人长相与当地古壁画上的契丹人十分相像。又如公元前两百多年生活在河西走廊后来迁徙至中亚的月氏人，他们就像划过夜空的流星，也没有留下任何痕迹。我们仅从史籍粗浅的记述中得知他们曾经的存在，而他们的相貌、种族和肤色至今仍是一个谜。在这个失落民族的名单中还有楼兰人、精绝人，等等。

回顾维吾尔民族文化和种族的羽化，使我想起曾经活跃在华夏土地上的另一个民族，那就是匈奴。匈奴人建立统一的汗国的时间比秦始皇统一中国晚不了多少。其鼎盛时期疆土东起辽东半岛，西至西域，南到河西走廊，北达贝加尔湖，版图比后来汉朝的版图还大。中国历史上许多重大事件都与匈奴的活动有关。

古代中原地区一直遭受北方草原民族的袭扰。这些民族除了上面提到的契丹人外，还有蒙古人、羌人、乌桓人、鲜卑人、女真人……为此，中原的历代政府不得不将大量人力和物力资源用于巩固北部边防。战国时期的赵国首开筑墙御敌之先河，并派大将迎守。雄才大略的嬴政虽然以摧枯拉朽之势灭了韩、赵、魏、楚、燕、齐六国，而在来袭的匈奴面前却江郎才尽，无可奈何地求助于高墙深垒，处于被动守势。以后的历代皇帝也莫不如此。马背民族虽然目不识丁，生产落后，但在军事战力上却优于农耕民族。骑兵移动迅速，日行数百里，进攻时猝不及防，撤退时无影无踪。骏马奔跑的速度使对方箭弩威力尽失；迅猛冲锋的骑手挥舞的马刀削头如泥；排山倒海般涌来的铁骑加上雷霆般的呐喊声，令对方不寒而栗，难以抵挡，未战而先败；草原民族从小在马背上长大，骑术精湛，人马灵犀相通，农耕民族如何骑练都无法望其项背。

刘邦曾借着战胜项羽的余威对匈奴发起猛攻，结果大败于白登（山西大同西），自己也险被生俘。第一次出手便铩羽而归，西汉的开国皇帝从此对匈奴暗生畏惧，于是采纳臣属娄敬的建议，欲令自己的女儿鲁元公主离婚改嫁与匈奴单于冒顿。后经夫人吕雉哭闹阻挠，才将另一皇族女儿封为公主，加上巨额陪嫁送到匈奴王的营帐中。一位雄才大略的大国皇帝落到献女求和的地步，可见是何等无奈。

匈奴尽管被先进文明的中原帝国视为蛮族，却对农耕文化充满蔑视。刘邦死后，匈奴单于冒顿修书一封致刘邦寡妻吕雉，谓：你死了丈夫，我死了妻子，"两主不乐，无以自虞，愿以所有，易其所无"。一代女枭吕雉受此羞辱，也只能忍气吞声。匈奴汗国开国单于冒顿幼年时曾被父亲送到位于河西走廊的月氏国当人质。冒顿的儿子老上冒顿出兵灭了月氏国，将月氏王的头颅砍下，用头盖骨作尿壶，以报父王幼年当人质时所受的胯下之辱。

自冒顿于公元前201年建立起匈奴人的汗国，疆土东至辽东半岛，西至阿尔泰山，北达贝加尔湖，南到河套地区，面积比汉朝还大。匈奴就此便与汉朝平起平坐，成为北亚两大强国之一。辽阔的西域地区便成为两强争夺盟友和势力范围的中间地带。

为建立打击匈奴的联合阵线，汉朝皇帝于公元前138年和公元前116年两次派张骞出使西域。第一次的使命是寻找被匈奴驱逐到中亚的月氏人，劝说他们迁回河西走廊与汉朝一道抵御匈奴。张骞历尽艰险，用了10年时间只找到大宛国。大宛人将他们送到康居国。康居人才把他们送到月氏国。此时月氏人在中亚建起了新的家园，日子过得饱暖有余，早已乐不思蜀，无意再回张掖。游说月氏失败，张骞转而执行另一个使命，劝说乌孙人迁回河西走廊以西。乌孙人对匈奴心有余悸，也不愿意返回故里。

张骞虽然两次西使未果，却种瓜得豆，另有斩获。他第一次到西域时意外地

张骞两次出使西域，结识了大宛国、康居国、月氏国和大夏国，并且从康居人那里听说了骊靬（罗马帝国），从大夏人那里得知四川有直通身毒（印度）的商道，并与于阗等36个绿洲王国建立邦交。图为张骞墓。

发现了一个比汉朝大得多的世界，结识了大宛国、康居国、月氏国和大夏国，并且从康居人那里得知西方还有一个强大的罗马帝国（骊靬），从大夏人那里得知从四川有直通印度（身毒）的商道。这个地理大发现的意义不亚于哥伦布的美洲之行。张骞第二次出使西域时，派副使遍访了中亚和南亚的康居国、月氏国、大夏国、安息国（伊朗）、身毒国（印度）以及于阗等36个绿洲王国，并与它们建立邦交。汉朝从此开启了与这些国家的使节往来，为后来的丝绸之路铺下了第一块砖。

在张骞西行之际，匈奴人也不失时机地在西域穿梭联络。他们恩威并施地将西域一些国家拉入自己的联盟，以钳制汉朝在西域的渗透。西域的楼兰国与匈奴结亲后，与车师国一道派出巡逻马队截杀汉朝使节。龟兹国也与匈奴组成联军袭击汉朝在西域的屯垦区，斩杀屯垦校尉将军赖丹。西域小国的敌视行为很快就遭到汉朝的报复。公元前77年，汉使傅介子领兵进入西域，杀死楼兰国王安归，将楼兰更名为鄯善，另立一亲汉的国王，并将一名汉朝宫女嫁与他为后。公元前71年，汉朝与乌孙国联合出兵，夹攻匈奴汗国，给匈奴以重创。

多少年来，匈奴对汉地烧杀抢掠，给中原文明带来巨大破坏，在汉史典籍中为罚为蛮族和仇寇。除了每年劫掠和烧杀造成无法估量的直接损失，中原帝国为抵御北患营造的土木工程带来的间接损失也是惊人的。秦皇嬴政在生产力极度低下的时代，耗费大量的资源修筑长城，造成男性壮丁短缺，千家万户妻离子散，这也是秦帝国后来崩溃的重要原因。中原帝国对北方蛮族的征讨无可置疑地闪耀着正义的光环。

反过来想一想，情况又如何呢？

为何农耕文明总要受到草原文明的侵扰？那是因为以游牧为业的部落经济有着致命的结构性缺陷。他们的产品只有皮毛、肉类和乳类，而人类生存所不可缺少的植物蛋白、碳水化合物、纺织品和诸种日常生活用品极度缺乏。农耕帝国占据着最肥沃的地区，将不宜耕种的草原留给蛮族，土地资源的分配极不公平。在商品交换极不发达的两千多年前，单一的经济结构常常使得草原民族面临严重的生存危机。在许多历史阶段，农耕帝国（例如明朝）政府还常常实施封疆锁边的政策，禁止边民与北方草原蛮族互市通商，使得草原民族的陷入生存绝境。一个陷入绝境的民族要活下去只能铤而走险，靠抢掠来获取生存的必需品。

草原民族背负的第二个罪名是嗜血成性，杀人如麻。这里面也隐藏着一个常识性错误。部族的仇杀可能是残酷的，以防对方子孙报复。而草原民族对农耕民族的袭扰只能是割韭菜式的，割叶而留根。把人杀光明年你抢谁去？而农耕帝国对匈奴的报复却是毫不留情的，因为只有斩草除根才能免除后患。

公元前220年，秦朝大将蒙恬奉命率30万人马北击匈奴，将榆中至阴山的匈奴部落扫荡一空，杀人无数。据史料载，公元前121年，汉将霍去病两次出陇西追击匈奴，第一次斩匈奴王及其率领的八九千人，第二次杀匈奴三万多人。公元前119年，汉军再次出征。汉将卫青领兵西征定襄，霍去病攻袭代郡，大败伊稚斜单于，霍去病及卫青从此名垂青史。"一将功成万骨枯"，此役使匈奴七万余人抛尸草原，河西走廊也于此役后归入汉朝版图。

两千年来，无数小说、戏剧和歌曲歌颂着一位忠于国家的英雄。他就是在冰天雪地牧羊20年而拒不投降的苏武。苏武的故事发生在公元前100年汉匈关系陡然转暖时。苏武作为汉朝使节报聘匈奴汗国。苏武手下副使张胜却立功心切，他秘密联络当地汉人，密谋趁单于出猎时杀掉单于的重臣卫律，劫持单于的母亲到汉朝做人质，结果阴谋败露遭到匈奴兵围杀。始作俑者张胜投降求生，毫不知情的苏武却被匈奴王流放北海（今贝加尔湖）。公元前81年，汉匈再度交好。汉使问及苏武下落，匈奴王谓其已亡。汉使妄称汉帝出猎，射下一只大雁，雁足上缚着苏武求救的信件。匈奴王闻之大惊，遂派人接回苏武，交与汉朝。在这一事件中，汉朝副使张胜背信弃义在先，是导致苏武受难的第一罪人。匈奴围捕汉朝使节、扣押苏武事出有因，汉后的正史从未对此作出客观评判，有失公允。

匈奴人两次俘获负有重大反匈战略使命的张骞而不杀，反授以美女为妻，给予优厚待遇，突显了草原民族淳朴的一面。

经过汉帝国两百多年的围剿和诱降，以及鲜卑人、乌桓人的挤压，匈奴人口大减，内部也不断分裂。一部分匈奴返回北方草原，南部部落选出新单于，实行亲汉政策；北匈奴不断进逼攻打南匈奴，并与汉朝交恶。公元73年，汉帝派大将窦固和耿秉分两路进攻北匈奴，占领了北匈奴汗国最富庶的伊吾卢地区。失地的匈奴部落难以生存，100多个部落几十万人先后投奔南匈奴。北匈奴力量遭到致命削弱。

汉朝讨伐北匈奴的决定性一仗于公元89年拉开序幕。汉将窦宪、邓鸿与南匈奴单于的联军在稽落山（今蒙古古尔班察汗山）与北匈奴主力展开决战。北匈奴溃不成军，13000人被杀，81个部落共20余万人投降，北匈奴王带领残部向西逃走。窦宪就在燕然山（今蒙古杭爱山）上竖石立碑，纪念这次胜利。"燕然"一词从此成为古代边将建立功勋的代名词。宋代儒将范仲淹的《渔家傲》中一句"浊酒一杯家万里，燕然未勒归无计"便是以此役比附自己功勋未建，归家无期。两年后，窦宪部将耿夔、任尚出征延塞（内蒙额济纳旗），在金微山（蒙古阿尔泰山）包围了北匈奴单于残部。北匈奴包括皇太后及亲王共5000余人被生俘，单于在混战中突围，带领残部向西逃去。

此役之后，汉匈之间的战场向西推移。北匈奴残部逃至伊犁河流域的乌孙国，只能在天山一带进行劫掠。汉将班勇于公元124年和126年，斐岑于公元137年，司马达于公元151年，四度大败北匈奴。在东汉军队的强大攻势下，匈奴无法在西域立足。公元160年，北匈奴王呼衍单于率领残部再次西遁，消失在茫茫荒原的尽头。

北匈奴从中原汉人的视野里消失了，也从中国的史籍中消逝。这一战役为长达500多年的汉匈对峙画上了一个句号，同时为欧洲历史翻开了波谲云诡的一页。中国人在十几个世纪后从别人的历史中认识到这一战役的深远意义。这支在汉朝打击下几乎灭绝的部族经过两个世纪的苦难跋涉，最后积攒起自己的力量，重振昔日雄风，横刀跃马，驰骋于广袤的欧洲平原，使当时最强大的帝国闻风丧胆，改写了世界历史。

匈奴大军摧枯拉朽横扫多瑙河盆地，东罗马帝国不得不低眉顺眼地向草原流浪汉乞求和平，每年交纳巨额贡金，并开放边境互市贸易。这个在东亚农耕文明的打击下一度濒临灭绝的草原民族将他们在心头埋藏了两百年的仇恨倾泻在欧洲的城市文明身上。

　　北匈奴人逃离东北亚后，流落到不同的地区。其中最大的一支先是到了康居国，后来又逐渐迁徙到伏尔加流域，与突厥人的阿兰王国为邻。经过近百年的休养生息，一个匈奴王国重新崛起。公元360年，强大的阿兰王国终于被卧榻之侧的匈奴人所灭。从此，欧洲出现了骨牌式的迁徙运动。匈奴人攻入西哥特人的疆土，几十万西哥特人逃入罗马帝国境内。帝国对入境的哥特人的压迫，引起了激烈的反抗。公元378年，4万名前往弹压哥特人的罗马大军反被哥特人所歼，统领瓦伦斯战死。罗马帝国从此处于风雨飘摇中，于公元395年分裂成东、西罗马帝国。

　　公元400年，匈奴大军在大单于乌尔丁率领下以摧枯拉朽之势横扫整个多瑙河盆地，并一度进入意大利。乌尔丁以匈牙利平原为中心建立起强大的匈奴帝国，首都就在今天的布达佩斯附近。原居住于多瑙河流域的各个部族纷纷逃入罗马帝国境内。从公元395年到431年，匈奴人数次进攻东罗马帝国的色雷斯，大肆劫掠。东罗马这个骄傲的城市贵族最后不得不低眉顺眼地向草原流浪汉乞求和平，每年向匈奴交纳贡赋350磅黄金，并开放边境城镇进行互市贸易。这个在东亚农耕文明的打击下一度濒临灭绝的草原民族将他们在心头埋藏了200年的仇恨倾斜在欧洲的城市文明身上，为自己雪了耻。

　　公元435年，匈奴帝国迎来自己历史上最强悍的国王，被日耳曼人和罗马人称为"上帝之鞭"的阿拉提。阿拉提自幼在罗马帝国当人质，对罗马帝国的国情烂熟于心，是他日后战胜罗马人的重要条件。公元447年，阿拉提兵临君士坦丁城下，迫使东罗马帝国结清历年积欠的贡金，还得到一个2100磅黄金的新年贡和多瑙河以南大片土地。公元448—450年是匈奴帝国的鼎盛时期，帝国的疆土东起咸海，西至大西洋海滨，南至多瑙河，北达波罗的海。这片广袤土地上的各国国王或酋长平时向阿拉提称臣纳贡，战时出兵助战。公元451年，阿拉提发动了蓄谋已久的争夺高卢之战。匈奴与东哥特人组成的联军与罗马和西哥特人组成的联军共计100万人在今天法国香槟省沙隆展开决战。匈奴联军占尽先机，一度胜券在握，然而东哥特人的突然受挫和溃逃导致全线瓦解，使匈奴军两面受敌，转胜为败。这次战役虽然没能扭转罗马帝国衰亡的颓势，却阻止了基督教在欧洲的覆灭。两年之后，阿拉提因酗酒死于自己的婚礼之夜，匈奴帝国从此一蹶不振。

阿拉提死后不到两年，匈奴帝国便因内讧以及内部日耳曼部族不断造反而瓦解。日耳曼人开始崛起，罗马帝国随即崩溃。匈奴帝国的辉煌虽然只是昙花一现，却改写了欧洲的历史。匈奴人把丛林里的日耳曼人推上了历史舞台，与他们一同结束了罗马人的时代。罗马帝国的灭亡拉开了欧洲封建社会的纪元。

匈奴帝国消亡后的匈奴民族一部分留在多瑙河中游地区。而9世纪后，散居在伏尔加河、卡马河、乌拉尔一带的游牧部落逐渐迁徙到多瑙河和蒂萨河流域。以马扎尔部落为核心的七个部落结成联盟，与在当地定居的匈奴的后裔融合在一起，奠定了今天的匈牙利的基础。300年后，蒙古铁骑两度横扫欧洲平原，重演了匈奴人的历史，在欧洲历代君主的心里投下了亚洲"黄祸"的阴影。

当今的匈牙利人因他们黑色的头发、黑色的眼珠和他们无法纳入欧洲任何语系的语言在欧洲被视为异己。欧洲只有爱沙尼亚语和芬兰语与匈牙利语有着相同的词根。历史学家们据此推测，匈牙利曾有部分部落北迁，绕过波罗的海东岸到达芬兰。

近年也有人认为，公元4世纪至5世纪横刀跃马驰骋于欧洲大地的铁骑很可能是另一个身份不明的游牧民族，他们与两个世纪前在汉朝大军的追杀下消失的匈奴人毫无关系。毕竟这200年的典籍断层留下了太多的谜团。而另一部分学者又以匈牙利民族留有吹唢呐、剪纸的风俗和说话带陕北尾音来佐证这个民族与匈奴的血脉关系。

威震欧洲的匈奴王阿提拉被日耳曼人和罗马人称为"上帝之鞭"。他创造了匈奴帝国的鼎盛时期，东起咸海，西至大西洋海滨，南到多瑙河，北达波罗的海，这片广袤土地上的各国国王或酋长都向他称臣纳贡。

20多年来，每当在国外遇到匈牙利人，我都要仔细打量他们的容貌，寻找他们身上亚洲人的特征。这些人与法国、德国、意大利人是有些不一样，一般眼睛较小，有的颧骨较高。但说他们像亚洲人却更离谱，经过一千多年与日耳曼人、斯拉夫人、罗马人的融合，他们身上流淌着的欧洲血液已超过了亚洲血液。十几年前，我在波恩大学欧洲研究中心曾与一位匈牙利女学者使用同一间办公室。她说，从人类学角度说，匈牙利人应该算是欧洲人，只是蒂萨河和多瑙河之间某些村落的居民长相保留了较多亚洲人特点。她的观点代表了多数匈牙利人对本民族属性的认知。我说，裴多菲在他的诗中说匈牙利人的祖先来自亚洲。她笑笑说，裴多菲这么说也是有道理的。什么道理，她欲言又止。后来我在华盛顿遇到一位匈牙利外交官，向他讨教匈牙利民族的根源。他说，不仅匈奴人来自东方，匈牙利主体民族马扎尔人也来自西伯利亚。他说的马扎尔人就是9世纪从伏尔加河、卡马河、乌拉尔一带迁徙到蒂萨河流域的游牧部落。

　　北匈奴人走了，南匈奴仍留在中原。

　　燕然山一役之后，北匈奴西遁，南匈奴汗国在形式上仍继续存在，但已成为汉朝的臣属。南匈奴人与汉人、鲜卑人时战时和地周旋了百年之久，但再已形不成气候。公元216年，南匈奴最后一位单于呼厨泉从匈奴的王庭平阳（山西临汾）来到邺城（河北临漳），拜会魏国宰相曹操，请求归汉。曹操将南匈奴余部划为直属中央政府的五个部落，五部都督由匈奴人担任，中央政府派司马监督，撤销单于王位。这恐怕是中国历史上最早的民族区域自治制度。匈奴汗国结束了它430年的历史。五部的匈奴族人民在以后的几百年里逐渐与汉民族融合。

　　还有相当大一部分匈奴人被鲜卑人征服并同化。南北朝时，鲜卑人建立起北魏帝国，统治着中国北方半壁江山。北魏统治者吸纳汉族先进文化，主动与汉民族认同，尤其是孝文帝大规模推行汉化政策，使得进入中原的鲜卑人在北魏的160年中逐渐融入汉民族中。鲜卑民族是匈奴人与汉民族实施融合的另一个渠道。

　　融合到汉民族中的匈奴人在姓氏上留下了自己的种族印记。他们多姓刘、公孙、乌氏、呼、呼延、卜、乔、隆、乘、王、郝、乌、渠、郎、贺、宇文、赫连、费、兰、盖、孟等。其中刘姓者居多，故有"十胡九刘"之说。汉民族中的匈奴后裔强烈地保留着自己的血脉记忆。互联网上一个叫做"匈奴网"的网站成了一支金姓匈奴后裔的联络点。他们共同的祖先是公元前134年至公元前86年的匈奴休屠王太子。汉武帝派霍去病讨伐匈奴时，时年14岁的休屠王太子携兄弟及母亲投靠汉朝。汉武帝任命他为马监，赐汉姓金，取名日磾。后来金日磾平叛有功，封禾宅侯，定居长安。后世战乱频仍，金氏族人向各地迁徙。在这个网站上自报家门的金日磾后裔已达12支之多，分布在江西婺源、甘肃榆中、江苏彭城、陕西紫阳、安徽东至、湖北武汉、浙江平阳和浦江、江苏苏州、山东文登、江西永修、福建福安。网上认亲的还有河南省鹤壁市一赫连姓家族，据家谱记载是匈奴大夏国君赫连氏后人。这些网站反映了匈奴民族的后人对祖先恢弘业绩的缅怀。他们以祖先轰轰烈烈的历史而自豪，并且渴求对自身文化群身份的认同。经过多年的民族融合，他们身上的匈奴血统几乎消失殆尽，但匈奴民族的文化归属感仍深深扎根心中。

匈奴汗国的统治者和后来的大清国皇帝都曾在远古的炎黄诸部落中开展过寻根运动，以证明自己谋求华夏统治地位的合法性。这种寻根从技术层面上说是极其困难的。在今天看来，这样的考据毫无必要。生活在960万平方公里内的56个民族都是华夏大地平等的主人。历史上的民族纷争，一些民族交替地征服和统治其他民族，是世界上每一个多民族国家共同的经历。对祖先们的恩怨仍耿耿于怀是狭隘民族主义的表现。将非主流民族占据统治地位的历史视为"外族入侵"和"外族统治"，更是混淆了内外的区别，曲解中华民族的概念。

像前面提到的维吾尔族一样，每一个少数民族都珍惜地保留着自己心中的文化家园。匈奴后裔缅怀先祖的情愫，有如蒙古族对成吉思汗和满族人民对努尔哈赤和其他先祖的崇敬一样，都应得到中华民族大家庭中每一个成员的尊重。史书中被斥为叛酋的侬智高在广西瑶族、苗族和壮族人民中至今仍是口口相颂的英雄。历史上汉民族封建统治者的苛政带给少数民族的灾难绝不亚于少数民族统治者带给汉民族的伤害。在今天的教科书中撤出"餐胡虏肉"、"饮匈奴血"等带有歧视和仇恨的话语，是清除构建华夏和谐家园道路上文化障碍的必要一步。

多年来，我们习惯于将汉民族历史观当作整个中华民族的主体意识，现在是反思和改弦易辙的时候了。

溯流尼罗河

尼罗河文明和黄河文明都是人类文明的先驱，两大文明各有千秋。埃及的金字塔、古历法和古医学、纸草书折射出的高度智慧令人敬仰，但缔造这个文明的民族如今安在？两千多年，外来民族走马灯似地侵入埃及，埃及人从种族到文化都发生了嬗变。黄河文明的子孙却依然故我地繁衍至今。

飞机徐徐降落在开罗机场。行李领取大厅里聚集着一群笑吟吟的埃及人。他们是各家旅行社的代表，举着小旗，迎候着自己的客人。

不知道从什么时候开始，中国游客成了埃及旅游市场的重要支柱。埃及人见到每一个亚洲面孔都要先用汉语问一声"你好"，如得不到对方的反应才改用其他语言问你是不是日本人或韩国人。这与20世纪八九十年代形成鲜明对比。那时候中国人在国外经常被误认为是日本人或韩国人。现在世界颠倒过来了。

在机场行李领取大厅进行了简单的梳洗后便登车出发，埃及十日游拉开序幕。旅游大巴奔驰在沙漠中的公路上，不久椰枣树的后面便出现了金字塔的影子。从飞机舷梯下来不到4小时，我们就来到了此行的第一个景点——吉萨金字塔群。

在人类历史浩渺的星空中，没有比埃及金字塔更深邃的黑洞让我们着迷和困惑了。留存至今的96座砂岩筑成的巨大方锥体中，有30多座基本完好无损。其中，最恢弘的胡夫金字塔高达146米，底面积达5.29万平方米，用230万块方石砌就，每块方石最小的也在2.5吨以上。如此巨大的建筑物即便在科学技术十分发达的今天，建造起来也并非易事，而它们都是古埃及第三和第四王朝时代修建的，距今已有4600年的历史。修建一座金字塔，法老王每年要征用1万名劳动力，在6个月的洪水季节叩石凿岩，历经30年才得以完成。

距今4600年前的中国处在什么阶段？炎黄二帝正逐鹿中原，黄河文明处于

埃及金字塔群。在人类历史浩渺的星空中，没有比埃及金字塔更深邃的黑洞让我们着迷和困惑。留存至今的96座砂岩筑成的巨大方锥体中，有30多座基本完好无损。其中，最恢弘的是吉萨金字塔群，它由法老胡夫和他的儿子和孙子的金字塔组成。

新石器时代向青铜器时代过渡的最初阶段。在刀耕火种的生产方式下，剩余产品还很少，一人劳作还很难养活自己和未成年的下一代。由此推测，能够支撑起修建金字塔这样巨大工程的必然是一个生产力相当发达的社会。只有生产出丰富的剩余产品的社会，才能支持每年长达半年的万人工程。由此可见，尼罗河文明的发端早于黄河文明。

黄河文明也不容小觑。全世界能与金字塔媲美的古建筑是中国的长城。中国人修建长城始于战国时期。秦始皇统一中国后，这一工程逐渐系统化。当时的长城东起辽东鸭绿江畔虎山，西至甘肃省的临洮，长达五千多公里。长城的修建虽然比金字塔晚2400多年，但工程量远远大于金字塔。明帝国在北魏和北齐长城的基础上再次大规模修建长城，明长城与埃及金字塔一道，作为人类共同的文化遗产留存至今。

金字塔是古埃及法老寻求虚幻的冥世幸福的居所。物化在这些巨大石堆上的鲜血与汗水并没有给法老和他们的人民带来任何实际的利益。中国的长城却是抵御外族侵略的国防工程，它为建筑它的人民带来和平、安全和稳定的生产和居住环境，其在政治、经济和文化上的积极含义是埃及金字塔、罗马的斗兽场和印度的泰姬陵都无法比拟的。

我不崇拜金字塔，但对金字塔投射出的古埃及文明成就却不能不表示敬意。由于缺乏明确的文字记录，我们今天尚难以准确掌握4600年前埃及人智慧达到的高度。但是，欧洲人在研究金字塔时发现一个惊人的现象。他们把这个现象叫做"金字塔的数字之谜"：如果把胡夫金字塔的原始高度146.59米乘以10的10次方，其结果为14659万公里，正好是地球与太阳的距离的平均值；胡夫金字塔的

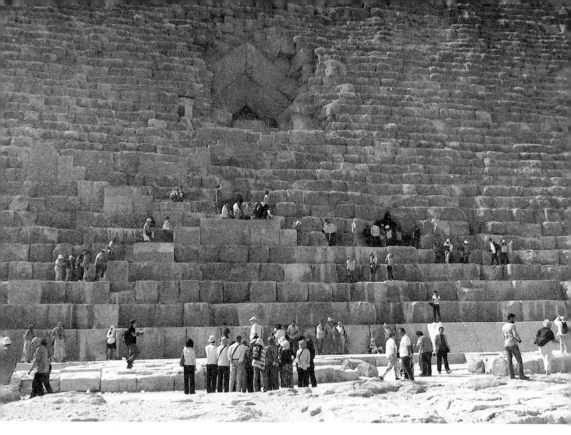

胡夫金字塔高达146米，底面积达5.29万平方米，用230万块方石砌成，每块方石最小的重量也在2.5吨以上。它们建于第三和第四王朝时代，距今已有4600年的历史。修建一座金字塔，法老王每年要征用1万名劳动力，在6个月的洪水季节叩石凿岩，历经30年才能完成。

子午线，正好把地球上的陆地与海洋分成相等的两半；如果从胡夫金字塔的顶点引出一条正北方向的延长线，也正好将尼罗河三角洲对等地分成两半；如果将这条对等划分三角洲的中线继续向北延伸至北极，这条假象的直线只偏离北极极点6.5公里，鉴于北极极点的位置在不断地变动，这条延长线当初极有可能正好与北极极点重合；如果将胡夫金字塔的底部面积除以其高度的两倍，得到的商竟然是圆周率3.14159；胡夫金字塔的总重量约为6000万吨，如果乘以10的15次方，则正好是地球的重量。

我们很难将固化在金字塔塔体中的这些天文和数学的精算结果视为巧合，但在弄清古埃及人在金字塔的物理结构中揉入这些数字的意图之前，我们又无法确信这些推算出来的数字是古埃及人智慧的结晶。如果金字塔的数字之谜所折射出的古埃及文明的标高仍旧模糊不清的话，阿布辛贝神庙之谜所讲述的古埃及文明的另一故事却不能不令人叹为观止。

在上埃及努比亚地区尼罗河第一瀑布以南80公里的一处峭壁前，原来有一座雄伟的神庙，这就是阿布辛贝神庙。神庙在坚硬的沙石岩上凿劈出来，高达54米，正面有四座22米高的同一人的雕像。它是距今3200年前的第19王朝法老拉美西斯二世在埃及境内所建的数个神庙中最雄伟的一座。神庙坐西面东，处于尼罗河的拐弯处，几千年里，南来北往的驾船人从老远就看到耸立在江面上法老雕像的巨大身影，敬畏之心油然而生。

更令人折服的事情还在后头。穿过神庙重重的大殿进入内殿，石壁上出现4个石雕，它们分是帕特神(冥界神)、阿蒙神(太阳神)、拉美西斯二世自己，以及瑞荷拉克特神(天空神)。内殿长年昏暗不已，一年中阳光只有两天能够穿过长长的大殿照射到内殿石壁上，在太阳神、拉美西斯二世和天空神身上停留20分钟，身披霞光的三座石像在黑暗中熠熠生辉，只有冥界神永远留在黑暗中。这一天被称为太阳节。极度自恋的法老拉美西斯二世把自己的形象制作成五层楼高的巨像，并克隆成4座，立在神庙正面。这位法老还将自己的雕像与太阳神、天空神和冥界神并列地置于神庙内殿末端，以此进一步完成自我的神格化。为内殿神像洒上金辉的两天是2月22日和10月22日。这两天分别是法老的生日和神庙的奠基日。

20世纪60年代，埃及人要在尼罗河上游的阿斯旺修建世界上最大的水坝。水坝建成后形成的巨大的人工湖(纳赛尔湖)将淹没上埃及地区的许多文物古迹，其中包括这座神庙。神庙是人类宝贵的历史遗产，保护它的唯一方法是将它迁移到附近高地上去。为挽救人类共同的文化财富，联合国教科文组织向全世界发出呼吁，51个国家积极响应，有钱的出钱，有力的出力。阿布辛贝神庙及其所在的山头被切割成1050块方石。每块石头80厘米见方，重33吨。埃及人将化整为零的神庙搬到200米外的高处，按原样拼接起来。为了使在新址重新组合的神庙能够体现原有的文化内涵，埃及政府请来了世界著名考古学家、天文学家和工程师进行规划和设计。整个迁移工程耗资4000亿美元，4年后完成。搬迁到纳赛尔湖畔的神庙与原来的神庙在结构上毫无二致，唯一令人遗憾的是，20世纪的科学家们无论如何绞尽脑汁地进行计算和调整神庙走向的角度，一年中阳光照射到神殿深处神像的两个日子中，还是发生了一天的错位。古埃及人能做到的事现代人没做好，地球人真是愧对祖先。

现代天文学告诉我们，在地球上任何一个地点，一年中有两天接受太阳照射的角度是完全一样的。埃及人的第一大智慧是他们在3200年前就掌握了这一个天文学奥秘。他们根据这个奥秘，先测出了法老生日那天神庙所在地太阳照射的角度，然后通过计算或者观察找到了一年中阳光照射角度与这一天相同的另一个日

阿布辛贝神庙原来坐落在尼罗河上游的一处峭壁前，20世纪60年代修建的阿斯旺水坝形成的纳赛尔湖将那个地点完全淹没。为保存这个有着3200年历史的珍贵文物，埃及人将它切割成1050块方石，化整为零后搬到200米外的高处拼接复原。图为搬迁后的阿布辛贝神庙。

子，并将那一天确定为奠基动工的日子。阳光只有在接近于水平的射角时才能够穿过60米长的神庙大殿进入内殿，说明披在法老王身上的是一缕清晨的霞光。神庙的设计者很幸运，法老生于初春，他的生日这天也提供了较低的日照角度。

古埃及人的第二大智慧，在于他们在设计神庙特别是内殿时，将神庙大门高度和大殿的角度进行精确计算，神庙大殿的中轴线与那天那个时刻的阳光走向重合，而神殿大门的高度和宽度也很讲究，它们放进来的那缕宝贵的霞光不仅能够，而且也仅仅能够照射到除冥界神之外的三尊石像上。考虑到神庙不是石砌的，而是在山岩中劈凿出来的，而内殿又在岩洞中深达60余米处，实现这样的"阳光奇观"的建筑学难度是相当高的。

农耕的季节性特点需要人们掌握一定的天文知识，历法就是人类对地球运转的天文周期的认知。中国农历的二十四节气便是黄河流域子民的智慧结晶，它提醒农人把握农时，确保生产丰收。农耕离不开水，因此农耕文明都发源于大江大河边。世界四大古文明都以孕育它的母亲河的名字命名，因此有了尼罗河文明、两河文明、印度河文明和黄河文明的称谓。河水的泛滥给农耕文明带来灾害的同时，也带来了丰富的火山灰。古埃及的历法便是尼罗河子民为了避害趋利，在对河水泛滥周期的长期观察中总结出来的。因此，太阳历法的出现是人类早期文明的一个重要标志。

中国古代的历法最早可追溯到商朝的太阳历，将一年分为包括闰月的13个月，并有60天的干支周。商代太阳历的出现与拉美西斯二世建造神庙在时间上相当，可能还稍微早一些。中国商代的太阳历能够反映出月圆月亏，但至今没有发现能证明当时的太阳历精准性能与古埃及阿布辛贝神庙相比的文物证据。中国历法的精确性赶上埃及历法的时间有可能是在东汉初年。那时中国的太阳历对一年的长度的计算精确到365天又385／1539。

拉美西斯二世本人也是古埃及文明创造的奇迹。他在执政的前30年一直在战场上摸爬滚打。在叙利亚与赫梯人的战争是他行武生涯中最艰辛的时期。那些战役并不像他的方尖碑和神庙壁画上所吹嘘的那样百战不殆，而是两败俱伤。打到最后，双方终于理性地握手言和，签订了人类历史上第一个国家间的和平条约——银板条约。这个条约的签署使法老王赢得了后半生的安宁。在他执政的后30年里，他倾其全部精力和财力在埃及各地打造神庙和方尖碑，到处铭刻自己的名字和战功。除了包装自己，他在和平的30年里充分享受作为法老王的至尊地位。他一生娶有6位王后和不计其数的嫔妃，留下了169个子女。

拉美西斯二世的奇迹不在于他打造的方尖碑和生育的子女的数量，而在于

拉美西斯二世执政66年，前30年一直在战场上摸爬滚打。他在叙利亚与赫梯人的战争两败俱伤，双方最后签订了人类历史上第一个国家间的和平条约——银板条约。他的后半生打造了许多神庙和方尖碑，铭刻自己的名字和战功。他一生娶有6位王后和不计其数的嫔妃，留下了169个子女。图为根据他的木乃伊(右下)复原的拉美西斯二世画像。

他的长寿。他在位66年，90多岁才离开人世。由于他老马恋栈般留恋人世，他的儿子麦伦纳塔普一直被耽搁到60多岁才接过他的权杖。拉美西斯二世不失时机地利用自己的长寿来神化自己，使臣民坚信他是太阳神的儿子。在人类平均寿命只有30岁的3200年前能活到90多岁不能不归功于古埃及医学所达到的高度。至今发现的最古老的埃及医学文献"史密斯卷本"产生于3600年前，因其发现者美国人埃德文·史密斯而得名。这个写在莎草纸上的医学论著表明，埃及人在3600年前就能够进行至少48种外科临床手术，包括颅骨碎裂和脊椎骨挫伤这样的高难度手术。那时候他们就知道人体的下肢是由脑部神经系统负责控制，并且能够进行切除浅表肿瘤的手术。

史密斯医学卷本产生时，在遥远的黄河流域，商朝刚刚灭掉夏。在拉美西斯二世时代，商朝也才进入晚期。那时候中国古代医学已经产生，只是缺乏文字记载。中国有文字可考的最早的医生是活跃于公元前4世纪初的扁鹊。扁鹊创造了望、闻、问、切的诊断方法，因此被尊崇为中国医学的开山鼻祖。他精于内、外、妇、儿、五官等科，应用砭刺、针灸、按摩、汤液、热熨等法治疗疾病。他的医术十分高超，曾将处于"尸厥"状态的虢国太子救活，而蔡桓公不听其劝诊而丧命。此两病例分别是成语"起死回生"和"讳疾忌医"的来源典故。

扁鹊所著的《难经》与《黄帝内经》、《伤寒杂病论》、《神农本草经》并列为中国传统医学四大经典之作。《黄帝内经》和《神农本草经》成书时间大约在公元前1世纪，为集体著作，可见当时中国医学已相当发达。《伤寒杂病论》为东汉医学家张仲景所著。与张仲景同时代的另一名医是华佗。他医术全面，擅长开胸剖腹等外科手术，并且发明了酒服麻沸散做麻醉药。欧洲人直到19世纪中期才学会使用麻醉剂，此前他们一直采用极其野蛮落后的放血法使病人虚脱休克来完成外科手术。

扁鹊并不是中国最早的医学家。在扁鹊之前的春秋时期还有一位名叫医和的名医，可惜缺少可资考证的文献。从扁鹊的名字探源可以将中国医学向前推进两三千年。扁鹊这个名字本来属于传说中上古轩辕时代的一位名医，而战国时期的扁鹊原姬姓，秦氏，名越人，又号卢医。战国时代的秦越人因医术精湛，所以人们就用传说中的古代名医扁鹊的名字来称呼他。相传轩辕时期除了扁鹊外，还有三位医生也十分出名，一位叫做雷公，一位叫做岐伯，第三位叫做俞跗。俞跗的医术最高，他不仅擅长内科，而且善于外科手术。由此可见，中国古代医学的历史可以上溯至距今5000年的炎黄时代，与埃及古代医学产生的时间不分上下。

古埃及的医学在公元前4世纪开始传到希腊和罗马，后来由罗马传至欧美各国，对今天的西方医药学有着很大的影响。今天西医使用的许多药方最初就来源于埃及。而中国古代医学对欧美的影响也不容小觑。明代医学家李时珍在总结中国传统医药学的基础上，于1578年编写出医学巨著《本草纲目》。该书约有190万字，52卷，载药1892种，载方10000多个，附图1000多幅，为世界医药学空前巨著。从17世纪初起，《本草纲目》相继被译成日、德、法、英、俄、拉丁等十几种文字，对世界的医药学、植物学、动物学、矿物学、化学的发展产生了深远的影响。古埃及医学和中国传统医学皆为世界医学的鼻祖。

公元前4世纪的扁鹊创造了望、闻、问、切的诊断方法，被奉为中国医学开山鼻祖。他精于内、外、妇、儿、五官等科，应用砭刺、针灸、按摩、汤液、热熨等法治疗疾病。他曾将处于"尸厥"状态的虢国太子救活，而蔡桓公不听其劝诊而丧命。这两个病例分别是成语"起死回生"和"讳疾忌医"的来源典故。

方尖碑与金字塔和神庙一样，也是古埃及文明的标志。古埃及法老们不仅将自己的"丰功伟绩"用壁画铭刻在神庙的墙壁上，也用文字记录在方尖碑上。法老们生前极力打造尽可能多和尽可能高的方尖碑，使自己名留青史。古埃及的方尖碑均由整块石料雕琢而成，每尊高度少则20多米，多则30到40来米，重达数百吨。其选料、雕琢、运输、竖立的难度巨大。三四千年前的埃及人在制作方尖碑时所使用的技术至今仍令人颇费揣测。

在上埃及尼罗河畔的阿斯旺城郊有一个古老的采石场。从躺在这个采石场一尊未完成的方尖碑看，它的历史至少可以追溯到距今3500年前。它的主人是埃及历史上仅有的两名女法老之一哈谢普苏特，埃及的导游把她称为"埃及的武则天"。

哈谢普苏特之所以被称为"埃及的武则天"，是因为她也是通过篡位，从帝后变成帝皇的。不同的是，中国的武则天出身将相人家，血统稍嫌卑微，而哈谢普苏特为纯正的王室血统，是法老图特

明代医学家李时珍在总结中国传统医药学的基础上，于1578年编写出医学巨著《本草纲目》。该书约有190万字，52卷，载药1892种，载方10000多个，附图1000多幅，为世界医药学空前巨著。

摩西斯一世的女儿。图特摩西斯一世是第18王朝的一位法老，他在位时间比前面提到的拉美西斯二世还要早200多年。他战功卓著，铁蹄踏遍埃及南边的苏丹和东北边的两河流域。他身后留下两个合法的女儿和一个私生子。古代埃及是一个男权社会，只有男性才有法老继承权。因此，他死后，他唯一的儿子继承了他的法老王位，成为埃及历史上的图特摩西斯二世。图特摩西斯二世因其私生子身份在继承权的合法性上打了一些折扣。为了提高自己王位的稳固性，他与他父亲的婚生女儿，也就是他的同父异母姐姐哈谢普苏特结婚。婚后不久，这位法老便英年早逝，将王位留给了他与另一位妻子所生的儿子，也就是后来的图特摩西斯三世。图特摩西斯三世即位时年仅10岁，其继母兼姑母以及后来的岳母哈谢普苏特为其摄政。这个权欲极强的女人在摄政期间篡夺了王位，自立法老，并将小图特摩西斯贬谪到神庙中做一名低级祭司，直到20年后女法老弥留之际，才恢复了他的法老继承权。

劫后余生的图特摩西斯三世后来成为埃及历史上最天才的军事家。他创造了与敌国作战17年无一败绩的纪录，将埃及的版图扩大到两河流域，刷新了祖父的辉煌。他的青少年时期有20年在神庙中扫地，这一耻辱一直埋藏在他心中。当他以百战不殆的业绩夯实了自己的地位后，便开展了一次"去哈运动"，为自己早年的苦难雪耻，将继母、姑母兼岳母哈谢普苏特的痕迹从著名的卢克索卡纳克神庙中除去。这座神庙内有相邻的两尊方尖碑，一尊为他祖父图特摩西斯一世所建，另一座为其继母哈谢普苏特所建。图特摩西斯三世在其继母所建的方尖碑周围垒起了一圈石墙，使其从世人的视野中消失。这个神庙的墙壁上原来有两幅关于女法老行净化仪式的壁刻，画面上霍露斯神和托特神分别站在哈谢普苏特两旁，往女法老头上洒着圣水。现在画面上可看到两位洒水的神，女法老的形象只剩下斑斑点点凿痕。形象被去除，女法老在另一个世界就无法享受人间的供品。

中国的武则天为自己建造了无字碑，功过让后人自去评说，而"埃及的武则天"留下的则是无像的壁画，后人被禁止对她评说。

哈谢普苏特在位期间也创造了一个昌盛时代。她一生也建造了不少神庙和方尖碑。斜躺在阿斯旺采石场山坡上那尊未完成的方尖碑长45米，重400多吨。在古代埃及，打凿方尖碑不难，难的是把几百吨的石碑从采石场运到百十公里外的神庙工地。更难的是，在没有重型起吊器械的时代把几百吨重的石碑竖立起来。石碑的底面能够承受几百吨的重量，但是在石碑从水平状态转变成垂直状态的过程中，几百吨的重量不可避免地会集中在底面的某一个边缘上，压强会一下子增

卢克索卡纳克神庙的墙壁上原来有两幅女法老行净化仪式的壁刻。画面上霍露斯神和托特神分别站在哈谢普苏特两旁，往女法老头上洒着圣水。现在画面上只剩下两位洒水的神，女法老的形象被她的继子图特摩西斯三世凿掉，只剩下斑斑点点痕迹。形象被去除，女法老在另一个世界就无法享受人间的供品。图为其中一幅被破坏的壁刻。

加上千倍。细细的石碑底面边缘在几百吨重量的压迫下绝不可能不碎裂。古埃及人非常了解这点。他们的解决办法是，在神庙现场堆起了一个斜坡，将石碑脚朝上倒着拉到斜坡顶端，然后将石碑从斜坡另一面峭壁上翻下来，让石碑的底部落到一个木制竖井中。竖井中预先灌满了沙子，作为石碑缓缓降落的缓冲物。然后打开竖井底部小门，随着沙子慢慢漏出去，石碑便缓缓地、安然无损地降至地面基座上。每一座方尖碑都是古埃及人智慧的积淀。

公元前1483年，哈谢普苏特突然与世长辞。方尖碑工程戛然而止，留下了女法老千年的遗憾。

我们从埃及古代神庙的雕像和壁画上认识了古埃及文明的创造者。他们微黑而富于特征的容貌在石壁上栩栩如生。但是，我们今天走在开罗、亚历山大，或卢克索街头，已经见不到那样的面孔。经过几千年的外族入侵、迁徙和民族融合，这个国家古代文明创造者的面孔早已消失。从体质人类学的角度看，他们已经不存在了，只在现代埃及人血管里留下少量基因。

哈谢普苏特一生建造了不少神庙和方尖碑。公元前1483年，哈谢普苏特突然与世长辞，她的最后一尊方尖碑打造工程戛然而止，留下了女法老千年的遗憾。图为哈谢普苏特未完成的方尖碑。这尊方尖碑长45米，重400多吨。

埃及人的种族变迁不是一个孤立的现象。在今天的两河流域，早已不见那创造过古文明的苏美尔人、阿卡德人、巴比伦人和亚述人的踪影。与"空中花园"近在咫尺的巴格达如今是一个典型的阿拉伯人的城市。而印度河文明颇有争议的创造者达罗毗荼人在印度的总人口中也少之又少。创造了四大古文明的民族恐怕只在中国完整地留存到今天。

距今5150年前，上埃及国王美尼斯征服了尼罗河沿岸各个王国后，埃及第一次形成统一的国家。古埃及的四个民族结合在一起，在此后的2500年里经历了26个本土民族的王朝。公元前6世纪末，波斯帝国崛起。居鲁士大帝的铁骑横扫中西亚，将小亚细亚半岛纳入波斯的版图。曾经强大无比的埃及帝国被居鲁士大帝的儿子冈比西斯率领的军队打败，沦为波斯帝国的一个行省。冈比西斯为自己戴上埃及国王的王冠，并且沿用了法老的称号。埃及进入了波斯人统治的第27王朝。这个王朝断断续续地存活了200年。在这期间，埃及的民族结构开始出现变化，波斯人大量涌入这个地区，希腊人也向地中海沿岸地区渗透。这个时期是埃及希腊化的开端。

公元前333年，新崛起的马其顿王国的亚历山大大帝决定与强大的波斯帝国一决雌雄。他率领希腊大军从陆路南下，次年征服了波斯人统治的埃及。以这位马其顿统帅的名字命名的埃及海滨名城亚历山大城便是这时兴建起来的。有一种说法说亚历山大城是埃及的希腊居民建造的，作为献给亚历山大大帝的礼物，以感谢他把他们从波斯人的统治下解放出来。如果此言属实，当时的埃及应该已经有一个规模不小的希腊族人口。

公元前323年，亚历山大大帝在巴比伦病逝。马其顿帝国分裂成四个国家。亚历山大的一位部将托勒密接管了埃及，埃及从此进入希腊人统治的托勒密王朝时期。希腊王朝在埃及延续了300年。著名的"埃及艳后"克丽奥佩特拉七世是这个王朝的末代君主。她是托勒密家族的后人，自然拥有希腊马其顿族血统。她与她的同父异母弟弟兼丈夫托勒密十三世共同执政。姐弟间发生权力之争，弟弟在其亲信大臣的唆使和支持下将姐姐兼妻子克丽奥佩特拉赶出了埃及。当时正值罗马元老派领袖庞贝在恺撒的追击下逃到埃及。为了向恺撒邀宠，弟弟托勒密王暗杀了庞贝，并把他的头颅献给恺撒。姐姐克丽奥佩特拉没有头颅可献，便献上了自己的身躯。

埃及的希腊化将两个文化的优势结合在一起，形成了地中海地区新的文明圈。亚历山大城就是这个新文明圈的中心。希腊贵族子弟们漂洋过海，从欧洲来到这里求学，许多对人类具有重大影响的文明成果就此产生。

少年时代有一个问题使我困惑不解：杠杆原理是哪国人发现的？有的书将这个发现归功于希腊人，而另一些书则称这个原理源于埃及。后来得知，这两种说法都没有错。那个口出狂言"给我一个支点，我能把地球举起来"的阿基米得出生在西西里的塞拉古。那时的意大利南部以及西西里岛也是希腊化地区。他后来漂洋过海到亚历山大城求学时，注意到埃及人修建金字塔时，能够用杠杆抬起数吨重的石块，他于是从中推导出杠杆原理。

还有一位希腊人是在埃及完成他的鸿篇巨制《天文学大成》和《地理学指南》的。他是"地圆说"最有力的阐述者，是最早绘制出世界地图，最早将地球经纬分成360度，并且创造了度以下的分和分以下的秒的人。他还发明了通过观测星星来确定地理方位的仪器。他就是古代地理学家和天文学家托勒密。虽然他的"地心论"

亚历山大城的庞贝柱。公元前48年，埃及托勒密十三世与姐姐"埃及艳后"克丽奥佩特拉七世共同执政。弟弟将姐姐赶出了埃及。当时正值罗马元老派领袖庞贝在恺撒的追击下逃到埃及。弟弟托勒密王暗杀了庞贝，把他的头颅献给恺撒。200年后，罗马人在这里建起了庞贝柱纪念这位历史名人。

后来被哥白尼的"日心说"推翻，但他的"地圆说"使得寻找东方印度的哥伦布驾着船执著地向西方驶去，并且发现了美洲。

创造几何学的欧几里得也是活跃在埃及的希腊学者。埃及人在几千年治水和修建金字塔的过程中发现了几何原理。在亚历山大城求学的欧几里得总结埃及人的劳动实践，写出了《几何原本》一书。欧几里得的几何学出炉后曾被埋没了几百年，它被广泛传播和运用是中世纪以后的事情了。十字军东征时，在亚历山大城发现了欧几里得的手稿。这个手稿被带回欧洲，成为点燃文艺复兴运动的星火之一。

说起几何学，其实最早的开创者并不是埃及的希腊人，而是中国人。中国古代数学著作《周髀算经》内容涉及等差级数的问题，使用了相当繁复的分数算法和开平方法，将分数算法运用于古代的"四分历计算"，以及运用勾股定理进行测量。《周髀算经》虽然成书于公元前1世纪的西汉，但书中记载着一段周公向商高请教数学知识的对话，证明勾股定理的发现者是公元前1100年西周时代的商高。商高生活的年代比撰写《几何原本》的欧几里得还早850年，比欧洲最早提出勾股定理的毕达哥拉斯早550年。商高在与周公的对话中称，勾股定理是大禹在治水时总结出来的。由此可知，中国人发现勾股定理的时间可以向前推至距今4400年前。

公元前48年，罗马执政官恺撒来到亚历山大城，他本来是要吞并埃及的，与埃及艳后克丽奥佩特拉的邂逅使他改变了主意。他徇了私情，让女王继续统治埃及。但是，他的徇私渎职行为只是使罗马对埃及的吞并计划推迟了18年。公元前30年，屋大维追杀政敌安东尼再次来到埃及。克丽奥佩特拉自杀身亡，托勒密王朝崩溃，埃及变成屋大维的私人采邑。罗马人在这里待了300年。埃及文化继希腊化后，又融入了罗马元素。埃及南部埃斯纳城附近的克努姆神庙建于希腊化时代，在罗马人统治时代进行了扩建。这个神庙的建筑将古埃及风格、古希腊风格和古罗马风格融合在一起，它的多柱厅的柱头装饰着许多植物的图案，那些互相间隔的葡萄藤和棕榈叶体现了希腊和罗马的画风。

公元395年，东、西罗马分家，变成两个帝国。埃及划给东罗马帝国，成为拜占庭的一个行省。拜占庭属于希腊化地区。于是，埃及又回到希腊文化的怀抱，拜占庭的东正教逐渐成为埃及的主要宗教。在文化融合的同时，种族的融合也在慢慢进行。此时，法老的后裔虽然在种族上仍占多数，但他们的肤色和血液逐渐接受着外来基因的浸润。然而，根本性的改变发生在公元7世纪阿拉伯人到

自公元前4世纪，埃及经历了希腊化时代和罗马统治时代，这个时期修建的神庙带有浓郁的希腊和罗马艺术风格。这种风格体现在神庙柱头上的植物图案——互相间隔的葡萄藤和棕榈叶上。图为埃及在希腊—罗马时期修建的霍露斯神庙。

来的时候。

还在神权时代，阿拉伯人就开始向外扩张。公元640年，阿拉伯人占领埃及，罗马人被赶走，埃及成为阿拉伯帝国的一个行省。倭马亚王朝时期，阿拉伯人发起更大规模的外侵，将从东自帕米尔高原和南亚信德，北至小亚细亚，西到摩洛哥的整个北非，都纳入阿拉伯帝国版图。埃及成了阿拉伯帝国的中心地区和西侵的补给要道，大量阿拉伯人涌入埃及。

阿拉伯人把埃及的原住民称为"科普特人"。阿拉伯帝国阿拔斯王朝取代倭马亚王朝后，在埃及大量起用波斯人和突厥人。先期来到埃及的阿拉伯人被挤出了特权圈，大量迁往农村地区，与本土的科普特人混居在一起。阿拉伯语逐渐取代希腊语和科普特语成为唯一的官方语言。原来信仰东正教的科普特人大量皈依了伊斯兰教。两大民族的通婚使得埃及的种族也发生嬗变。如今，大多数埃及人都长着阿拉伯人的面孔。

在托勒密王朝初期，埃及传统文字与希腊文并行使用，但后来逐渐被希腊文取代。阿拉伯人到来后，希腊文又逐渐被阿拉伯文僭替。在民族融合过程中，人数处于多数的埃及原住民在文化上处于劣势地位。曾经代表人类最古老文明的埃及古文字后来变成了一种死去的符号，竟无人能识。浩如烟海的古埃及纸草书文献在长达千年的时间里成为人们手中的一堆废纸。辨识死去的文字，就是让缄默的历史重新开口。这件事埃及人自己也没有做成，因为自法老王以来，埃及人从种族到文化都进行了一次大换血。

1799年，入侵埃及的拿破仑士兵在罗塞塔附近发现了一块石碑。这块石碑用希腊文、埃及象形文和埃及通俗文三种文字刻写了托勒密时代的一项法令。这个发现为人们破译埃及纸草书提供了契机。公元前3世纪，当希腊人来到埃及时，古埃及语言进化到它的最后阶段——科普特语阶段。在希腊化的过程中，希腊人不仅在埃及人中普及希腊语，同时也尝试用希腊字母拼写埃及的科普特语，代替埃及的古文字。精通科普特语的法国语言学家商博良对罗塞塔石碑上希腊文本与埃及文本进行对照识读，破解了古埃及文字之谜，使得无数古埃及文献重新获得生命。现在这个石碑被置于法国巴黎，埃及人在自己的国家博物馆中只能见到这个国宝的照片。

在希腊化过程中，埃及人在文化上处于劣势地位，埃及古文字逐渐变成了一种死去的符号，无人能识。入侵埃及的拿破仑的士兵在罗塞塔附近发现一块用希腊文字、埃及象形文字和通俗文字刻写的法令。法国语言学家商博良对石碑上三种文本进行对比研究，破解了古埃及文字之谜，使得无数古埃及古文献重新获得生命。图为破解古埃及文字之谜的罗塞塔石碑。

统一的阿拉伯帝国于公元9世纪后解体，分裂成许多个阿拉伯王国。在以后的600多年里，埃及的王朝多次改朝换代。1517年，新崛起的奥斯曼帝国入侵并征服了埃及。埃及成为土耳其的一个行省。1798年，拿破仑入侵埃及，他带来的法国人在埃及待了3年，后被埃及人赶走。法国人走后，英国人又来了，企图在埃及建立英国的统治。

土耳其总督穆罕默德·阿里身为奥斯曼帝国的朝廷命官，却一直心怀异志，企图摆脱奥斯曼朝廷的统治，在埃及僭立为王。为了博取法国的支持，他于1830年将卢克索神庙前的一尊拉美西斯方尖碑送给法国做礼物。方尖碑本是埃及人祖先留下的无价之宝，作为土耳其总督的阿里擅将埃及的文物送人，无异于监守自盗。法国人对埃及文物早已垂涎三尺，得到方尖碑自然如获至宝，爽快收下。他们历尽艰险，用了3年时间才将这块长23米长的石柱运回法国。这尊方尖碑现在安放在巴黎市中心的协和广场上。法国收了阿里的贿赂，事情办得却不很利索。埃及的独立没有得到国际社会的正式承认，但穆罕默德·阿里的目的基本达到。他成功地使自己的总督一职变成了世袭，因此也有人将他及他之后的政权戏称为"阿里王朝"。经过埃及人民不懈的努力，埃及于1922年获得了独立。"阿里王朝"从台下走到台上，总督的帽子换成了王冠。独立的果实落入阿里家族的手中。1952年，青年军官纳赛尔起事推翻末代国王法鲁克，埃及成为共和国。

土耳其总督穆罕默德·阿里一直企图摆脱奥斯曼朝廷的统治，在埃及僭立为王。为此，他将卢克索神庙前的一尊拉美西斯方尖碑送给法国做礼物，以博取法国的支持。独立虽未取得，但阿里的总督一职转变为世袭。1922年，埃及获得了独立，阿里的后代成为国王。1952年，青年军官纳赛尔发动兵变推翻法鲁克的统治，埃及建立了共和国。图为埃及末代国王法鲁克。

今天的埃及人是什么人？从公元前6世纪起，外来民族像走马灯一样来到埃及，改变着这个国家的政治生态、文化生态和血脉生态。埃及人的血管里流着波斯人、希腊人、阿拉伯人的血液，甚至可能还有罗马人、突厥人的血液，他们的面孔和肤色都发生了变化。今天的埃及人从血统脉系上说与法老时代已大不一样。只有南部的民族努比亚人保留着不与外族通婚的传统，顽强地维护着自己血统的纯正性。他们的肤色和相貌与壁画上的法老们最接近。

当代埃及人的民族心理归属是什么？当今，埃及的阿拉伯族人占总人口的78%。他们其实是外来的阿拉伯人与原住民族种族融合的产物。他们对埃及6000年的文明感到自豪，对埃及祖先表示尊敬，感谢他们留下了丰富的文化遗产。然而，他们又割不断阿拉伯民族的历史记忆，对阿拉伯祖先充满着崇拜和忠诚，并且向往着阿拉伯帝国时代的辉煌。在宗教上，他们对埃及古代极富偶像化的太阳神教极不认可，认为阿拉伯人是解放者，把埃及人从罗马人的压迫下解放出来。当问及他们的民族文化归属感时，他们一般会说埃及是他们的家乡，阿拉伯是他们的祖先，穆斯林是他们的灵魂。

埃及还有11%的科普特人。他们是拒绝接受伊斯兰教的埃及人，至今保留着

开罗科普特区的东正教堂。埃及有11%的科普特人，他们保留着拜占庭时代的东正教信仰。开罗的科普特区是科普特人的聚居区，这个城区保留着希腊化和罗马化时代的许多遗迹，包括教堂下面圣玛丽亚一家流落埃及时避难的地道。

拜占庭时代的东正教信仰。开罗有一个科普特区，是科普特人聚居的地方。这个城区保留着希腊化和罗马化时代的许多遗迹。罗马人在埃及的最后的堡垒也在那里。公元670年阿拉伯人攻入开罗时，东罗马帝国的军队在这个堡垒里坚守了一年。阿拉伯人最后将水源切断，迫使他们投降并撤出了埃及。这个城区里还有开罗最古老的东正教堂，教堂的下面有圣玛丽亚一家流落埃及时避难的地道。埃及的东正教被称为东正教的科普特支派，与希腊正教在教义上略有区别。他们自认为是古法老王的直系后裔，是最正宗的埃及人。而埃及的阿拉伯人却认为他们只不过是阿拉伯人中的基督徒而已，因为他们说阿拉伯语，从人种和文化上都与埃及的阿拉伯民族差别不大。

读了埃及民族的变迁史，我不禁对我们自己的血脉渊源疑窦丛生。我们是黄河文明创造者的直系后代吗？黄河流域是黄河文明的历史源头吗？

在几千年历史中，以黄河流域为中心的中原地区周围出现过许许多多异族的面孔，华族与夷族之间交替进行着战争、结盟和缔结宗藩关系。许多活跃于周边地区的民族，如契丹、匈奴、鲜卑、羌、乌桓等等逐渐消失在历史烟云中。他们的血液却通过归附和通婚渗透到汉民族和其他现存的少数民族的血管里。随着汉民族的繁衍和向周边地区的辐射式迁徙，他们的血液中吸收了更多周边民族的基因。这就是今天中国南部、北部及西部边缘地区的汉族人在体魄和相貌特征上略有区别的原因。在中国这片土地上，也有过少数民族占统治地位的历史，但汉文化的主导地位却一直没有被取代。以黄河流域为中心的华夏大地自轩辕时代以来一直没有出现过大规模的本族迁离和外族迁入的民族大换血运动。因此，今天的中华民族，包括除汉族以外的55个少数民族，就是黄河文明创造者的直系后代。中国的少数民族在历史的不同时期加入到黄河文明的形成过程中。他们中最早的可以追溯到蚩尤的部落和古蜀地民族。他们形成的亚文化圈与炎黄部落文化圈相互影响、相互渗透，是黄河文明的共同根基。

　　从学理上说，以上事实仅仅阐述了自炎黄以后的中原地区种族生态状况，而并没有证明黄河流域是黄河文明唯一的发源地，因为它没有排除炎黄部落的先祖从外域迁徙而来的可能性。于是，有人猜想中国人可能是史前的某个时期迁自遥远他乡的民族。如果这个假想能够成立，黄河文明可能有更古老的初始源头。旅美历史学家黎东方先生从体质人类学的角度否定了这个可能性。他指出，现代中国人的上门牙为簸箕形，与周口店北京人一样。由此可见，现今的中国人就是周口店北京人的后代，在这片土地上至少已经繁衍了50万年了。至于古蜀地的民族可能来自域外的猜测尚未见到有说服力的证据。

　　结束了几天尼罗河上游的游轮游后，旅游团在卢克索登上大巴前往红海海滨名城古尔代盖。公路两旁出现了一排排三叶风车，风车群向两侧沙漠纵深延伸，看不到尽头。而一排又一排的风车顺着公路向前绵延了十几公里，成为东部沙漠一道奇特的风景线。这是一个巨大的风力发电机群。埃及是一个石油生产国，经过长年开采，石油藏量已近告罄。埃及人开始寻找可永续利用的能源，以克服现代文明的新瓶颈。红海刮来的强风为这个国家带来了新的希望。

比水还淡的血

法兰克王国发生周期性的分裂和战争，皆因老王驾崩，儿子
们分家后争夺王国地盘。查理大帝建立的庞大帝国也在儿子"虔诚
的路易"手上一分为三，后来演化成今天的法国、德国和意大利。
古代中原也频频演出兄弟争权、血亲仇杀的悲剧。王族血管里流淌
着比水还淡的血。为防止国家分裂和兄弟仇杀，长子继承权制度在
欧洲形成。

在地图上，荷兰像一块瓦片，一颗水珠从瓦片的右下角滴下来。这滴水珠就
是荷兰的林堡省。水珠的三面被比利时和德国所包围。林堡省的省会马斯特里赫
特市就在水珠的左边，紧贴着邻国比利时，距比利时的列日市不远。水珠的右边
是德国，与德国古城亚琛毗邻。这两个邻国城市距离马斯特里赫特市都是30公里
左右。

我在马斯特里赫特大学做访问学者时，曾经发起过两次自行车跨国远征。一
次我撺掇马斯特里赫特管理学院的五位中国学生一同骑车到列日。另一次是与两
位在荷兰进修的中国医生蹬车去亚琛。列日之行非常顺利，因为从马城往南去的
地势十分平坦。而从马城到亚琛的探险却充满了艰辛。事后才知道，荷兰的地理
最高点，海拔320米的丘陵顶端正处于我们远征路线的中段，一路上有三分之一
的陡坡不得不推着车爬坡。

自行车经过的最后一个荷兰村庄名叫瓦尔斯(Vaals)。村庄的东头便与德国领
土毗邻。这里像所有欧盟成员国之间的边境一样，没有边防军或警察，只有一个
圈着十二颗黄星星的蓝牌子，牌子中央用荷兰文写着"德意志联邦共和国"。这
也是欧盟成员国内部口岸的标准风景。最有趣的是，脚下伸向德国的柏油路以国
界为分水岭赫然呈现出两种颜色。这是因为由两个国家铺设的这条路使用了两种
不同品牌的材料。村里有一段街道恰巧与国界重叠，于是以马路中心线为界，柏

油路面也呈现出两种不同的颜色。可以想见，这条跨国乡村马路当年是分别由两个国家的两家公司修建的。它们采用了不同的材料，但使用的是同一张图纸，相互的衔接严丝合缝。

我怀着崇敬的心情迈过脚下两种颜色拼出的国界，踏上这个叫做亚琛的城市。1200多年前，一个男孩出生在这个地方，这里因此成了西欧的政治中心和德国的历史起点。这个男孩就是后来的查理大帝。他建立的帝国覆盖了半个欧洲。

查理大帝出身于贵族家庭。他的父亲和祖父乃至曾祖父都是法兰克王国墨洛温王朝的宫相。所谓宫相就是史家们常说的权臣，即朝廷里最有势力的大臣。墨洛温王朝历代君主沉溺于酒池肉林，纵情于声色犬马，致使朝政荒疏，

与来自武汉的朱尤庆大夫(左)骑自行车远足，在瓦尔斯村穿越荷德边境。两国铺设路面的材料不同，显出鲜明的国界；我们背后的黄牌子上写着"Aachen"(荷兰文"亚琛")，蓝牌子上写着"Bundes-republik Deutschland"(荷兰文"德意志联邦共和国")。这是欧盟成员国内部边境的标准风景。

于是大权旁落。群臣中最工于心计者排挤掉其他大臣，将大权收入自己囊中，成为王国一人之下万人之上的首席大臣。他们不仅独揽王国大权，还将这一特权代代传袭于子孙，于是便产生了欧洲中世纪的一种官职——宫相。

查理大帝的祖父查理马特是法兰克王国前朝著名宫相，欧洲人至今谈到他还肃然起敬，把他当成欧洲的救星。没有他，今天的欧洲也许与西亚或北非一样，早已变成了阿拉伯人和穆斯林的繁衍之地。

8世纪初，发端于阿拉伯半岛的倭马亚帝国大肆向外扩张。往东，阿拉伯人的铁骑横扫伊朗高原，侵入呼罗珊、花拉子模，占领喀布尔、布哈拉和撒马尔罕，直至帕米尔高原，与中国唐朝对峙。往南，阿拉伯人侵入南亚次大陆的西端，占领信德一带。往北，倭马亚军队兵临君士坦丁堡城下。西线的攻势最为顺利，阿拉伯人在北非长驱直入，沿着突尼斯、阿尔及利亚直捣摩洛哥的马格里布地区。他们裹胁着北非土著柏柏尔人，于公元711年渡过直布罗陀海峡，横扫南欧伊比利亚半岛。他们消灭了那里的西哥特王国后，又翻越比利牛斯山，直逼法

兰克王国。

倭马亚王朝统治了比利牛斯半岛几百年，在这里留下了大量阿拉伯的印记。今天到西班牙旅游的北欧和中欧游客总要到南部的塞维利亚看看，在饱览古城阿拉伯风情之余，暗自庆幸1200多年前法兰克人刹住了阿拉伯铁骑对欧洲的蹂躏。公元732年，查理马特率领法兰克军队在普瓦提埃大败阿拉伯人。阿拉伯人狼狈败退伊比利亚半岛，从此再未能打回比利牛斯山北麓，只是在意大利和法国沿岸进行小打小闹的骚扰。

查理的父亲名叫丕平。很可能法兰克人的姓名谱系过于贫乏，从查理的曾祖父到查理的孙子辈的六代人中，竟然出现了五位丕平、四位查理和至少两位卡洛尔。为了与其他同名的君王相区别，在称呼某位查理或某位丕平时往往要带上他们的绰号。史籍中把查理的父亲称为"矮子丕平"。

矮子丕平也是欧洲历史上一位卓尔不凡的人物。他不满足于当宫相，而要当国王。其实，国王早是他手下的傀儡，要取而代之易如反掌，但他要当名正言顺的国王。在信奉"君权神授"的时代，要名正言顺就必须得到罗马教皇的认可，因为教皇手里攥着与上帝对话的金话筒。此时正好罗马教会也有求于他。罗马帝国崩溃后，罗马教会成为日耳曼蛮族国家包围下的孤岛。此时的罗马教皇格利高里三世已经与拜占庭皇帝利奥三世断绝关系，失去了东罗马帝国这个后盾，同时在北意大利隆巴第人的频频攻击下危如累卵。聪明的矮子丕平不失时机地两次出兵打退了隆巴第人，为罗马教廷解了围。

矮子丕平。时至今日，天主教世界的子民还怀着感恩的心情回忆法兰克王国这位身材矮小的君主。他把夺来的隆巴第人的土地和意大利半岛南部东罗马帝国的省份赠送给罗马教廷，使得教廷终于有了自己的疆土，由一个宗教组织蝶化成一个拥有神权代表和世俗国家双重身份的集团。

为报答丕平相救，罗马教廷宣布矮子丕平建立的加洛林王朝为法兰克王国合法政权，承认矮子丕平为法兰克王国国王。作为交易，丕平把他夺来的隆巴第人的土地和意大利半岛南部东罗马帝国的省份赠送给罗马教廷，使得罗马教廷终于有了自己的疆土，由一个宗教组织蝶化成一个拥有神权代表和世俗国家双重身份的集团。时至今日，天主教世界的亿万子民还怀着感恩的心情回忆法兰克王国那位身材矮小的篡权者。精神枝蔓遍及全世界的梵蒂冈今天公元800年的圣诞节，教皇利奥三世为查理大帝加冕。他将法兰克王国疆土推进到了易北河畔，延伸到今天的奥地利、意大利、西班牙、捷克、匈牙利、克罗地亚等国的地面，创建了自罗马帝国之后欧洲最大的国家。20世纪50年代出现的欧洲经济共同体正在构建一个泛欧国家联盟。西欧经过1200年的解构和重组，如今正在修复着查理帝国的版图。

之所以拥有主权国家的地位，全仰仗当年丕平的"献土"义举。

矮子丕平的儿子查理是加洛林王朝的第二代国王。他登基时，法兰克的疆土只包括现在的法国、瑞士、比利时、荷兰和德国部分地区。而到他晚年时，法兰克王国疆土推进到了易北河畔，延伸到今天的奥地利、意大利、西班牙、捷克、匈牙利、克罗地亚等国的地面，创建了自罗马帝国之后欧洲最大的国家。公元800年的圣诞节，罗马教皇利奥三世为查理加冕，将一顶"罗马大帝"的皇冠戴在他的头上。20世纪50年代欧洲的领袖们缔造的欧洲经济共同体将法国、德国、意大利、荷兰、比利时、卢森堡组成一个高度紧密的国家联盟。早在1200年前，查理帝国疆土就远远超出了这六个国家。西欧经过千年的解构和重组，如今又在修复着查理帝国的版图。

加洛林家族绵延了三代的荣耀到了查理便戛然而止。查理的儿子"虔诚的路易"虽然也获得了"罗马人的皇帝"的称号，却再也没有建立起祖辈们的功勋。路易面临的最大危机是无法在自己死后保持国家主权和领土的完整。法兰克人的疆土虽然在征战中不断扩张，却逃不过重新分裂的命运。每一代国王都要面对自己打下的江山被儿子们瓜分的问题。一代国王的"驾崩"就意味着国家的分裂。王国既然是王室的私产，就免不了要被儿子们分割得七零八落。不仅如此，分家的兄弟还要为争夺一城一池兵戎相见。

早在公元6世纪法兰克王国第一代国王克洛维去世后，他创立的王国便根据部落习俗平均分配给他的四个儿子。此后，四兄弟之间为争夺霸主打了几十年仗。到加洛林王朝时，前三代君主因子嗣不旺躲过了王位传袭、弟兄分家导致的战争。矮子丕平的父亲马特去世时，丕平的哥哥卡洛曼一世继位仅3年就驾鹤西归，其名下国土落入丕平手中。这段历史17年后再现了一次。矮子丕平死后，王国分成两份，分别由两个儿子查理和卡洛曼二世治理。3年后，查理的弟弟卡洛曼二世也沉疴不治，于是卡洛曼的王国也被查理兼并。这种自然淘汰的继承模式在查理的儿辈身上第三次重演。查理本来要把自己的帝国平均分给三个儿子路易、小丕平和小查理，但小查理和小丕平的意外早逝使得"虔诚的路易"成为唯一的继承人。这个留一去二的自然淘汰模式避免了兄弟阋墙、兵连祸结和暴土狼烟的恶果，终成国家社稷之福音。

然而，加洛林王朝的国运在子嗣丰腴的路易这一代便走到了尽头。"虔诚的路易"的第一个妻子为他生育了三个健壮的儿子，第二个妻子又为他的儿子们增添了一个争夺遗产的弟弟。他整日忧心忡忡冥思苦想，企图寻找一条维持国家社稷平安完整的途径。他所能想出的办法是创立长子继承制，规定只有长子才能继承父辈的遗产，避免儿子们之间瓜分国家疆土，以便维护国家和平和强大。因此他任命长子洛泰尔为副皇帝，以保证当自己驾崩后长子能顺利接班。但他的企图遭到其他两个儿子"阿奎丹的丕平"和"日耳曼的路易"以及墨守成规的贵族们的反对。他命中注定躲不过国家分裂的厄运。他的几个忤逆子居然对他宣战，最后还打败了他，迫使他收回成命。几年后，"虔诚的路易"在屈辱中撒手人寰。这时，他四个儿子中的老二"阿奎丹的丕平"已死，争夺疆土的战争便在剩下的三个儿子间爆发。几年的混战将三个兄弟耗得筋疲力尽。三兄弟最后坐下来先后签订了两个条约：《凡尔登条约》和《墨尔森条约》，正式将查理建立的帝国分成中、东、西三个法兰克王国。此后，这三个法兰克国家经过千年的风风雨雨，嬗变成今天的法国、德国和意大利。

墨洛温王朝时代的法兰克王国建都于巴黎，查理大帝当政时将首都迁到了他的出生地亚琛。追根溯源，今天的法国和德国都是法兰克王国的继承国。于是，这段共同的历史便酿成了法、德两国几百年"剪不断，理还乱"的恩怨情仇。两国对"查理帝国遗产"的争夺一直持续到第二次世界大战。仅仅是莱茵河畔的洛林地区，便在两国之间多次易手。每次易手都尸横遍野，白骨累累。查理大帝创建的帝国被他的子孙们残酷地肢解了。他们相互厮杀，争夺这个王国的每一寸疆土，吸吮着它的每一片骨髓，为争权夺疆将所有的亲情踏在脚下。

为了避免国家的分裂和争疆夺土的战争，长子继承权最后终于在欧洲确立下来。这条铁律适用于所有的王公贵族和平民家庭。它最大的历史功绩是使欧洲摆脱了以往王权承继总要伴随国家分裂和战争不断的后果，使黎民百姓免除生灵涂炭之灾。

　　然而，长子继承权适用的对象不仅是国家的疆土、王侯的领地，还包括家庭的不动产，因而它又有着显而易见的冷酷性。家庭不动产之所以也仅由长子继承，第一位的原因是先长大成人的长子担负着照料弟弟妹妹的责任，最后还要为父母养老送终。第二位的原因更重要，是为了保证家业的完整性，防止门第的衰败，以维持家族在一方地面的势力。

　　长子继承权确立后，对欧洲后来的社会结构和历史进程产生了重大影响。一家之中，唯有长子能够继承父亲的财产和头衔，长子以外的孩子则只能继承少量浮财。无数家庭中没有继承权的子弟只能四处游荡，成为社会不安定的因素。他们有的成为职业军人，即所谓的骑士，为国王或大小贵族打仗；有的落草为寇打家劫舍，或成为绿林好汉劫富济贫。中世纪持续了200年的九次十字军东征之所以能够一呼百应，招募到足够的兵员，正是这些打着神圣旗帜的远征为没有继承权的贵族和农民子弟展示了一条迅速致富的康庄大道。耶路撒冷遍地钻石和黄金，而洗劫财富向来是战争的原动力。

　　欧洲史学家常常对东方的继承权制表示惊羡，称许其有着公平和任人唯贤的特点。其实，中国古代的继承制的发展也经历了一个曲折的过程。商汤时期的王位继承制比较混乱，既有父死子继，也有兄终弟及，叔侄相承。到商朝末期才逐渐形成嫡长子继承制。元代和清代是两个少数民族占统治地位的朝代。继承制呈现多样化的特点。清代实行过临终指认、公开立储和秘密立储的模式，皇位继承人择优遴选的特点比较突出。

　　普天之下，莫非王土。除了国家，皇室没有别的私产。财产继承制主要适用于贵族和平民家庭中。东方民族在财产继承权上比欧洲更富于公平性和人情味。譬如，在中国和印度，家庭财产的继承都实行平等分配制，父亲留下的财产在儿子们之间基本遵循平均原则进行分配。这种温情脉脉的模式维系着家族的和睦和团结，而家族的团结又保护了家族的整体实力。

　　东方民族的继承制也显示出多样化的特点。蒙古民族有着幼子守灶的传统，即幼子继承权。这个传统可能与草原游牧经济的特点有关。长子、二子长大后成家立业，为了避免与父母的畜群争夺草场，往往要到很远的地方开辟新牧场。按照生态学的"十一定律"，一头牲畜要长出一斤肉至少要消费十斤草料。要使草原牧草可持续性地利用，牧民们还必须定期变换放牧的地段。这种逐水草而居的特点可能使他们离父母越来越远。因此，儿子们一旦离家，要再见到父母便不是一件容易的事。等到最小的儿子到了独立的年龄时，父母也年老体衰失去劳动能力。幼子便接过父母最后的家业，并承担起为父母养老送终的责任。

蒙古人"幼子守灶"的传统没能完全移植到汗王的接班制度上，因为草原民族崇尚技能——骑马、射箭、摔跤、角斗。只有技压群雄的佼佼者才具有一呼百诺的号召力。因此，早期的汗王由部落首领、王亲贵族及各派势力的代表组成的库里台协商产生。到了元代后期，在血亲争权中逐渐形成"兄终弟及，叔侄相传"的皇位承继模式。蒙古王朝的帝位又回归到家族承袭模式。

欧洲王位的家族承袭制也不是从来就有的。在法兰克国家形成的几个世纪前，欧洲曾出现过民主制，奴隶社会的民主制，亦即奴隶主民主制。公元前6世纪末到公元前4世纪，古希腊人摒弃了王政，建立奴隶主民主制，最高权力归公民大会，官员职位对所有公民开放。古罗马在公元前六世纪末也废除了王政，由元老院选举的执政官执政。尽管奴隶受到非人的残酷剥削和压迫，但奴隶主之间信守着民主选举的游戏规则。

然而，古罗马共和制只延续了四百多年便被一代枭雄恺撒所颠覆。公元前1世纪，恺撒征服了高卢和不列颠后，权力欲恶性膨胀。他率大军返回罗马，以武力解散了元老院，实行个人独裁。此后的罗马结束了400年的共和制，进入了恺撒家族统治的时代。权力之争从此在恺撒的血亲中展开。恺撒的侄外甥兼养子屋大维经过一番恶斗后脱颖而出，他翦除了所有的政敌，成为罗马帝国第一任皇帝奥古斯都。公元前32年，他沿着地中海西岸南下，讨伐昔日的盟友安东尼。在埃及他打败了安东尼军队。安东尼和他的情人克丽奥佩特拉双双自尽。善于操弄床帷政治的埃及艳后这回成了安东尼的殉葬品。屋大维大获全胜。

这时，他还有一件至关重要的事要完成。17年前屋大维的舅爷爷兼养父恺撒追剿政敌庞培来到埃及，与千娇百媚的埃及艳后克丽奥佩特拉七世做过半年的深宫鸳鸯，并帮助这位年仅20岁的女王除掉了与她争权的弟弟托勒密十三世。这段露水恋情结出一颗硕大的果实。几个月后，埃及艳后产下了恺撒的龙种小恺撒。小恺撒的存在始终是屋大维的心病。他的担心不无道理。从血脉的亲疏来看，小恺撒是老恺撒的亲骨肉，而他不过是老恺撒姐姐的孙子，在继承权上他无法与小恺撒匹敌。因此，他找到了这时候已成为托勒密十五世的小恺撒，无情地杀死了这个已成为孤儿的少年。他的刀下鬼从血脉上说应是他的表叔或表舅，从亲缘上说算得上他的弟弟。但是，为了消除隐患，他不能容他不死。

中国古代也有过短暂的"天下为公"的历史。公元前2000多年，勤政为民的尧帝拒绝将王位传给自己的儿子丹朱，而传给舜。舜在老年时也没有把王位传给儿子商均，而传给了禹。这个故事在历史上称为"三贤禅位"。禹在晚年希望依据先贤的惯例，将王位禅让给德才兼备之士。他先物色皋陶作为接班人，但皋陶却先他而辞世。最后他让夷族人伯益接了棒。不幸的是，他的儿子启在他百年之后发动政变，从伯益手中夺走了王位。启背弃了先王们的民粹主义精神，废除了王位禅让制，代之以世袭制，确立了"家天下"的国家体制。

恺撒雕像。罗马大将恺撒征服了高卢和不列颠后，率大军返回罗马，以武力解散了元老院，实行个人独裁。此后的罗马结束了400年的共和制，进入了恺撒家族统治的时代。

王权一旦成为私有财产，马上便成为家族成员争夺的对象。在启的有生之年，他的几个儿子便演出了争夺王权的惨剧，幼子武观因此被他放逐到黄河以西。被贬斥的武观一度起兵企图从父王手中夺取政权。

中国历史上最臭名昭著的诸子夺位的主角莫过于春秋时期齐桓公的五个儿子。作为东周列国霸主的齐桓公一生英名盖世，死后却惨遭无人收尸的悲剧。公元前643年，齐桓公刚刚病故尚未入殓，五个儿子及十几位嫔妃便迫不及待地为争夺王位在宫廷中打将起来。对射的箭矢在宫中穿梭，一支支落在桓公的尸体上，成孔雀开屏状。幸好桓公死在冷兵器时代，换了现在，他的龙体恐怕早被火箭筒轰得支离破碎。激战从宫中打到宫外，又从城内移师山野。儿子们忙于相互厮杀，早把父王的后事忘得干干净净，尸体陈横于卧榻达67天之久。等到征战者返回宫中，桓公尸体早已腐朽不堪，身上的蛆虫都爬出了窗外。亲情之淡漠莫此为甚。

法兰克王国的查理大帝也如历史上其他帝王一样，人格上表现出鲜明的两重性。一方面，他崇尚文化与教育，通过天主教会兴办学校，提高官员素质，提高政府效率。他尊重学者，重视知识传播，命人传抄古代拉丁和希腊文献，建立修道院和图书馆，收藏古希腊和古罗马作家的著作。他聘请欧洲最优秀的建筑师、雕刻家、画家，修建修道院和教堂。在他的时代创造的一种加洛林小草书体因娟秀优美而为世代流传。至今欧洲的许多商店、饭店、咖啡店还用这种美术字体装饰店名。欧洲的文化在他治下得到大幅度发展，因此他在位的时期被后世誉为"加洛林文化复兴时期"。

另一方面，查理的一生也充满了血腥气。他登基时法兰克王国疆土只包括今天部分法国加上比利时、荷兰、瑞士和德国一些地区。在他执政的46年里，对外征战55次。他荡平了法国和德国南部，将其他的日耳曼部落全部收入法兰克版图。为了确保王国东部边界地区的安全，他攻克了匈奴后裔阿尔瓦人，将后来被称为匈牙利和南斯拉夫的地区纳入法兰克王国的版图或势力范围。他对比利牛斯半岛发动战争，虽然没有大获全胜，但在今天西班牙的北部建立了一个叫西班牙三月国的缓冲地区，将该国纳入自己的保护范围。他发动的最残酷的战争是对德国北方萨克森民族的讨伐。他的出征不仅出于对领土的诉求，而且带有强烈的宗教扩张性。他要求所有被征服的民族和部落皈依天主教。萨克森人拒绝放弃自己的信仰，并对他的宗教暴政进行了顽强的抵抗。他发动了18次扫荡才彻底扑灭这个地区的抵抗。当地拒不受洗礼和受洗礼后又复归异教者统统被他处以极刑，至少有四分之一的萨克森人在这次基督化运动中身首异处。为普度众生而一生受难的耶稣可能从未想过他的精神竟成为引领后人大开杀戒的旗帜。

三贤禅位最后一人——禹。禹在晚年依据先贤的惯例，将王位禅让给德才兼备之士。他物色皋陶作为接班人，但皋陶却先他而辞世。他于是让夷族人伯益接班。他的儿子启在他死后发动政变，从伯益手中夺走了王位。启废除了王位禅让制，代之以世袭制，确立了"家天下"的国家体制。

晚年的查理在人们眼中是一个英明的君主、慈祥的父亲、孝顺的儿子、热爱家庭生活的男人，后世帝皇腓特烈一世追封他为"圣徒"。那圣徒为何物？乃经过多年之修炼，人格清除了所有的瑕疵而升华为神格之人也。他死后长眠于亚琛大教堂他的父母身旁，极备荣哀之至。然而，他年轻的时候也犯下过一桩见不得人的谋杀罪。公元768年，他的父亲矮子丕平驾崩，他与弟弟卡洛曼二世平分了法兰克王国。查理统治的王国叫做诺伊斯特里亚，卡洛曼统治的王国叫做奥斯特拉西亚。3年后，弟弟卡洛曼猝然去世，查理于是兼并了奥斯特拉西亚王国，成为法兰克王国唯一的君主。查理的弟媳卡洛曼的遗孀深知处境险恶，立即携带幼子逃回娘家隆巴第王国避难。公元771年，查理与第二个妻子隆巴第公主热佩佳（Gerperga）离婚后，入侵隆巴第王国的障碍不复存在。他立即出兵征讨这个国家。3年后，隆巴第落入查理手中。在胜利的狂欢中，他以征服者的身份找到了弟弟卡洛曼的遗孀及孩子，并把他们带回亚琛。他的这两位至亲从此便从人们的视野中消失。其实，他的侄子成年后为追讨父亲的王国向他发动战争的概率是非常低的，但是为了杜渐防微，查理还是悄悄谋杀了他的亲侄子，从根子上铲除了奥斯特拉西亚王国的余脉。这位"法兰克王国最伟大的君主"、"罗马人的伟大皇帝"和"圣徒"也没有从弑亲谋位的低劣通例中走出来。

古代中国历朝历代不乏煮豆燃萁的故事，但血亲相残历时最长且最残酷的要数元朝。在唐、宋、元、明、清五大朝代中，元代只延续了97年，远不能与唐代的289年、宋代的319年、明代的275年、清代的267年相比。元代短寿的一个重要原因就在于王室内部宗亲争位引起的军事冲突不断，把国家打穷了，把人心打散了。另一个原因与前一个原因有着紧密的逻辑关系。每个皇帝即位，为了稳住自己的帝位，都要大办一次犒赏活动，奖励本阵营的支持者，笼络中间派贵族，安抚政治上的对手。中国皇帝没有真正的私产，向来家库通国库，因此每次犒赏活动都要从国库中调拨，从而严重削弱了国力。

元代忽必烈之后的10位皇帝都是其长子真金的嫡亲子孙。其中八位是真金的次子答剌麻八剌的后代，都是亲得不能再亲的兄弟叔侄。就在这八位至亲中演出了好几场政变、夺权和谋杀的惨剧。

忽必烈驾崩后，继承人在长子真金的儿子中挑选，最后真金的三子铁穆尔夺魁，史称元成宗。成宗无后，1307年驾鹤西去后，继承人中呼声最高的是其次兄的长子海山。然而，成宗的老婆卜鲁罕皇后出于私利想把忽必烈次子忙哥的长孙安西王阿难答扶上皇位。此时，海山还在外地戍边。卜鲁罕皇后决定先发制人，计划于三月初三发动政变，强行立阿难答为帝。危急之中，已从江南火速赶回大都的海山之弟爱育黎拔力八达抢先于三月初二领兵举事，抢占皇宫，诱捕和诛杀了阿难答及其追随者。海山回到京师后顺利登基，史称元武宗。

武宗的弟弟爱育黎拔力八达夺权有功，受武宗册封为皇太弟。皇太弟是什么身份？即拥有第一皇位继承人身份的现任皇帝的弟弟。武宗与弟弟爱育黎拔力八达相约：武宗死后由弟弟爱育黎拔力八达继位，弟亡后再将帝位传给武宗之子和世㻋，两家轮流据有帝位。此乃"兄终弟及，叔侄相传"。武宗亡故后，其弟爱育黎拔力八达如约登基，史称元仁宗。然而，仁宗晚年时却私利熏心，背弃当年与其兄武宗订立的"叔侄相传"的承诺，将皇位传给了自己18岁的儿子英宗硕德八剌，将本该继位的侄子周王和世㻋派去镇守云南。周王一气之下起兵反叛，失败后逃往西北阿勒泰做了山大王。

也是老天报应，仁宗之子英宗硕德八剌在皇位上只坐了3年便在"南坡之变"中被奸臣所杀，帝位阴差阳错地落到了也孙铁木儿手中，史称元泰定帝。那也孙铁木儿也不是外人，乃真金的长子长孙，算起来也是故皇英宗和周王和世㻋的堂叔叔。泰定帝同样时运不济，在位5年后便一病不起，撒手人寰。帝位传给其子太子阿剌吉八。而朝廷几位老臣认为英宗继位违背了"武仁之约"，泰定帝因政变上台更属篡位。他们反对太子继位，拥护武宗之子周王和世㻋登基。

于是，18年前的一幕惊人地再现了一遍。周王和世㻋从阿勒泰赶回京师之前，其弟图帖睦尔在大都起事称帝，与在上都称帝的太子阿剌吉八展开"两都之战"，并最后取胜。和世㻋在赶回京师的途中于和林之北宣布登基，史称元明宗。七个月后，明宗返回大都，其弟文宗假装交还政权，两兄弟也订立"兄终弟及，叔侄相传"的君子之约。不料四天之后，明宗和世㻋喝了弟弟文宗敬献的酒后便一命呜呼。这是元代第二位在位期间被谋害的皇帝，忽必烈的第三个在权力争斗中命丧黄泉的子孙。

弑兄篡权的元文宗图帖睦尔只享受了3年的帝君尊荣便在28岁亡故。他临终前出现了中国君王史上最戏剧性的一幕。在病中他终于良心发现，力排众议将帝位交还给被他谋害的哥哥的儿子妥懽帖睦儿。也许老天爷执意要补偿一生坎坷、最后还死于非命的和世㻋，让他的儿子妥懽帖睦儿成为元代在位时间最长的皇帝。武宗海山这位碌碌无为的孙子在北京皇宫中度过了36个春秋，比太爷爷忽必烈在位时间还多一年。1333年明军进攻北京时，与世无争的妥懽帖睦儿明智地放弃抵抗，率残部逃出京城，在蒙古草原上了其余生，躲过了被推上新王朝祭坛的厄运。

我漫步在夏佩尔宫鹅卵石铺就的路上，抬头瞻仰亚琛巴拉丁大教堂。这个名列世界九大教堂之一的建筑建于公元786年，竣工于公元805年，即查理成为"罗马人的皇帝"后的第五年。斑斑驳驳的墙壁见证了德国千年的历史。查理之后有32位国王在这里加冕。公元813年，查理离开人世的前一年，在这里为他的儿子"虔诚的路易"戴上皇冠。加洛林王朝在这里步入鼎盛期。

查理晚年依然坚持先辈的观念，认为要避免兄弟相争就必须将王国平均分配给儿子们。然而，他的儿子"虔诚的路易"从维持国家的完整性和保存国家的实力考虑，却希望建立长子继承制。改革的道路充满荆棘，他最后失败了，被儿子们打败，后来又被守旧的贵族所废黜。路易生命中最后的7年只是名义上的皇帝。公元840年，他在郁

元武宗海山。元代忽必烈之后的10位皇帝都是其长子真金的嫡亲子孙。其中8位是真金的次子答刺麻八刺的后代。就在这8位至亲中演出了好几场政变、夺权和谋杀的惨剧。武宗的弟弟爱育黎拔力八达平定政变为他保住了皇位，兄弟约定"兄终弟及，叔侄相传"的皇位承继模式，随后他又被弟弟爱育黎拔力八达谋杀夺位。18年后，他的长子和世瓎也被他的次子图帖睦尔谋杀和夺位。

亚琛大教堂。这座教堂建于公元786年，竣工于公元805年，为世界九大教堂之一。它见证了德国千年的历史。查理大帝之后有32位国王在这里加冕。

闷中死去。不出他所料，在他身后，战争在他三个儿子之间爆发，最后的结果是：法兰克王国永久地分裂了。

　　世界上有一种感情叫做兄弟之情，人们把这种感情叫做手足情。中国人常常用"打断骨头连着筋"来形容这种感情的牢固性。兄弟亲情由血脉维系，故又有"血浓于水"一说。但是，世界上也有一种血液比水还淡，那就是王室贵胄的血液。这种血液由于其高贵性而被称为"蓝色的血液"，尽管高贵，却极其缺乏黏稠度，皆因这种血液与王权缠绕不清。王权不同于一般的财富，它的诱惑力太强了。"普天之下，莫非王土"，拥有王权便拥有天下。它意味着数不尽的金银珠宝，穿不完的绫罗绸缎，吃不完的山珍海味，住不完的琼楼玉宇；它意味着妻妾成群，佳丽千百；它还意味着上帝般的威严，前呼后拥的群臣，一呼百诺的奴仆，匍匐脚下的百姓，和由此带来心花怒放的心境。在这个诱惑力下，王室贵胄的心脏可以立刻固化成冰石。为了它，兄弟之间只能是你死我活的关系。由此可见，权力欲是一种强力血液稀释剂。

　　当我跨越双色柏油路步出德国边境时，回首撇了亚琛最后一眼。这个古老的城市曾蓄意远离德国的腹地，怀揣着作为欧洲心脏的野心，蛰伏在距荷兰、比利时一箭之遥的地方。然而如今，它早已被欧洲政治家们遗忘，只是戴着一顶"世界文化遗产"的桂冠，接受着来自世界各地游客的顶礼膜拜。

9
为神而战

中世纪欧洲两个基督教派之间的宗教战争杀得昏天黑地。它不仅发生在国家之间，也发生在本族同胞之间，而且还渗入王室家庭，乃至父女反目，姐妹血刃，灵魂切割，亲情凌迟。中原历史上佛、道之争频仍，却隐晦迂回，以文斗为主，从未演生出血腥战争。

中国人在欧洲生活，感到最不习惯的是周末。一到星期天，熙熙攘攘的城市顿时变得阒无一人，所有的商店都关门上锁，马路上只是偶尔驶过一辆汽车或走过一两个行人。那城郭冷清街巷萧条的气氛令人毛骨悚然。这和国内周日繁华热闹的景象形成鲜明的反差。

人们都上哪儿去了？教堂的钟声部分回答了这个问题。星期天是教堂做礼拜的日子，大家聚集在教堂里，虔诚地向上帝敞开心扉。上帝用了六天时间创造了世界和人类，在第七天歇了下来。于是，基督徒们便沿袭上帝的作息时间表，在工作六天后休息一天。在基督教的观念里，星期天不到教堂去做礼拜，便是对上帝的不敬。如果星期天继续工作挣钱，就要被谴责为"贪婪"、"被魔鬼诱惑"。这一宗教传统后来演变成世俗的法律，所有的工厂、作坊和商店周日必须关门歇业。于是，便有了今天利物浦、布鲁塞尔、马斯特里赫特周日的萧条冷清，就像刚刚经历了一场瘟疫的中世纪一样。

利物浦大学的老师们星期天都要换上洁白的衬衫，纯黑的西装，带上妻子儿女到教堂去做礼拜，周复一周地倾听牧师关于上帝创造世界的布道，感谢上帝赐予面包果腹，赐予衣服御寒。利物浦大学的老师吉姆·汤姆森是圣公会的信徒，而乔·佛利出身于天主教家庭。星期天汤姆森去圣公会教堂做礼拜，而佛利一家去天主教堂做弥撒。宗教信仰不同并不影响他们的友谊，两人经常一块喝喝啤酒聊聊天，一起针砭时弊，抨击周遭人事。

两大宗教间的隔阂不仅在世俗社会烟消云散，在宗教界也日渐淡漠。在利物浦大学语言中心接受英语教学培训的圣母院修女杰奎琳嬷嬷得知我对英国宗教关系倍感兴趣，便领着我拜访了大学天主教教堂的神父和圣公会堂的牧师。圣公会堂牧师伊恩在自己办公室里客客气气与这位天主教的修女握手寒暄，请她喝茶吃点心，没有一点对"异教"的冷漠和敌视。这场面使我甚感意外。

中世纪后期，英国人约翰·威克利夫、瑞士人慈温利、德国人马丁·路德、法国人约翰·加尔文对罗马天主教高级教士奢靡淫荡及教会以"赎罪券"聚敛财富的行径猛烈抨击。这几位神父重新审视天主教教义，并且在不同年代不同地点得出了惊人一致的结论——天主教已严重背离了《圣经》的精神。在与罗马教廷进行了没有结果的辩论后，他们毅然对罗马天主教会发出精神讨伐，并发动了一场回归《圣经》本源精神的宏大运动。在他们的感召下，一大批教徒追随他们另立门户。一时间，反叛的呼声响彻云霄。

分裂出来的派别自称是罗马教廷的"抗议者"(Protestant)，中文将他们称为"新教徒"。新教徒反对天主教会的穷奢极欲和繁文缛节，主张简朴真实和回归《圣经》真谛。他们拆除教堂窗户上的彩色玻璃和华丽的大理石墙面，代之以最廉价的石板和原木。他们否定罗马的绝对权威，出版本国文本的《圣经》，并用本国语言代替拉丁语布道。他们批判天主教士虚伪和私下肆意淫乱后，解除教士"禁欲"的戒律，用婚姻形式来规范神职人员性行为。新教会取消修道院，遣散了修士和修女。宗教改革的领袖马丁·路德本人率先垂范地与一位前修女结婚生子。

马丁·路德在教堂门口张贴"九五论纲"，向天主教会提出挑战。他抨击天主教会严重背离了《圣经》的精神，毅然对罗马天主教会发出精神讨伐，并发动了一场回归《圣经》本源精神的宏大运动。一大批教徒追随他们另立门户。一时间，反叛的呼声响彻云霄。

宗教改革家们的颠覆行为动摇了罗马教廷统领了千年的精神王国。新教会的建立肢解了基督的精神家园，并且将神圣罗马帝国的疆土切割得支离破碎。教皇和神圣罗马帝国皇帝对反叛者发起了最强烈的攻击，誓言要在精神和肉体上消灭他们。在一百多年的时间里，两个基督教派不断发生冲突，在欧洲的广袤大地上引发了惨烈的宗教战争。这些战争包括法国的"胡格诺"战争、尼德兰反对西班牙宗教迫害和政治压迫的"八十年战争"，波希米亚抵制哈布斯堡王朝指派天主教国王的"三十年战争"。绵延百年的宗教战争在欧洲留下了累累白骨。

"八十年战争"和"三十年战争"是异族他邦间的厮杀，"胡格诺战争"则是一场法国的内战。这几场战争虽然惨烈，但论及冷酷，都比不上英国的宗教杀戮。英伦岛上的宗教冲突不仅发生在本族同胞之间，而且渗入王室家庭，导致父女反目，姐妹血刃，是一场切割灵魂、凌迟亲情的战争。

另一位宗教改革领袖约翰·加尔文创立了新教加尔文教派，并在瑞士取得优势，实行新教派的铁腕统治。他创立的加尔文教派在尼德兰拥有广泛的追随者，后来成为荷兰的国教。

500年前，都铎王朝国王亨利八世要求与其妻凯瑟琳离婚，但这一诉求一直未获罗马教廷首肯。亨利国王一怒之下宣布脱离罗马教廷，册立新教为英国国教。随后，他处死了拒绝与罗马决裂的《乌托邦》作者托马斯·莫尔和罗切斯特主教约翰·费希尔。新教运动的烈焰从此燃遍英伦。一夜之间沦为在野群体的天主教贵族频频举事反叛，遭到朝廷及新教徒追随者的镇压。

亨利八世的两个女儿和一个儿子中有两个新教徒和一个天主教徒。王室家庭内部这种交叉型的信仰结构使得后来的王位传承充满杀机。接受新教洗礼的9岁幼子爱德华位列继承序列之首，但这位羸弱的男孩在王位上只待了6年便病逝。下一位继承人本应是他37岁的同父异母大姐天主教徒玛丽·都铎，但在坎特伯雷大主教和新教贵族的干扰下，王冠在空中绕了一个圈后落到亨利八世的侄孙女新教徒简·格雷身上。这一越级的继位激怒了玛丽。9天后，她在天主教贵族的支持下发动政变，夺回了王位，终于完成了"玛丽一世"的羽化。身陷囹圄的简·格雷拒绝皈依天主教，

都铎王朝国王亨利八世。他要求与其妻凯瑟琳离婚，但未获罗马教廷批准。亨利八世一怒之下册立新教为英国国教，与罗马教廷断绝关系。他处死了拒绝与罗马决裂的《乌托邦》作者托马斯·莫尔和罗切斯特主教约翰·费希尔。新教运动的烈焰从此燃遍英伦。

玛丽一世毫不犹豫地砍掉了她的脑袋。杀了简·格雷还难以熄灭心中的怒火，玛丽女王对干扰她继位的贵族发动了一场残酷的清算运动，将曾经拥戴简·格雷登基的240多位贵族政要以"异教"的罪名活活烧死，首当其冲的便是坎特伯雷大主教托马斯·克兰默。从此，这位玛丽一世获得了"血腥玛丽"的绰号。5年后，"血腥玛丽"也因病一命呜呼，王位由她的同父异母妹妹伊丽莎白接管。

在此之前，信奉新教的伊丽莎白为了躲过同父异母姐姐的宗教追杀，韬光养晦地参加天主教弥撒，以此伪装自己。她成为伊丽莎白一世女王后，下令在新教的仪式中吸纳某些天主教元素，以缓和两大教派的矛盾，使英国躲过大规模内战的劫难。她因政绩卓著而雄踞英国历史明君榜首。然而，这位中世纪英国最宽厚的女王最后下令将自己的至亲、苏格兰的玛丽女王送上了断头台。

苏格兰的玛丽女王本名玛丽·斯图亚特，是英国历史上最富传奇色彩的女王。她生性柔弱，美艳风流，从小享尽荣华富贵，不仅是苏格兰女王，成年后还戴上过法国王后的金冠。某些史料说她虚伪淫荡，谋害亲夫。细读一下她的生平，才知道她美艳风流不假，性格却并不柔弱。

玛丽·斯图亚特是苏格兰国王詹姆斯五世的女儿，出生6天便继承了苏格兰王位，6岁被寄养在巴黎法王亨利二世家里，15岁与亨利二世的儿子弗兰西斯成婚。两年后弗兰西斯加冕为法国国王，头戴苏格兰女王王冠的玛丽又获得了法国王后的王冠。不幸的是，两年后弗兰西斯一病不起，撒手西归。法国王位落到弗兰西斯弟弟的手中。成为孀妇的玛丽只得返回故土苏格兰，履行她女王的职务。这时的苏格兰政坛已面目全非，新教势力变得强大无比，天主教徒被排挤出权力圈。国会与玛丽达成的妥协是允许她保留自己的天主教信仰，但她不能公开参加天主教的任何活动。

已破茧成蝶的玛丽此时风华正茂。她身材颀长，皮肤细嫩白皙，容貌美艳绝伦，举手投足散发出枫丹白露的高贵气息。她对国家贤明宽厚的治理不仅博得了天主教徒的仰慕，也赢得新教徒的好感，但她仍生活在新教的敌意和压力下。加尔文的亲传弟子和苏格兰新教的掌门人约翰·诺克斯不能容忍这个国家的君主依然置身于新教的大门之外。他将女王在王宫密室里做的每一次私人弥撒都视为"比万名敌军兵临城下更可怕"的事情。他一次次劝说女王皈依新教，谆谆劝诱逐渐演化为斥责、辱骂和咆哮，但得到的回应始终是柳眉倒竖、杏眼圆睁和厉声拒斥。

王国需要继承人，女王也需要再婚。对女王新夫婿的遴选成为教派博弈的又

玛丽从法国返回已新教化了的苏格兰执政。苏格兰新教的掌门人约翰·诺克斯不能容忍这个国家的君主依然置身于新教的大门之外。他一次次劝说女王皈依新教，谆谆劝诱逐渐演化为斥责、辱骂和咆哮，但得到的回应始终是柳眉倒竖、杏眼圆睁和厉声拒斥。

一个焦点。议会要求女王选择一名新教徒做夫婿。女王却固执地嫁给信仰天主教的堂弟达恩利勋爵。担任她的政治顾问的同父异母哥哥莫利伯爵企图阻止这场婚姻，被她赶了出去，兄妹从此反目。莫利逃离爱丁堡，拉起一支新教武装，誓言要将妹妹赶下王位。

莫利实现自己誓言的机会很快就到来了。玛丽的厄运始于这次错误的婚姻。纨绔子弟达恩利因心怀妒意当众杀死了玛丽的秘书意大利人达维里奇奥，夫妻反目成仇。不久，达恩利在病中被人谋杀。玛丽的情人博斯韦尔伯爵成了此桩谋杀案的第一嫌疑人，玛丽也无法将自己从这桩谋杀案中择出来。她坚称自己曾被博斯韦尔绑架并强奸，但她无法解释为何最后又嫁给了这个新教徒。女王从此身败名裂，被苏格兰政坛淘汰出局，成为国家追捕的罪犯。

莫利来到爱丁堡，代表议会将玛丽生下不久的儿子詹姆斯抱走，因为苏格兰议会不能容许王位继承人在天主教母亲的身边长大。他们要把詹姆斯培养成新教徒。玛丽为自己的宗教信仰付出了巨大的代价，包括承受着失去儿子的心灵创痛。

达恩利谋杀案使得玛丽和她的第三任丈夫博斯韦尔伯爵成为国家公敌。博斯韦尔和玛丽的人马不敌苏格兰的国家军队。博斯韦尔逃往国外，而玛丽被俘，囚于列文湖城堡。在囚室里，她被迫签署了退位诏书，将苏格兰王位让给她的儿子詹姆斯。在囚禁中，玛丽的艳丽姿色发挥了作用。城堡中的一名仰慕她美色的贵族青年冒死帮助她逃出列文湖城堡。玛丽纠集起一帮天主教徒与其兄莫利伯爵进行最后一搏。但她的这次冒险再次败北。走投无路的玛丽一路南逃，投靠英格兰女王伊丽莎白。

许多中文文献都把伊丽莎白一世说成是苏格兰女王玛丽的表姐。这其实是个误解。这个误解可能来自两个原因。第一个原因是对英文cousin的误读。Cousin一词通常被解释为"表兄弟姐妹"，翻译者往往望文生义，将二人关系理解为"表姐妹"。其实，cousin一词也有"至亲"的意思。从都铎王朝的谱系来看，玛丽的祖母玛格丽特·都铎是伊丽莎白的父亲亨利八世的亲姐姐，因此是伊丽莎白的亲姑姑。以此推论，伊丽莎白应该是玛丽的表姑。Cousin一词在这里应该译成"至亲"而不是"表姐妹"。第二个原因来自两人书信。伊丽莎白与玛丽虽素未谋面，但一直有书信来往。由于英国人辈分观念淡漠，两人年龄又只相差9岁，所以她们在书信中常以"姐妹"相称。这两个原因导致了多年来国人对两人关系的误读。

苏格兰天主教女王投奔英格兰新教女王无论如何是一个错误决策。玛丽最后为这个错误付出了生命的代价。玛丽当时认为，表姑伊丽莎白即便不帮助她夺回苏格兰王位，至少也会为她提供一个安全自由的栖身之地。这个错误想法可能产生于两个误判。其一是在玛丽被囚于列文湖时，伊丽莎白曾和某些欧洲君主向苏格兰议会表示过不满，抗议他们囚禁本国的君主。玛丽没想到，伊丽莎白的这一立场并非是对她的厚爱，而是出于要维护"君王不可冒犯"的政治规则，追根溯源还是为自身安危考虑。其二是玛、伊二人过去有过亲密的书信来往。自己终身

苏格兰的玛丽女王。她的祖母是亨利七世的女儿，因此她在都铎王朝继位人名单上占有一席之地。当时英格兰各地的天主教徒不断举事，要求推翻伊丽莎白的新教统治。他们举着长矛，高声呼唤玛丽的名字，拥戴她为英格兰女王。玛丽的存在威胁着伊丽莎白的君王地位。

未嫁的伊丽莎白曾将身边一位潇洒倜傥的贵族罗伯特·达德利推荐给她做夫婿。尽管玛丽知道伊丽莎白精心包装的这位爵爷其实是伊丽莎白自己昔日的情人，是派到她身边监视和影响她的新教徒，但她还是把伊丽莎白搭建的这个鹊桥视为至爱亲朋的关怀。

玛丽到达英格兰后，受到贵宾规格的接待，却永久地失去了自由。准确地说，玛丽在英格兰度过了长达19年的金丝鸟般的笼中生活。她不断地给伊丽莎白写信，要求与她见面，但所有的信都石沉大海。玛丽最后悟了过来，在伊丽莎白的眼里，她是一个至亲，更是一个政敌。玛丽·斯图亚特的祖母是亨利七世的女儿，因此玛丽在都铎王朝继位人名单上无可辩驳地占有一席之地。当时的英格兰烽烟四起，各地的天主教徒

伦敦威斯特敏斯特大教堂里的玛丽墓。玛丽在临刑前，将自己的珠宝首饰分赠给身边的女仆，并给20年未谋一面的儿子詹姆斯写了最后一封信，然后从容地走上断头台。她的儿子詹姆斯成为大不列颠国王后，将她迁葬至威斯特敏斯特大教堂中，总算尽了最后的孝道。

伺机推翻伊丽莎白的新教统治，信奉天主教的玛丽便成为他们的精神旗帜。他们举着长矛，高声呼唤玛丽的名字，拥戴她为英格兰女王。玛丽的存在明确无误地威胁着伊丽莎白的君王地位。

英格兰天主教徒的反叛得到了西班牙、法国乃至罗马教皇的支持。英格兰枢密院大臣沃尔辛厄姆爵士截获了玛丽与国外天主教势力相勾结的密信。在国会的呼吁下，伊丽莎白一世签署了处决玛丽的命令。据史料载，玛丽在临刑前，将自己的珠宝首饰分赠给身边的女仆，并给20年未谋一面的儿子詹姆斯写了最后一封信，然后从容地走上断头台，像是踏上了她期待已久的归家之路。这幕情景62年后在她的孙子查理一世身上重演。查理一世在上断头台时刻意多穿了一件衬衫，以免因寒冷颤抖被误认为胆怯。英国历史上两位被处决的君主都令人钦佩地视死如归。

玛丽被处决时，她21岁的儿子正以国王的身份统治着苏格兰。也许是出于对异教徒的憎恨，也许是听信了母亲谋杀他亲生父亲的传言，他对母亲的死从未表现过怜悯和同情。自幼跟着莫利舅舅长大的詹姆斯如何看待他的母亲一直是个谜。然而，当他后来成为大不列颠国王后，将母亲迁葬至威斯特敏斯特大教堂中，总算尽了最后的孝道。

伊丽莎白对自己背书处死表侄女玛丽一直心怀内疚。她曾歇斯底里地斥责枢密院大臣用假情报误导她处死苏格兰的玛丽女王。17年后，她在弥留之际留下诏书，将王位传给了玛丽的儿子詹姆斯。她终于在辞世前找到了一种永久的赎罪方式，以免把自责的痛苦带到另一个世界。

一夜之间成为苏格兰和英格兰双料国王的詹姆斯从此自诩为"大不列颠"王

国君主詹姆斯一世。这位以昏庸、自大、奢靡和双性恋者著称的英国国王同时又博学多才。他辞退了宫廷中的文字"枪手"，亲执御笔挥就了"君权神授"的宏论，这种文才在当时欧洲君主中寥若晨星。他的儿子查理一世比他更为专制，最后因蔑视国会被推上断头台。这就是英国历史中的一段交织着王权争夺与宗教博弈的血腥故事。60年后英国政治舞台上演出了这个系列故事的续集，登台的是查理一世的儿子查理二世和皈依天主教的詹姆斯二世企图在以新教为国教的英国重新复兴天主教的地位，不惜甘冒与国会为敌的风险。这个惊心动魄的续集以"光荣革命"为结局，最后落下帷幕。这场革命最大的果实是确立了民权高于王权的政治原则。

每每谈及欧洲的宗教战争，我都要想起中国历史上的宗教冲突。在中原大地上虽然从未发生过欧洲式的大规模宗教战争，但不同宗教之间的冲突并不罕见。最激烈的宗教冲突要算"三武灭佛"运动，即三位谥号带"武"字的皇帝对佛教的罢黜运动。这三位皇帝分别是北魏太武帝、北周武帝和唐武宗。

中国历代对儒、道、佛三教素有兼容并蓄的传统。然而，佛教从其严密的理论体系和因果报应生死轮回的故事中获得了比儒、道二教更强的扩张力。公元3—5世纪是佛教向中亚和北亚扩张的鼎盛时期。这个鼎盛时期的明证是留存至今的许多地标性佛教遗迹，其中最著名的有敦煌的莫高窟、洛阳的龙门石窟、大同的云冈石窟、甘肃天水的麦积山石窟，以及阿富汗境内的巴米扬石窟。

佛教比任何其他宗教都更迷恋洞窟和偶像的构建，以彰显佛教的博大和信徒的虔诚。每一座佛窟修建的洞窟和佛像动辄成千上万。龙门石窟有石洞1700个，大小佛像近10万尊；云冈石窟有窟洞53个，佛像51000尊；阿富汗境内的巴米扬石窟中的两尊巨佛分别高达53米和35米。对比当时低下的生产力水平，修建这些洞窟和佛像要花费多少信徒的血汗资财至今难以估算。一些残留的历史文献表明，龙门两大石窟中较小的魏窟中仅石阳洞和宾阳洞就花费了80多万个工作日。在那个时代，将数量巨大的稀缺资源花费在偶像的构筑上，不可能不对国民经济造成严重的负面影响。

北魏太武帝拓跋焘是中原历史上第一个对佛教发起讨伐运动的皇帝。这个运动发生在公元5世纪的北魏初期，比欧洲的宗教战争整整早1000年，比什叶派和逊尼派首次在西亚争夺哈里发宝座的冲突也早200年。太武帝"灭佛"是国家主义抑制佛教过度膨胀的第一次尝试。太武帝为了称霸整个华夏，实行强国厉兵的政策。然而，佛教利用信众的虔诚大量敛聚财富，万顷良田变成佛门庙产，使

山西云冈石窟。佛教比任何其他宗教都更迷恋洞窟和偶像的构建，以彰显佛教的博大和信徒的虔诚。每一座佛窟修建的洞窟和佛像动辄成千上万。这个石窟群建于北魏，共有洞窟45个，大小佛像50000多尊。

政府税收锐减，大大削弱了国家的实力；僧尼人数不断增加使军队士兵可征人数减少，兵源短缺。魏太武帝强国厉兵的国策受到掣肘，于是决心整肃佛教。公元438年，他下令凡50岁以下的僧人一律还俗服兵役，对上自王公下至庶人，凡私养沙门隐瞒不报者诛灭全族。灭佛运动如急风骤雨横扫北魏每一个角落。至公元446年，北魏境内的经像统统被焚毁，所有僧尼成鸟兽散。

佛教的生命力超出了人们的想象。灭佛运动刚刚消停，佛寺又如雨后春笋般涌现出来。释迦牟尼佛光普照，使自愿依附他、忠于他、敬畏他、掏尽最后一个铜板供奉它的人口成几何级数激增，形成排山倒海的洪流。具有讽刺意味的是，拓跋焘刚刚咽气，他的子孙们马上背叛了他的事业，争先恐后地投入到被他讨伐过的佛教洪流中去。其中，他的嫡孙文成帝及玄孙孝文帝成为在中原大规模复兴佛教最慷慨的赞助者。太武帝的这两位直系后裔登基后启动了宏大的云冈石窟和龙门石窟的开凿工程，创造了世界上最伟大的佛教建筑奇观。

经过太武帝的后裔们不遗余力地倡导推动，到北周时期，全国的寺庙多达

河南龙门石窟。石窟群有窟龛2300多个，现存佛像10万余尊。它始建于北魏，唐代武则天对它进行了大规模扩建。这个花费佛教信徒巨大血汗资财的工程在今天是一份宝贵的文化遗产。

3万多座，史籍称"寺夺民居，三分且一"，僧尼人数增至300万，再次对国民经济和国防建设形成严重威胁。公元574年，北周武帝宇文邕对佛教进行了第二次讨伐，下令"融佛焚经，驱僧破塔"，于是"经像悉毁"。周武帝灭佛不仅获得大量寺庙田产，而且使国家编制人口增加300万，国家可征用的劳动力和兵源人数增加了十分之一。

历史上每次对佛教进行讨伐的成效都是短暂的。这位北朝末帝死后不到半个世纪，佛教又迎来了它的新一轮鼎盛期。素以道教为国教的唐代帝皇中有不少笃信佛教，其中尤以第四代皇帝武则天和第十二代皇帝宪宗李纯对佛教最为虔诚。龙门石窟中最大的唐窟便是在武则天治下开凿的。其中最具代表性的洞窟奉先寺中的二菩萨高70尺（唐代长度），迦叶、阿难、金刚、神王各高50尺，规模之大，在龙门石窟中首屈一指。除了国库拨出的巨资，武则天还从自己的私房中拿出二万贯做"功德费"修建唐窟和广建佛寺。武则天铁血朝政45年，"杀姐屠兄，弑君鸩母"，连嫡亲儿孙都难逃其屠刀。她蓄养男宠，与中国传统礼教顶风逆行。她陵墓前耸立的高大的无字碑怪异地暗示着，她的子孙也无法在中国历史伟人的谱系图中为这位老祖宗找到一个合适的位置。年轻时在佛庵当过尼姑的武则天深知自己的孽行足以在阴曹地府下十次油锅，于是便在生前大造浮屠，以求将功补过。

武则天之后的宪宗、穆宗、文宗也笃信佛教，在全国掀起了佛教热。宪宗李纯于公元819年在长安演出了一场"奉迎佛骨"的疯狂闹剧。著名诗人，时任刑部侍郎的韩愈因对这场闹剧直言针砭而险遭杀身之祸。唐代中后期是中原第二次佛教鼎盛期。在诸代唐皇的支持下，佛寺经院有恃无恐地大肆扩张，僧人人数及田产极度膨胀。公元840年唐武帝李炎即位时，国家实力因佛教扩张而严重削弱。武帝不得不对佛教再次举起砍刀。李炎在废佛敕书中指出："……一夫不田，有受其饥者；一妇不蚕，有受其寒者。今天下僧尼不可胜数，皆待农而食，待蚕而衣。"这段警世恒言精辟地揭示了佛教恶性膨胀对国民经济的危害。然而，李炎充分照顾到国民对佛教的感情，采取了相当柔性的政策——对佛教铲草而不除根，在"灭佛"的同时按比例保留少部分寺庙，并限制每个寺庙的僧人数目。即便如此，这次"灭佛"运动也取得可观的成果，全国共拆除寺庙4600余座、僧居4000所，没收寺田数千万亩，释放奴婢15万余人，僧尼迫令还俗26万余人，国家纳税及徭役人口大增。

公元955年，即唐武宗"灭佛"运动过去约110年后，五代时期后周的周世宗也下诏废黜全国无敕额之寺院，毁铜像，收钟磬钹铎等物熔化铸钱。故史书上又有"三武一宗灭佛"之称。周世宗灭佛主要出于经济原因，规模影响较前三次小，故史家疏于提及。

虽然"三武灭佛"的政治经济学依据坚实而雄辩，但其背后都离不开宗教争端的根子。三位热衷"灭佛"的武帝背后都晃动着道家的身影。北魏太武帝笃信道教，对他影响最大的是他身边的三朝元老崔浩。时任司徒的崔浩妄称太上老君命他前来"辅佐北方太平真君治理天下"，这话正中太武帝下怀。武帝早有称霸整个中原的野心。被太上老君称为"太平真君"，武帝如祥云过顶春风扑面，心中无比受用。在崔浩的蛊惑下，武帝于442年正月"备法驾"，设道场，惶惶然领接"天命"。

另一"灭佛"皇帝唐武帝李炎对道教怀着另一种诉求。他没有魏武帝宏大的政治抱负，只期盼自己长生不老，永享帝皇纵情声色之欢愉，因此迷恋道教长生术。道士赵归真、邓元启、刘玄靖等人便投其所好，频频向他敬献仙丹，骗取他的宠信。在赵、邓、刘的煽动下，他深信佛教的存在会影响其修炼成仙。

北周武帝宇文邕的"灭佛"之举最初也是因应道士张宾上书奏请，但周武帝比较明智，对张宾陈述的"灭佛"理由并不盲信。他对儒、道、佛三教采取一碗水端平的做法，于公元572年和574年两次召集辩论会，厘清三教之优劣。朝中大臣、国内名僧、名道均被邀请参加辩论。周武帝本想通过辩论找到灭佛的根据，但道士张宾在辩论中被高僧智炫驳得体无完肤，道教教义的虚妄在佛教高僧道安、甄鸾的雄辩下被一一揭穿。武帝于是决定佛、道二教一并罢黜。在罢黜二教的同时，周武帝也并未将二教铲草除根，他同时下诏建立通道观，在观内召集儒、道、佛名流学士120人，令其研究三教的哲理，弥合三教的分歧，达到"争驱靡息"的目的。宇文邕设立通道观，集儒、道、佛名士于一室，彰显了中国文化的和平、中庸和求真的精神。

顺便说一句，周武帝首创的宗教大辩论在600年后重演了一次。但那次辩论的矛头不是指向佛教，而是势力极度膨胀的道教。辩论发起人不是中原汉族皇帝而是尚未进入中原的蒙古人。蒙古汗王蒙哥和忽必烈分别在1254年和1255年发起两次宗教大辩论，邀请佛教、伊斯兰教和基督教与道教各派17人参加。道教在辩论中败北，汗王如约行罚，将17名道士削发为僧，焚毁道教伪经45部，道教所占237处佛寺归还佛门。这是东亚历史上佛教在佛、道争端中取得的第二次胜利。第一次胜利发生在此前700年的北齐。北周武帝灭佛前24年，北朝另一位佛教的狂热信徒北齐文宣帝下令灭道，令道士削发为僧。

北周武帝宇文邕。宇文邕对道士张宾的灭佛理由并不盲信。他于公元572年和574年两次召集辩论会，厘清三教之优劣。道士张宾在辩论中被高僧智炫驳得体无完肤。武帝于是决定佛、道二教一并罢黜。武帝并未将二教铲草除根，他下诏建立通道观，召集儒、道、佛名流学士研究三教的哲理，弥合三教的分歧，达到"争驱靡息"的目的。

欧洲两个基督教派的斗争及西亚两个穆斯林教派的斗争都充满了血腥气，杀得昏天黑地，而亚洲的佛、道斗争却隐晦迂回，以文斗为主。无论是"三武灭佛"还是忽必烈、齐宣帝"灭道"都是一教派假借帝皇之手裁除另一教派。除了魏武帝怀疑佛门涉入胡人盖吴的起义而对僧人进行弹压外，其他两帝都只采取拆庙而不杀僧的柔性政策。佛教僧众称这几次"灭佛"运动为"法难"，采取逆来顺受的态度，表现了佛家忍让、慈悲、不杀生的精神。佛门对"法难"的最大反抗仅仅是口头诅咒作

山西悬空寺是著名的佛教寺院。这座悬挂在峭壁上的寺庙上半部建于北魏，下半部建于明清，里面既有佛寺，同时又有道庙。佛、道同院，僧人与道士相邻为伴，体现了中国宗教的和平性和相容性，凸显中华文化的"和"、"合"精神。

俑者下地狱。说来也怪，蛊惑北魏太武帝"灭佛"的崔浩后来因蔑视胡族被处腰斩和灭九族，太武帝本人被身边的宦官所杀，北周武帝在"破佛"后不久全身溃烂而死，唐武帝于"灭佛"收兵的次年便服用道士的"仙丹"毙命，道士赵归真等人被处斩。佛门咒语如此灵验，令人毛骨悚然。

历史上的中原虽然宗教斗争频仍，但从未演生出血腥战争。这与中国文化观念不无关系。儒家思想以"和"与"合"为基本价值归属，主张不同的价值体系之间的和谐、和睦、合作与融合，允许"合而不同"，求同存异。中国古代帝皇多为佛、道二教同奉，因此许多著名寺庙，如庐山的仙人洞、大同的悬空寺等也两教同院，僧人、道士相邻为伴。宋代之后出现的理学，实际是吸收道教和佛教元素的儒学。这说明中国文化具有比西方文化更高的和平性、相容性和容忍度。

中国960万平方公里土地上承载过的唯一真正的宗教战争发生在公元10世纪的西域。战争的一方是皈依了伊斯兰教的喀喇汗国，另一方是信奉佛教的于阗国和高昌回鹘汗国。公元944年，王萨图克·布格拉统一了喀喇汗王朝，定都喀什后，便发动了对于阗国的"圣战"，其目的是要在西域消灭佛教。这场战争持续了62年，以于阗国败北告终。喀喇汗国灭掉了于阗国后，与高昌回鹘汗国的战争又持续了许多年。直到蒙古人相继征服了他们，这两个昔日的兄弟部族才重新回到一个屋檐下。

星期天，在利物浦教堂里，我一面聆听着管风琴恢弘的圣乐声，一面悄悄地环顾四周，发现了许多熟悉的面孔，他们是利物浦大学的教师。这些科技界的精英中，不少人握着世界级的科研项目，在电子、新兴材料、地质、天体物理、宇航等前沿科技领域大展宏图。他们雄心勃勃地改变着世界的面貌和人类的命运，早已心照不宣地将"上帝创造世界"的信念抛在九霄云外。尽管如此，每个星期天他们依然雷打不动地现身教堂，携全家老小一起倾听牧师们千篇一律的布道。这是因为，他们要让自己的孩子从小聆听教士们关于博爱和戒律的教诲：爱父母、爱配偶、爱子女、爱朋友、爱邻人；戒贪、戒赌、戒淫、戒谎言，等等。如今，宗教存在的终极意义不再是为世界提供本源性哲学阐释，而是为人们树立道德的圭臬和铺垫行为准则的基石。宗教已成为西方社会不可或缺的稳定器。

10

牵星借风渡重洋

15世纪，葡萄牙阿维兹王朝几代君主致力于海外探险和领土扩张，使葡萄牙成为欧洲第一代海洋帝国。同时代的明朝拥有比葡萄牙强大得多的海军，郑和率领世界上最大的船队七下西洋，却不抢不掠，寸土不占。不同民族有着不同的行为模式，不同的行为模式取决于不同的文化理念。

　　悬崖周边被当地的一种野雏菊覆盖着，据说这种植物繁殖力极强，在大西洋湿润的海风吹拂下，它们铺天盖地向四面八方蔓延繁衍，争夺地表的水分和阳光，使别的花草窒息而死。这个悬崖就在葡萄牙罗卡角的海边。悬崖上有一块顶着十字架的石碑，石碑上标着此处的地理坐标：西经9度30分，北纬38度47分。坐标的上方刻着葡萄牙诗人卡蒙斯的诗句："Aqui...onde a terra se acaba e o mar comeca..."（陆终于此，海始于斯）。这里是大陆的最西端，是欧洲的海角天涯。从地图上看，罗卡角像一支楔子，深深地扎进大西洋。我觉得它更像一匹腾空跃起的烈马，纵身跳向神秘莫测的深渊。

　　这个地角的形状与葡萄牙民族的冒险精神鬼使神差地吻合。从14世纪起，葡萄牙人就不断地驾着飘摇不定的帆船驶向迷雾笼罩的大洋，寻找世界的边缘和传说中的财富，开启了所谓的"大航海时代"，并推出一个又一个地理学新发现，使这个偏安一隅的西欧小国成为世界上第一代海上霸主和欧洲列强最早的成员。

　　里斯本市有许多奇特的建筑物突显着这个国家的这一特征。其中最突出的是矗立在特茹河畔的航海纪念碑，又叫做地理大发现纪念碑。这个高52米的建筑如同一艘巨大的帆船在海上乘风破浪。这个国家彪炳史册的航海家、航海科学家、军人和传教士们依次站立在这艘白色帆船的甲板上。他们的丰功伟绩被图片、文字和模型详细地展示在里斯本的航海博物馆里，一点一点地拼接出这个国家海上冒险和殖民扩张的历史。

　　葡萄牙罗卡角处于欧洲大陆的最西端，是欧洲的"天涯海角"。悬崖上矗立着一个标志性石碑，上面刻着葡萄牙诗人卡蒙斯的诗句"陆终于此，海始于斯"。悬崖上覆盖着一种生命力极强的野雏菊。

　　被誉为航海先驱的人叫做亨利王子。葡萄牙的雕塑家们毕恭毕敬地将他的形象置于帆船船首。1415年，他在弱冠之年便在父亲的伴随下挂帅出征北非，率领葡萄牙海陆军在一天之内攻下了摩尔人的重镇休达，为在小亚细亚的争夺战中屡次受挫的基督教阵营注入了一剂强心针。亨利因此被父亲任命为基督教骑士团总团长兼休达总督，后来又被赐予公爵头衔并被任命为阿尔加维省总督。

　　亨利王子自己并不擅长航海，却嗜好筹组远航船队去探索世界，拓展葡萄牙的疆土。根据当时的国际法，对未知的世界实行"谁发现归谁有"的原则。葡萄牙国土狭小，但航海术领先于当时的欧洲各国。亨利认识到这点，尽全力利用这一优势扩张葡萄牙的领土。他倾其财富在圣文森特角的萨格里什村建立了海军学校和造船厂。他广交才俊泛结英豪，将欧洲航海和地理学翘楚网罗到自己的门下，组织他们绘制海图，打造帆船。

　　葡萄牙的贵族子弟、航海爱好者和冒险家们蜂拥而至萨格里什村。亨利的家院霎时门庭若市，人才济济。亨利之所以能够一呼百应，是因为当时的欧洲正患着严重的黄金和香料饥渴症。

15世纪初，欧洲刚刚从黑死病的肆虐中走出来。这场瘟疫使这个大陆的人口减少了四分之一。荒芜的农田要耕耘，手工业工场要开工，商业活动重新活跃起来。欧洲储备的黄金和白银大量用于铸币，以满足采购原料和支付工资的需要。经济复苏使进口迅速扩大，西欧的对外贸易持续逆差，黄金和白银如决堤的洪水流到海外。西欧尤其是伊比利亚半岛陷入了严重的黄金荒。

那个年头，欧洲还有一种抢手商品，那就是香料。当中国早已成为美食之邦时，欧洲还是烹调艺术的蛮荒之地。在中世纪的欧洲，即便是在贵族的菜肴里，除了食盐外便无其他添加之物，食物嚼在口中如同嚼蜡。印度的胡椒、丁香、肉桂、豆蔻传入欧洲后，欧洲人惊讶地发现，原来平淡无奇的食料竟然能够做出如此美妙可口的饭食。一时间，香料如同中国的丝绸般身价百倍，欧洲人趋之若鹜，为之折腰。

对财富的渴望使得冒险家们将目光投向海洋，投向那些蛮荒的土地，投向未被打上文明世界印记的地理学边沿。他们梦想着踏上传说中的黄金国和遥远的印度——欧洲宫廷盛宴上的珍馐和贵妇身上的钻石都辗转地来自那个遥远的东方国度。它们昂贵无比，因为阿拉伯人把持着通往东方的商道，垄断了印度的贸易，使它们在欧洲市场上奇货可居。

东方的另一个诱惑是威尼斯人马可波罗在不经意中释放出来的。马可波罗的口述作品《东方见闻录》问世时，恰逢印刷术在欧洲兴起，这本书于是不胫而走，传遍各国。书中描绘的"岩边有金沙甚多，在诸川入海处拣之"，"黄金遍地，美女如云，绫罗绸缎应有尽有"，令欧洲人热血沸腾，对神秘的中国的财富心驰神往。囿于欧洲人当时模糊的地理知识，中国和日本都被当成了印度的一部分，使得印度的魅力无限放大。

葡萄牙人的海外冒险还从宗教斗争中获得激情。基督徒刚刚结束穆斯林长达7个世纪的统治，把多半个比利牛斯半岛从摩尔人手中夺回来。隔着狭窄的直

里斯本特茹河畔的地理大发现纪念碑。碑高52米，形状如一艘巨大的帆船在海上乘风破浪。葡萄牙彪炳史册的航海家、航海科学家、军人和传教士们依次站立在这艘白色帆船甲板上。船首第一人是被誉为葡萄牙航海先驱的亨利王子。

葡萄牙航海先驱亨利王子。亨利并不擅长航海，却嗜好筹组远航船队去探索世界，拓展葡萄牙的疆土。他在圣文森特角的萨格里什村建立了海军学校和造船厂，将欧洲航海和地理学翘楚网罗到门下，组织他们绘制海图，打造帆船，并筹资派遣他们前往海外发现新的领土和开拓航线。

布罗陀海峡，基督徒还时时感觉到摩尔人从摩洛哥投来的咄咄逼人的目光。小亚细亚迅速突厥化，孵化出被称为奥斯曼帝国的那头怪兽，令基督教世界惶惶不可终日。当时，传说在非洲内陆某个地方，有一个强大的基督教王国。这个王国的臣民在国王约翰的统领下，成为抗击阿拉伯人扩张的中流砥柱。几代葡萄牙国王都把找到这个传奇中的约翰王并与之结盟当作自己的既定国策。

在政治、经济、宗教诸种力量的驱动下，葡萄牙的冒险家们带着赴死的精神，前赴后继地奔向神秘莫测的大洋深处。在特茹河畔的航海纪念碑上，亨利身后那群气度不凡的人就是这些海上硬汉，在今天葡萄牙的历史书上一个个都青史有名。

1418年，葡萄牙贵族茹安和泰舍尔受亨利派遣，沿着非洲西北海岸向南航行，寻找传说中的绿洲几内亚。一天，风暴将他们刮到一个无人的海岛。那个岛就是今天的圣港岛。第二年，这两名船长再次来到这片海域，并在这个岛西南50公里处发现一个700平方公里的大岛。那个岛就是我们今天所知的马德拉岛。亨利及时照会欧洲各国，宣布这个距离罗卡角900公里的群岛为葡萄牙所有。

1431年底，葡萄牙船长贡萨罗·维利乌·卡布拉尔驾着帆船向着迷雾笼罩的大西洋深处驶去。他受亨利委派寻找官方档案中记载的亚速尔群岛。卡布拉尔在大西洋上漂流了大半年，直到第二年8月才找到这个神秘的群岛。亨利立刻将它纳入本国版图。如今，这两个阳光明媚、空气新鲜、沙滩秀丽的群岛已成为北欧老人颐养天年的乐园。

亨利派出的探险船队逐渐向非洲南部推进，此后虽然没有新的疆土入账，却完成了一个又一个地理新发现。

1441年，航海家贡萨尔维什和特利斯陶到达了西非的布朗角，即今天的毛里塔尼亚的努瓦迪布角。此后，特利斯陶又发现了阿奎姆湾。1433年，船长吉尔·埃亚内斯沿着非洲西海岸航行，寻找几内亚，在凶险无比的博哈多尔角前受阻，那里暗礁密布巨浪滔天。第二年，他再次来到这里，终于冲过了这个海角，进入西南非洲海岸地区。

1445年，航海家迪尼斯·迪亚士在北纬16度越过一条大河的出海口，又绕过非洲大陆最西端的海角，在无垠的黄沙后面发现一片绿洲。那个河口就是塞内加尔河的出海口，绿洲前面的海角后来被命名为佛得角（绿角）。

这些船长归来时虽然两手空空，没有找到黄金和香料，但他们交到亨利手中的航海日志价值却不亚于黄金。航海日志上记录了航行中遇到的每一个险滩、暗礁、湍流、风暴，以及每一个拐点的角度和坐标，都是为以后的探险之路铺上的一块砖。每一位航海家到达的终点便是下一个冒险家探索的起点。

1447年，船长费尔南迪什沿着前人的航迹继续向西非南部航行，最后找到了传说中的沙漠绿洲几内亚。当今几内亚的首都科纳克里是他所达到的最远点。这次发现为亨利的探险事业画上了一个句号。那一年，亨利的侄儿阿丰索五世年满20岁，开始亲政。一直大力支持他探险事业的二哥彼德罗从摄政王的位置上引退，翌年在权力斗争中丧命。这段插曲我们在下一篇中再论述。亨利的冒险事业失去财政后盾，在此后的13年里再也没有新的建树。他只能把精力转到与摩尔人的较量中，直到去世。

1482年，航海家第奥古·卡奥受葡萄牙新王若昂二世之命前往非洲寻找约翰王，在西非发现了刚果河，并从当地黑人口中打探到约翰王的蛛丝马迹。1487年，若昂二世派出身航海世家的巴托洛梅乌·迪亚士率三艘帆船前往非洲寻找约翰王。迪亚士此行虽然没有找到约翰王，但成为越过好望角进入印度洋的欧洲第一人。

1495年，曼努埃一世即位，葡萄牙又一位高瞻远瞩的君主脱颖而出。他继续推行探索印度新航线的计划。1497年7月8日，青年贵族军官达·伽马带领三艘船和170人出发，圣诞节那天到达纳塔尔海岸，次年1月25日到达赞比西河，3月2日到达莫桑比克港，3月14日到达马林迪港，4月7日来到蒙巴萨。在一位阿拉伯领航员的引导下，船队从马林迪出发向东航行37天，到达了目的地

1487年，葡萄牙船长巴托洛梅乌·迪亚士率三艘帆船前往非洲寻找约翰王。此行他虽然没有找到约翰王，却越过了非洲南端的好望角进入印度洋，成为开辟从大西洋到印度洋航线的欧洲第一人。

印度的古里。经过80年的栉风沐雨，葡萄牙人终于踏上了他们梦寐以求的财富乌托邦。

里斯本特茹河畔广场铺着黑、白两色石片的马赛克地面，这是里斯本的标志性基色。1999年，葡萄牙人离开澳门前，曾花重金从波尔图雇来工匠，从欧洲运来黑白石片，以里斯本市为摹本，在澳门市政厅广场上铺上这样的路面。葡萄牙人用澳门纳税人的钱，将他们400年的统治永久地烙在澳门人的心里。

三角运动帆船在特茹河上来回穿梭。从远处看，河岸上的巨大的航海纪念碑似乎就是漂浮在河面上的一艘大帆船。在我的身前身后聚集着一群群葡萄牙小学生，指指点点地辨认着雕刻在纪念碑上的人像。这群中世纪的冒险家们在这里领受着后代的崇敬，为他们丰富了人类对地理学的认知，为他们拓展了国家的疆土，为他们赴死的精神。

成功者是少数，更多的冒险家和水手都葬身海底。那位绕过好望角进入印度洋的欧洲第一人巴托洛梅乌·迪亚士，在1500年3月征讨古里的航行中遭遇风暴而遇难。他沉没的地点就在好望角附近。他始终没能踏上印度的土地。这个纪念碑上每个人物的后面都簇拥着一群壮志未酬的阴魂。

大海是人类凶险的敌人，它时时露出狰狞的面目，用浊浪将人类和他们的小船抛向天空，然后狠狠地砸下来，劈成碎片，使它们没入海中。大海又是人类最亲切的朋友，用温柔的季风将他们送到遥远的彼岸，帮助他们实现一夜暴富的梦想。

葡萄牙航海家达·伽马绕行好望角到达印度，以及西班牙航海家哥伦布发现美洲的航行一向被尊奉为人类航海术发展的里程碑。这种观点直到2002年才被确认是对历史的误读。2002年，英国皇家海军退休的潜艇艇长加文·孟席斯发表了《1421年：中国发现世界》一书。他在书中提出，中国明代航海家郑和麾下的分船队曾经实现环球航行，并早在西方大航海时代之前便发现美洲大陆和澳洲等地。孟席斯的大胆推论虽未被广泛认可，但书中揭示的郑和的七次航行使15世纪欧洲人的航海技术领先世界的观点轰然崩塌。

郑和从1406年到1433年七次率领大型混合舰队访问东南亚、南亚、红海和东非，在时间上早于哥伦布发现美洲及达·伽马开辟印度航道半个多世纪。达·伽马和哥伦布使用的多桅三角帆船长仅24.4公尺到30.5公尺，载重量最大的120吨，而文献记载郑和的宝船长44丈4尺，宽18丈，即151.18公尺长、61.6公尺宽，载重量800吨。即便按照怀疑派的保守估计，宝船至少也有66公尺长、26公尺宽，载重量在300吨以上。郑和的宝船9桅12帆，每艘可容纳数百人，其铁舵长15公尺，须百十人才能搬动。这无疑是中世纪最大的远洋航船。

郑和船队使用海道针经结合的过洋牵星术，即24/48方位指南针配合天文导航，是当时最先进的导航技术。这种导航术白天用指南针，夜间利用星斗和水罗盘确定航向。这种船稳定性好，抗沉性强，所以能够在"洪涛接天，巨浪如山"的险恶条件下"云帆高张，昼夜星驰"。白天悬挂和挥舞信号旗，夜间则悬挂灯笼于桅杆进行联络。在能见度不佳的雨雾天，除灯笼外再配以铜锣、喇叭和螺号相互关照。因此，宝船队虽然庞大，却很少像葡萄牙人和西班牙人的船队那样容易相互走失。

明代的海军规模在当时首屈一指。在郑和七次远航中，每次舰船少则六七十艘，多则300多艘，随船水师人数至少有四次在27000人以上。相比之下，哥伦布发现美洲之行出发时只有4艘船，百十来人；达·伽马的探索印度之旅仅有3艘帆船，船员170余人；1500年由卡布拉尔率领讨伐印度古里的舰队，堪称葡萄牙百年航海史中规模最大的舰队，也只有13艘船，1500名水手和士兵。葡萄牙舰队与郑和舰队相比迥隔霄壤。

达·伽马到达印度古里后，为当地阿拉伯商人和国王所不容。葡萄牙国王决定诉诸武力，将古里的贸易权从阿拉伯人手中夺过来。他派遣贵族军官卡布拉尔率舰队前去征讨。卡布拉尔到达古里后向古里国王要求优先进货权，遭拒后便洗劫了阿拉伯商船。在尔后的战争中，葡萄牙人不仅对当地的阿拉伯居民大开杀戒，并迁怒于古里国王，猛烈炮轰古里城，将这个自由港摧毁大半。卡氏回到葡萄牙后受到国王褒奖，一是为他果敢地教训了古里王，二是为他出征途中偏离了航线，意外地发现南美洲的巴西。

1502年，达·伽马受曼努埃尔一世派遣，二度前往印度古里。这次使命不再

郑和石像。郑和从1406年到1433年七次率领大型混合舰队访问东南亚、南亚、红海和东非，在时间上早于哥伦布发现美洲及达·伽马开辟印度航道半个多世纪。郑和七下西洋使明朝与亚、非30多个国家建立了友好关系。

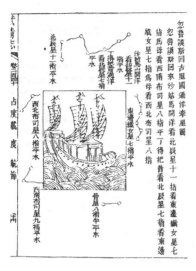

郑和船队使用海道针经结合的过洋牵星术，即24/48方位指南针配合天文导航，是当时最先进的导航技术。这种导航术白天用指南针，夜间利用星斗和水罗盘确定航向。图为《武备志》中记载的利用过洋牵星术郑和船队从忽鲁谟斯(霍尔木兹)返回古里的导航方法。

是地理探险，而是军事远征。达·伽马的身份从航海家摇身变为军人后，嗜血本性立刻得到释放。他们在东非海面遇到一艘朝圣的阿拉伯商船。达·伽马下令洗劫了船上的货物，并把300多旅客和水手关在船舱里活活烧死，只有20名男童幸免于难，被他们带回葡萄牙后教化成基督徒。达·伽马到达古里后，要求国王驱逐所有阿拉伯人。这个无理要求遭到拒绝。葡萄牙人便杀死了为他们送鱼的38名当地渔民，把他们的尸体挂在桅杆上。古里国王不为威吓所屈。达·伽马又砍下这些渔民的手足，放在小船上飘至岸边，作为对古里国王的最后通牒。最后，像卡布拉尔一样，达·伽马命令炮轰古里城。繁华的商港再度陷入火海。

郑和远航的船队中有5种船型，分别为宝船、马船、粮船、坐船和战船。图为郑和船队中的宝船模型。宝船长44丈，宽18丈，立9桅，挂12张帆，是当时世界上最大的木帆船。

达·伽马第一次来到古里时，古里王曾修书一封请他呈交葡萄牙王。信中说："古里盛产肉桂、生姜、胡椒和宝石。我请求您用黄金、白银、珊瑚和红布来交换。"显然，古里人对60年前数度来访的郑和船队为当地带来的商机记忆犹新。岂知此类非彼类。古里人这次迎来的不再是和平的天使，而是战争的恶神。

葡萄牙探险家和军官达·伽马。作为探险家，他开辟了从欧洲绕过非洲到印度的航线；作为军人，他袭击阿拉伯商船，炮轰印度古里城，杀死为他们送鱼的渔民和朝圣的阿拉伯人。

为了进一步垄断印度贸易，葡王决定切断阿拉伯人的航路。1507年，曼努埃尔一世派军官达尔布克基率舰队进入波斯湾的霍尔木兹海峡。葡萄牙人攻入霍尔木兹城，抓获大批市民。达氏下令砍断男人的右手，割掉女人的耳朵。葡萄牙人在霍尔木兹城修建要塞，并对当地居民征税。1507年3月，达氏转战印度，占领了果阿。5月，阿拉伯人大兵压境，要为受难的兄弟讨回血债。葡萄牙人匆忙退出果阿，离开前大开杀戒，城内穆斯林6000人命丧黄泉。

1511年，达尔布克基率领18艘舰船、1200名士兵出现在马六甲海峡。葡萄牙人勾结马六甲国王的反对派，里应外合攻下了这座城市，然后在城内大肆抢掠，屠杀马来人。此后，马六甲便成为葡萄牙在亚洲进行殖民扩张的基地。1517年，攻占中国广东屯门的葡军就是从这里出发的。直到1520年，马六甲人才冒险渡海来到中国求救。

马六甲人之所以到中国求救，是因为马六甲与明朝有着番属关系。1405年，刚刚宣布独立的马六甲国王拜里迷苏剌渡海来到南京，朝拜明成祖朱棣，主动要求成为明帝国的番属国。成祖赐予拜里迷苏剌一枚印玺，以示对其主权的承认。这引起一直觊觎马来半岛的暹罗国王的不快。拜里迷苏剌在归国途中遭到暹罗人的偷袭，成祖赐予的印玺被抢走。朱棣得知后，下令刻制一枚新的印玺，命郑和第三次下西洋时带到马六甲。朱棣向周边国家赐过四次印玺。获得另外三枚印玺的国家分别是日本、渤泥和印度南部的柯枝国。在明朝保护下，马六甲开始拒付暹罗强加给它的贡金。

马六甲只是郑和七下西洋访问过的30多个国家之一。在前后长达28年的出访中，他忠实地执行了明帝国皇帝的命令，执行亲善政策。这在当时波谲云诡、烽烟不断的南中国海和印度洋地区是一项非常棘手的使命。

1406年，郑和在第一次下西洋时在爪哇岛的麻喏八歇国停泊。当时这个国家东、西两王之间的战争硝烟还未散尽，西王误将上岸交换商品的郑和船员当做东王的援军，冒冒失失地捕杀了170人。郑和将士怒不可遏，纷纷要求向麻喏八歇国发兵问责。西王意识到自己的失误，自忖难逃一劫，派人前往郑和的船上请罪，并承诺赔偿黄金6万两。郑和首航便无辜损兵折将，按理必要报复，即便杀他百十人抵命并索以巨额赔偿也不足为怪。以郑和船队27000人的兵力，荡平小小的麻国易如反掌。大事当前，郑和十分冷静。他没有贸然发兵，而是禀明皇上朱棣，请求对西王从宽发落。据说后来西王仅赔偿了1万两黄金，尚有5万两无力偿付。朱棣复郑和："朕于远人，欲其畏罪而已，岂利其金耶？今既能知讨，所贡金，悉免之。"仍遣使赍敕谕意，并赐之钞币。爪哇西王心悦诚服，从此年年朝贡不断。

明帝国在处理"爪哇事件"时摈弃武力，化干戈为玉帛，折射出中国文化"强不凌弱，众不暴寡"及"和为贵"的精神。在霍布斯主义盛行的世界，士兵失踪、被扣和被杀常常是强国挑起战端的契机。与此形成鲜明对照的是，1853年，英、法以在香港注册的广东走私船"亚罗"号被清政府扣押为由，发动了第二次鸦片战争；1937年7月7日，日军借口士兵失踪挑起了卢沟桥事件，便是大国恃强凌弱的例子。

郑和下西洋，率船300余，率兵27000众，船队如此炫耀军事实力，颇有称霸之嫌。确实，朱棣派郑和远航，首要目的是扬明朝之国威。"扬国威"可以诠释为"耀武扬威"，但与"称霸"还颇有距离。郑和率15世纪世界上最大的混合舰队访问亚非30余国，其阵势令所到之国莫不战战兢兢，诚惶诚恐。但这一负面印象很快便云消雾散。郑和大军所到之处，不抢不掠，不烧不杀，不占一寸领土，对当地君主赠以印玺、官服、黄金宝石、绫罗绸缎、官窑名瓷，并邀请对方访问中国。船队携带大量商品与当地客商进行交易，促进了当地经济繁荣。郑和大军还帮助小国君王登基，平息内乱，剿灭盗匪，抗击外辱。因此，西洋诸国对明帝国的战战兢兢很快就变成葵藿倾阳，纷纷派员随船前来明朝访问，于是又产生了护送外臣回国的问题。郑和船队第二次远航便是受朱棣之命送各国使臣回国并协助古里国新王登基。第五次远航护送的返国使臣多达19国，第六次远航随船回国的外国使臣也达到16国之多。

明帝国对来访的外国国君或使臣以礼相见。郑和船队第二次远航，带回了渤泥国（文莱）国王麻那惹加那乃一家。明帝国对渤泥国的承认，重挫了苏禄国企图吞并这个小国的野心。渤泥国王亲自携家带口前来南京朝拜朱棣，以感谢明帝国对渤泥国的支持。渤泥国王在南京受到元首级别的礼遇。不幸的是，国王因水土不服一病不起，最终驾崩于南京。朱棣派大臣参加葬礼，并辍朝三日以志哀悼。朱棣命人撰铭刻碑，立于渤泥国王墓前，并遵君王规格在墓前修筑神道，按真人尺寸雕制了擐甲持刀武士和石羊、石虎为其守墓，令这位客死中国的外国国王无上哀荣。明帝还派人赠予渤泥王后宝石、黄金、绫罗绸缎等物以示慰问，令王后感动不已，泣跪于明帝使臣面前久久不肯起身。

郑和船队极富夸张的军事规模并非只为炫耀。在中世纪，没有足够的护航能力，价值连城的宝船队是无法通过那十分天下九分盗贼的东南亚海域的。苏门答腊岛旧港城处于马六甲海峡咽喉要道上，曾是苏门答腊国和爪哇国争夺的战略要地，在两国间数度易手。后来，该城被广东人陈祖义的海盗团伙盘踞。这个海盗集团纠集当地凶悍好斗的船民，杀人越货，抢掠商船，连苏门答腊国和爪哇国也惧它三分。在首航西洋的归国途中，郑和船队与陈祖义的十几艘船遭遇。郑和船队将诈降的海盗船队引入包围圈。经过海战，16艘海盗船被烧毁10艘、生俘6艘。郑和将陈祖义等三名匪首带回国内。明成祖将他们处以死刑，为该地区各国除去一害。

在前后七次远航中，除了剿灭海匪陈祖义，郑和还卷入过两场战争。一场是苏门答腊国的王位争夺战。1407年在与那孤儿国一场战争中，苏门答腊国王中了一箭。如同成吉思汗在六盘山的遭遇一样，国王在箭毒的煎熬中苟延残喘了几天后撒手西归，留下毫无治国能力的王后和少年王子。王后为报夫仇，不惜以身相许，宣布愿下嫁率兵打败那孤儿国的英雄。重赏之下，一名渔夫揭榜挂帅，带领苏门答腊军民出征，最后大获全胜，杀死那孤儿国国王。王后履约与渔夫成婚，从此渔夫被国民尊称为"老王"。王后的儿子长大后不服这位继父，培植了一支亲兵，伺机杀死了渔夫，登上了王位。这场宫廷政变或许起因于对王位继承权的争夺，或许出于王子与渔夫之间的个人恩怨。其实，类似的故事在史书中俯拾皆是：清朝初年的皇帝顺治及其监护人多尔衮的恩怨，航海王子·亨利的侄子葡萄牙国王阿丰索五世与摄政王叔叔彼得罗的仇隙与此如出一辙，这是后话。渔夫家族中有一位叫做苏干剌的人逃入山区，纠集渔夫旧部杀回京城，但最后被青年国王

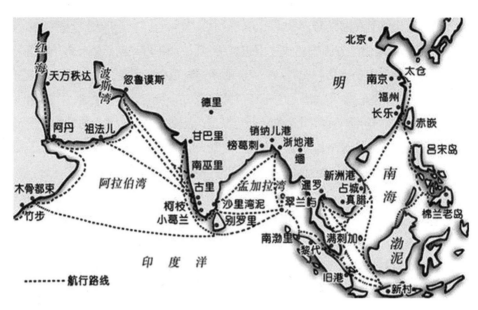

郑和下西洋航行路线图。郑和船队遍访亚、非30余国，每到一处，不抢不掠，不烧不杀，不占一寸领土，对当地君主赠以印玺、官服、黄金宝石、绫罗绸缎、官窑名瓷，并邀请对方访问中国。船队携带大量商品与当地客商进行交易，促进当地经济繁荣。西洋诸国也纷纷派员随船前来明朝访问。如今，这些国家每每谈及与中国的友好关系都要从郑和说起。

打败。史料中对这位苏干那的身份说法不一，有说他是渔夫的儿子，有说他是渔夫的弟弟。

正在这时，明朝的船队驶入苏门答腊国港。郑和循例向新任国王赠送了大量的礼物。受到郑和冷遇的苏干那极为愤怒，带领万名士兵向郑和船队发起进攻。本不想涉入苏门答腊国内政的郑和此时不能不还击自卫。叛军自然不是郑和的对手，逃往苏门答腊岛最西端的亚齐，最后被追上来的明军杀得片甲不留。苏干那被郑和带回国内，最后也被朱棣问斩。朱棣在苏门答腊的内战中支持先王之子，可能与尊崇"真命天子"和"血亲嫡传"的观念有关。

郑和船队介入的另一次战争发生在锡兰。对这场战争的某些细节，《明实录》的记载与锡兰国的史料有些差异，但对我们理解这场战争，性质没有实质影响。郑和第三次远航时，锡兰正处于内战之中，信奉佛教的锡兰王朝与信奉印度教的泰米尔人以及当地的穆斯林集团形成三足鼎立之势，佛教阵营内也派系林立。一位名叫亚烈苦奈儿的将领打败泰米尔人的进攻后声名鹊起，于是开始觊觎国王拔胡六世的宝座。

据《明实录》的记载，郑和船队前往西洋途中企图在锡兰靠岸，遭到亚烈苦奈儿的拒绝，原因是这位锡兰将领拒绝向明朝朝贡或立碑。郑和不与之计较，率船队绕开锡兰继续前往印度半岛的小葛兰国、柯枝国和古里国访问。在从印度返回途中，郑和获准泊靠锡兰岛。亚烈苦奈儿与郑和互赠礼品握手言和，并设宴招待郑和。酒酣饭饱之际，亚氏突然向郑和索要巨额金银宝物，遭到郑和拒绝，遂派其子率5万士兵偷袭郑和船队。在此关头，郑和的军事才能充分展示出来。他没有急于包抄围船敌军，而是说："贼众既出，国中必虚"，于是带领身边的两千士兵进攻王城。待攻船的敌军醒悟过来返回救城时，郑和已押着亚烈苦奈儿突围出去，最后将他带回中国。

锡兰国史料中的故事有不同的版本。根据锡兰史籍记载，郑和在宫廷里见到的不是亚烈苦奈儿，而是国王拔胡六世。因此，郑和后来拘捕并押解回国的是国王。据说这场会见是亚烈苦奈儿设的局，亚氏企图借郑和之手除掉国王。两个版本的结果是一样的，那就是朱棣没有处死锡兰王，而是宽宏大量地将他释放回国。锡兰版本可能比《明实录》更接近事实，因为它诠释了朱棣释放锡兰俘虏的原因。朱棣不大可能放走篡权者和处死正统君王，因为他本人一直在努力摆脱"篡位者"的恶名。

锡兰史籍记载，拔胡六世回到锡兰的当晚被亚烈苦奈儿秘密杀害。3年后，拔胡六世16岁的儿子突然出现在亚烈苦奈儿的登基典礼上。他夺过篡权者象征王权的宝剑将之诛杀。王子为父报仇后，被拥戴为新王。这个事件的后续故事偏离我们的主题。与本文切题的情节是，与锡兰国王一起来到中国的还有锡兰的国宝释迦牟尼的舍利子。据推测，锡兰王担心它可能成为叛将亚烈苦奈儿篡权的工具，所以将它藏在身边，带到了中国。佛牙一直是南京诸佛寺孜孜以求的宝物。朱棣下令为锡兰佛牙修建精舍。然而，佛牙后来还是归还了锡兰，儒家向来诟言夺人所爱。锡兰的史料中有新王在新都巴特建成时隆重安放这颗佛牙的记载，证明这颗佛牙确实归还了锡兰。

亨利是一位狂热的冒险主义者和国家主义者，虽出生于帝王之家，却毫无政治野心。他把自己封闭在萨格里什村，目的是远离宫廷斗争，将摄政王位让给自己的弟弟。他终生未婚，沉溺于航海和冒险事业，一生殚精竭虑，致力于为国家拓展疆土及与摩尔人的斗争，将自己的财产全部投入到探险事业中。然而，他虽不迷恋财富，却受制于金钱。冒险事业开支巨大，亨利没有找到梦想中的黄金和香料，他拓展的疆土所获的利益微不足道。在葡萄牙公众的眼中，他已成了一个挥霍公帑的败家子。面对着朝野日益上升的压力，亨利走上了一条贩卖黑奴的不义之路。

1441年，亨利派遣的贡萨尔维什和特利斯陶船长在布朗角仍未找到黄金和香料，亨利便咽下自己的"善待土著"的训示，命令贡萨尔维什抓捕非洲黑人带回葡萄牙出售。这一次交易使亨利发现了一条短平快的生财之道，也标志着葡萄牙人从此步入贩卖黑奴的生涯。阿拉伯人早在几百年前便开始贩卖黑奴，但首开欧洲人贩奴之先的却是这位航海王子。非洲黄金难觅而黑人遍地，从此亨利的船队载着一船一船的黑奴返回葡萄牙，昔日只会花钱的浪荡子变成了为国聚财的英雄。

今天的葡萄牙人仍把亨利王子尊崇为民族英雄，他的雕像被置于广场最醒目的位置，与日月同辉。对他的贩奴行径，葡国人心照不宣地采取缄默和失忆的态度。与之相呼应的是，开拓印度航线和血洗古里的达·伽马在葡萄牙航海英雄榜中名列第二。1998年在里斯本落成的长达17公里的跨海大桥以他的名字命名。酷爱自由、民主、人权的欧洲人再次为双手沾满印度人和阿拉伯人鲜血的殖民屠夫戴上崇高而不朽的光环。在民族自恋的价值怪胎中，正义不过是一截萎缩的盲肠。

亨利手下的冒险家们凡逃过死神之手的都获得了他们向往的东西，对他们的奖赏包括重金、官职、爵位和领地。亨利王子宣布马德拉群岛为葡萄牙的疆土后，将它作为私人领地封给发现它们的贵族茹安和泰舍尔。在探险和征战中屡建奇功的达尔布克基和达·伽马先后被委任为葡属印度总督。

郑和无疑是中国历史上最伟大的航海家，一位大智大勇的军事统帅和外交家。他在外交领域的贡献至今仍是一份宝贵的政治遗产。他将有形和无形的中华文化传播到印度洋盆地沿岸。如今，这些国家的政治家和学者在谈及他们国家与中国的关系史时总要从郑和说起。

至于郑和本人对航海事业的鞠躬尽瘁究竟能不能归咎于爱国主义精神仍需考究。纵观他的家族史，似乎找不到他热爱文明帝国的理由。他的身上几乎没有汉人的血统。他的六世先祖赛典赤·赡思丁是元初来自中亚的布哈拉国王马哈穆德的后裔。在元蒙时代，来自中亚的色目人是地位仅次于蒙古人的高等国民。元政府起用了大批色目人为官吏，协助管理人口占绝大多数的第三等和第四等的汉人。1252年，忽必烈率十万大军自北向南越过川藏地区的雪山、草地进入云贵，灭掉大理国，使云南成为蒙古汗国的行省和包抄南宋的基地。郑和的先祖赛典赤·赡思丁便是蒙古人南下时带来的色目人，官职为平章，为行省地位最高的六七名官员之一。后来，郑和的家族与当地的民族融合后衍化为回族。

1368年元朝灭亡，元军残部逃入云南。三年后明将傅友德攻入云南，荡平蒙元残军。元梁王及其他元朝地方官员投湖自尽。明军对守敌大开杀戒，死于明军屠刀的蒙古及回、苗、瑶部军人约6万之众。时年仅10岁的郑和本人成为明军的俘虏，并不分青红皂白地被阉割。据此推测，他的父母均在这次劫难中遇难。对于郑和来说，明朝对他不仅有灭门之仇，还有残体之恨，这样的仇恨不可能不伴随终生。至于郑和后来成为朱棣宠臣，忠心耿耿七下西洋，为明代扬名外海立下汗马功劳，除了报答朱棣的知遇之恩外，当然还有出人头地的个人诉求。

郑和到过的许多国家如今都以各种方式纪念这位传播友谊的明代航海家。图为也门荷达台港的郑和船队纪念碑。郑和船队曾经到过这里。

宦官是一个很特殊的群体。他们失去了睾丸，却取得出入宫闱的便利。这种便利运用得当便衍生为权力，而权力又带来财富，使得宦官这个群体能轻而易举地获得旁人苦心钻营一生都难以获得的荣华富贵。然而，宦官们纵有金山银山也无法享受销魂荡魄的情色欢娱。这是他们内心永久的痛。减轻这种痛苦有两条路可走，一是无限度地提升自己的荣华，从他人的妒忌中获得满足；二是设法使别人比自己更痛苦，暂时忘却自己的残缺。

就我们已掌握的历史知识判断，郑和走的是提升自我的路线。在他之后的明代宦官集团，在两条路上都走到了尽头。东厂及锦衣卫便是他们发明出来实施第二种痛苦解脱方式的工具。作为皇帝的宠臣，郑和权重如山，多年主管国家对外贸易活动又使他敛聚了巨大的财富。终日锦衣玉食已满足不了他的欲念，虽然无法纵情声色，也要取几房姨太太，从柔美女子的娇嗔中捕捉一点做男人的感觉，哪怕是幻觉。所以，对于明朝，他即使不爱也不能不忠，只有在仕途上不断进取，才能减轻内心的苦痛。

因此，他在花甲之年还领命出征，执行宣德帝朱瞻基的第七次下西洋的命令。这次使命不仅要恢复在仁宗朝被冻结的远航，重振"万国来朝"的盛景，还要修补暹罗与马六甲的双边关系。暹罗王拘禁了前来明朝朝贡的使臣，使宣德

郑和船队的七次远航至少有三次到达东非海岸，与非洲国家互通有无。最后一次远航的分舰队到达东非的摩加迪沙、马林迪和蒙巴萨。如今，肯尼亚的拉穆群岛一个村庄的村民还自称为郑和船员的后代。图为坦桑尼亚国家博物馆中展示的郑和船队首航东非图。

帝龙颜不悦，郑和领命前往暹罗调停。这次出航的宝船使用了"清和"、"长宁"、"安济"等名，就隐含着"维和"的含义。这次远航再度刷新了明朝航海的最远纪录。郑和和他的分舰队到达了霍尔木兹、亚丁、吉达、麦加，甚至东非的摩加迪沙、马林迪和蒙巴萨。在这次航行中，郑和终因年事过高，不堪舟楫劳顿，累死在工作岗位上。

成祖驾崩后，士大夫集团与宦官的斗争逐渐白热化。宝船西航凿出巨大财政窟窿，以及海难中逾万将士丧生，成为士大夫集团抨击宦官政治的契机。面对朝廷波谲云诡的政治形势，郑和对《明实录》将如何记载他的远航事业心中无数，因此第七次出航前，分别在江苏刘家港和福建长乐县太平港立了两块石碑，铭录下他六次远航的经过。郑和的忧虑不幸成了现实。宝船西行的所有文字记录从朝廷的官方档案中消踪匿迹，郑和修立的两块石碑便成了他远航的唯一历史见证。

作为郑和西航事业的缔造者，朱棣是明代最具政治雄心的皇帝。他修改了明太祖闭关自守的治国规则，以重金打造巨型舰队开通西洋航道，目的是要重构汉唐时期"万国来朝"的宏大气势，以在青史中以"天朝上国"皇帝之名跻身秦皇汉武及唐宗宋祖之侧。同时代的西方君王看重的是利，而中国地大物博，中国皇帝们看重的是名，对他国领土及资源嗤之以鼻。他们追求的是外国君主们的俯首称臣。而"进贡"便是"称臣"的重要象征和必要构件。成祖派郑和舰队远航，到处"赏赐"钱财，其实是对外国君主前来进贡的施压、劝谕和利诱。为了使朝贡制度持之以恒，他对进贡者实行"厚往薄来"的政策，对进贡物还以翻倍的"赏赐"，以突显自己的浩荡皇恩。譬如，朱棣收到马六甲国王进贡的10副产自威尼斯的眼镜后，下令回赏锦绣龙衣、麒麟衣、金镶玉带、鞍马、黄金百两、银五百两、钞四十万贯、铜钱2600贯，以及锦绮纱罗、绢、浑金花纹绮无数。国王的每一位随从也获赐靴袜和绢衣。这些财物的价值远远超过那10副眼镜。

然而，将朱棣遣郑和通西洋仅仅归咎为"满足'天朝上国'的虚荣心"不免有失偏颇。朱棣有一个更重要的目的常常被人忽略。这一目的其实从郑和在南中国海和印度洋的军事和外交活动中可以看出，在永乐朝西域中亚国家的商贸交往中也得到证明，那就是行使地区大国的责任，建立和维护和平稳定的国际环境，为中国和周边国家造福。郑和在南洋国际争端中的斡旋，对受欺凌的国家给予的支持，对横行霸道国的劝阻和惩治，对阻断国际航道、扰乱国际秩序的海匪的清剿都证明了这一点。

郑和船队在西洋的贸易活动也反映了儒家"正其谊不谋其利，明其道不计其功"的理念，重形式轻内容，不讲究经济效益，送出去的是别国急需的商品，换回来的却是不适用的东西。历次航行带回来的大量香料在皇家库房里堆积如山，最后只能折价当作官员的薪俸发放出去。

这个"天朝上国"梦还演绎出一场更深远的悲剧——断送了中国的远航事业。明英宗继位后，为堵住宝船开支的无底洞，下令关闭了船厂。贡市贸易一旦走向衰落，走私与海盗便雨后春笋般蓬勃兴起，并逐渐成为国家安定的隐患。孝宗朝因噎废食采取禁海政策，对双桅以上的船只的建造者处以死刑。世宗朝干脆釜底抽薪，烧毁所有远航船只并拘捕下海商人。中国从此从世界远洋舞台上谢幕出局。

朱棣拓展外交空间的政策其实并没有错。悲剧的根源在于他对国民经济管理学知识的缺失，对内

福建长乐县《天妃灵应之记》碑，俗称"郑和碑"。该碑高1.62米，宽0.78米，厚0.16米。明宣德六年（1431）十一月，郑和第七次下西洋前重修南山天妃宫时所立。碑以黑色页岩为料，碑额正中篆书"天妃灵应之记"，碑文共1177字，详细记载了天妃灵应的故事和郑和奉使统率远洋船队七次下西洋的时间与经过。

朱棣修改了明太祖闭关自守的治国规则，以重金打造巨型舰队开通西洋航道。他派遣郑和通西洋不仅仅是为了满足"天朝上国"的虚荣心，更重要的是行使地区大国的责任，建立和维护和平稳定的国际环境，为中国和周边国家造福。

在葡萄牙阿拉比达年会上，欧洲政坛耆宿、学界精英论及中国经济之崛起时每每戚容满面，担心中国强大后会向外扩张。我告诉葡萄牙前总统若热·桑帕约（中）：中国没有扩张的传统。

政与外交两大领域的资源分配严重失衡，国家财富过度投向外交，民生建设遭受忽视，国民经济滑向崩溃的边沿。

葡萄牙与西班牙为争夺殖民疆土，竟然劳动教皇出面调停，划出一条"教皇子午线"将世界分成两半，供两国瓜分。而中国早在葡、西崛起之前就缔造出世界最强大的海军舰队，却没有用它侵占过一寸外国领土，没有用它夺取过分毫财物，也没有在海外留驻一兵一卒。西方史学家对此百思不得其解。朱棣此举可以追溯到他父亲的外交理念上。朱元璋在留给后代的《祖训录》中说："恐后世子孙，倚中国富强，贪一时战功，无故兴兵，致伤人命。"明太祖的和平外交思想显然是在中国传统文化浸润中产生。中国儒家素有"兼爱非攻"、"王者不治夷狄"的理念，因此中国皇帝虽有当地区霸主之心，却无领土扩张、强取豪夺之念。中华文化固守本土的思想与欧洲人恃强居先、攻城略地的诉求大相径庭。

距里斯本数十公里的阿拉比达海岸风光绮丽，悬崖上坐落着古老的修道院。此废弃的修道院今处于东方基金会的庇护和支配之下。修道院宾馆的会议厅中，晶灯下窗明几净，帘闱低垂；长桌旁西装革履，粉袖金扣。一年一度的国际政治研讨会正陷入激烈辩论中。欧洲政坛耆宿、学界精英论及中国经济之崛起时每每戚容满面。有去职英国陆军总长问吾道：汝与汝国之主席均称中国永不侵略他国，然百年之后汝等皆不复在，何以得知汝等子孙也对他国不动干戈焉？吾答曰：一国治国之道莫不循照该国文化理念之圭臬，中华文化素有兼爱非攻之传统，吾国强而不攻早有史为鉴，天不变道亦不变，安得为子虚乌有之臆测忧心忡忡哉。众洋人哑然而沉吟。

11

蜗居的"圣人"

葡萄牙航海先驱亨利王子不恋王权，不爱钱财，毕生致力于探险、拓疆和维护基督教世界，因而被国民视为"圣人"，并建碑永世铭记。然而，就是这个"圣人"对摩尔人的土地进行了野蛮的入侵和抢掠，并且以欧洲贩奴第一人的身份载入史册。

我喜欢从莎士比亚的作品中为我贫乏的英国史知识拾遗补缺。莎翁用他的生花妙笔形象地展现了中世纪欧洲的宫廷和市井生活。他还用10部君王剧再现了从金雀花王朝到都铎王朝300多年的英国史。后世的史学家们也常常从他的作品中寻找佐证。

在《理查二世》中有一段理查二世与弥留之际的约翰·冈特的对话：

约翰·冈特："啊!不要饶恕我，我的哥哥爱德华的儿子，不要因为我是他父亲爱德华的弟弟的缘故而饶恕我。像那啄饮母体血液的企鹅一般，你已经痛饮过爱德华的血；我的兄弟葛罗斯特是个忠厚诚实的好人——愿他在天上和那些有福的灵魂同享极乐!——他就是一个前例，证明你对于溅洒爱德华的血是毫无顾忌的。帮着我的疾病杀害我吧；愿你的残忍像无情的衰老一般，快快摘下这一朵久已凋萎的枯花。愿你在你的耻辱中生存，可是不要让耻辱和你同归于尽!愿我的语言永远使你的灵魂痛苦！把我搬到床上去，然后再把我送下坟墓；享受着爱和荣誉的人才会感到生存的乐趣。"

理查王："让那些年老而满腹牢骚的人去死吧；你正是这样的人，这样的人是只配在坟墓里的。"

约克："请陛下原谅他的年迈有病，出言不检；凭着我的声明发誓，他爱您就像他的儿子海瑞福德公爵亨利一样，要是他在这儿的话。"

这一段三人对话浓缩了金雀花王朝晚期一段重要历史。前王爱德华三世的三子约翰·冈特在弥留之际痛斥侄子理查二世冷酷谋害自己的另一个亲叔叔葛罗斯特公爵的行为。他的愤怒还来自于理查刚刚将他的儿子海瑞福德放逐国外。33岁的理查王目睹多年来严厉管束着自己的摄政王叔叔即将离开人世，掩饰不住内心的喜悦。而理查二世的第三位叔叔，忠厚的约克公爵依然扮演着和事佬的角色。

这一幕过去不久，英国历史便发生了天翻地覆的变化：冈特刚咽气，理查二世便将其封地悉数籍没充当镇压爱尔兰起义的军费；冈特被放逐到国外的儿子海瑞福德起兵打回国内；失去民心的理查被推翻，下场与他的葛罗斯特叔叔一样，在狱中被谋杀；海瑞福德成为英格兰国王亨利四世，并开启了兰开斯特王朝时代。

约翰·冈特是英国历史上的一位重量级人物。他虽然从未登上过英国王位，但作为理查二世的摄政王，曾经是这个王国多年的实际统治者。他的遗憾是没有亲眼见到他的子孙创造的辉煌。他的直系后代中涌现出三位英国君王，除了儿子亨利四世外，还有孙子亨利五世和曾孙亨利六世。他的龙种脉系在约克王朝时代出现短暂的中断后，又在都铎王朝得到延续。都铎王朝的开朝国君亨利七世是他与第三任妻子婚前所生的长子约翰的曾外孙。因此，从亨利七世的英格兰王国直到今天的大不列颠与北爱尔兰联合王国的所有君主都是约翰·冈特的龙子龙孙。

本文要讲述的是约翰·冈特家族在南欧的另一支脉系。

前文提及的葡萄牙航海先驱亨利王子的葡萄牙文名叫做昂里克，亨利是他英文名字，是他母亲对他的称呼。他的母亲不是别人，正是约翰·冈特的第一个婚生女儿，亦即英国国王亨利四世的姐姐菲丽芭。与欧洲许多王室的跨国婚配一样，菲丽芭与亨利王子的父亲若昂一世的婚姻也是一桩政治婚姻。若昂一世是老国王彼德罗一世的私生子，同时又是一位天主教僧侣，本没有继承王位和迎亲娶妻的可能。他登上王位及与冈特家族联姻的过程是一个传奇的故事。我们稍后再来回顾这个过程。

菲丽芭婚后与若昂生的六个孩子个个都很出息。除了获得葡萄牙航海先驱殊荣的三子亨利王子外，他的长子杜亚特后来继承了父亲的王位，成为葡萄牙第11任国王；次子彼德罗是欧洲知名的旅行王子和学者。她其他的孩子也各有所长，都是葡萄牙或欧洲的历史名人。在她的培育下，她的六个孩子相互友爱，被称为"完美的一代"。然而，在她辞世20年后，这个家族也陷入了争夺王室权力的漩涡。这场斗争后来导致两位血亲丧命。在今天看来，这段不幸的历史有两个祸约翰·冈特虽然从未登上过王位，但作为理查二世的摄政王，曾经是金雀花王朝多年的实际统治者。他的直系后代中出现过三位英国君王，除了儿子亨利四世外，还有孙子亨利五世和曾孙亨利六世。都铎王朝的开朝国君亨利七世是他后代，葡萄牙航海王子亨利是他的亲外孙。

根。第一个祸根是长子杜亚特一世临终前在遗嘱中作出了一个错误的决定，即让他的未亡人丽奥诺为他们10岁的儿子阿丰索摄政监国。第二个祸根在若昂一世的私生子身上。他在迎娶菲丽芭之前与其情妇生下了一个孩子阿丰索·布拉干萨。菲丽芭成为王后后，虽将这个孩子视如己出，但也无法改变他的私生子身份。由此造成的自卑感和忌妒心使他最后变成了谋害血亲的阴谋家。

杜亚特的遗孀丽奥诺王后出身阿拉贡王室。阿拉贡是比利牛斯半岛上的另一王国，也是葡萄牙世敌。因此，丽奥诺的摄政地位遭到朝廷内外广泛质疑和反对。在强大的压力下，国会最后解除了她的摄政职务。摄政王一职改由若昂的次子彼德罗亲王担任。于是，丽奥诺的支持者阿丰索·布拉干萨便成了彼德罗主要的政敌。

幼年国王阿丰索五世成年的过程，是对日后葡萄牙政坛走向具有决定性影响的时期。这个过程被摄政王彼德罗忽略了，而他的同父异母哥哥布拉干萨公爵却狡猾地抓住了这个时期。像古今中外许多王室一样，幼年国王阿丰索五世对摄政王的严厉和专权的厌恶逐渐演变成仇恨，而极具亲和力的伯父布拉干萨公爵却赢得了他的好感，成为他的精神依托和亲政后的顾问。

1448年，是布拉干萨公爵时来运转的一年，也是彼德罗厄运的开端。这一年，阿丰索五世年满20岁，根据法律正式成为葡萄牙的国王。阿丰索五世亲政后，便迫不及待地启动了对他叔叔彼德罗的反攻倒算运动。亲政伊始，他便废除了彼德罗摄政期间颁布的所有法令。这一切自然都是伯父布拉干萨公爵躲在幕后策划的。这标志着权力重心已经从彼德罗亲王这一端转移到布拉干萨公爵这一端。次年，在布拉干萨公爵的唆使下，阿丰索五世宣布前摄政王"叛乱"。宫廷斗争演变成内战。这场内战因彼德罗的神秘死亡而匆匆结束。彼德罗死在战场

葡萄牙阿维兹王朝若昂一世与王后菲丽芭生的六个孩子个个都很出息。他们的长子杜亚特后来继承了他的王位，次子彼德罗是学识渊博的学者和后来的摄政王，三子亨利为葡萄牙航海先驱。图为坐落在里斯本的若昂一世纪念碑。

上，心脏中了一箭。这一箭据说是彼德罗自己的人射出的。后世的史学家认为这个说法多半是阿丰索五世为了洗刷弑亲恶名杜撰的。

　　葡萄牙王室的权力之争后来又持续了许多年。阿丰索五世的儿子若昂二世继位后，局势发生了逆转。这位新王自幼看不惯布拉干萨家族权势熏天、祸乱朝政的作风。他以叛国罪处死了布拉干萨的孙子费尔南多公爵，没收了布拉干萨家族的封地，为叔祖父彼德罗报了仇。然而，风水轮流转，布拉干萨家族后来卷土重来，重新获取了王位，建立了布拉干萨王朝。这个王朝一直延续到20世纪初第一共和国建立时为止。这是题外话了。

　　当若昂一世的子孙们相互斗得死去活来时，他的儿子们中有一个人始终置身于这场宫廷斗争之外。他就是航海王子亨利亲王。我们在先前的篇章中说过，他当时一直蜗居在阿尔加维圣文森角附近的萨格里什村。他之所以选择边远的萨格里什村作为他策划海外冒险的基地有三个原因。一是文森特角面向大西洋，每天不绝于耳的波涛声激励着他远洋探险的斗志。二是阿尔加维从摩尔人手中夺过来后，还未正式收纳入葡萄牙王国版图。摩尔人走后，基督徒尚未大批迁入，因而人烟稀少。再加上北部高高的山脉将它与葡萄牙内地分开，从这里前往里斯本必须走海路。人烟稀少，交通不便，远离尘嚣，使它成为密谋海上探险的最佳地点。亨利在这里建立航海学校和造船厂，培养航海人才，绘制海图，搜集情报，研究探险路线，以及研制新型快速远洋帆船，不仅要防止周边的摩尔人国家获悉，还要对竞争对手西班牙人严格保密，甚至对盟友英国也不能透露半点风声。三是亨利一生只热衷于两件事情：与穆斯林摩尔人王国作战及为葡萄牙拓疆辟土。他蔑视权力，厌恶血亲间的争权夺利。因此，在阿维兹王朝长达几十年的宫廷斗争中，他一直远避于边远的萨格里什。这也是他被葡萄牙人奉为"圣人"的原因之一。

亨利王子开创大航海时代的事迹我们在先前的篇章中已谈过。这里要回顾他作为"民族英雄"的另一面，对穆斯林"异教徒"的战争和为王国积累财富的"事迹"。1415年的休达一战是亨利政治生涯的起点。这场战争的发生有着特殊的历史背景。14世纪末期，葡萄牙一直在与摩尔人的格拉纳达王国和卡斯蒂王国的夹缝中生存。它当时的主要敌人不是摩尔人，而是同为基督教国家的卡斯蒂王国。葡萄牙与卡斯蒂的冲突产生于若昂一世的哥哥菲迪南一世与卡斯蒂王国的联姻。王室联姻其实是一把双刃剑，它既有化解敌意的功能，又增加了触发战争的机缘。王室联姻的初衷是凭借两国间的婚配结构缔造国家联盟，或者至少缓和两国间的敌意。王室联姻确实将许多国际冲突化解在枕边的款款耳语中，但王族之间添加的纽带又将王位继承的脉系延伸到国外，成为国家间冲突的诱因。

菲迪南一世将自己的女儿比蒂斯嫁给卡斯蒂国王胡安一世，本意是以此消弭两国间的敌意，结果适得其反，后来却引发了战端。1385年菲迪南去世时，卡斯蒂国王胡安以其妻比蒂斯为菲迪南一世的唯一女儿为由，要求葡萄牙人承认她的君主继承权。为此，他率大军入侵葡萄牙逼宫。菲迪南的寡妻特蕾丝与她的情夫安戴罗伯爵无法应对这个局面。在此危急关头，菲迪南的同父异母弟弟，葡萄牙基督教骑士团的领袖若昂发动政变，自立为国王若昂一世，率军打退卡斯蒂的入侵。在此后的25年里，葡萄牙与卡斯蒂王国之间一直处于敌对状态和断断续续的武装冲突中。

这时，葡萄牙保持着一种战时经济结构，所有贸易、金融和税收都是为战争服务的。法律规定每个体格健壮的男性国民每年必须服一定的天数的国防劳役，修建城墙或防御工事。同时，每个男性国民一年内还必须服几个星期民防役，在城墙上，或边防哨所，或海岸线上站岗放哨。这种状况一直延续到1411年两国签订和平协议时为止。

祸兮福所倚，福兮祸所伏。和平协议结束了两国间的杀戮，但同时又带来了另一场灾难。和平使葡萄牙的战时经济结构轰然坍塌，成千上万的士兵、水手、工匠和造船工人被抛到街头，成为失业大军，形成王国新的威胁。和平成了一次"谁也不想参加的盛宴"。宫廷顾问们忧心忡忡，担心这场"和平盛宴"会演变成叛乱，绞尽脑汁地寻找治疗良方。再发动一场对外战争来恢复战时经济听起来像是饮鸩止渴，却不失为一种救急的办法。但是，新的战争和谁打呢？有人建议重新挑起与卡斯蒂的冲突，还有人建议派一支远征军去帮助奥地利皇帝抗击土耳其人。这些建议都不被看好。这时王后菲丽芭站出来，主张派一支探险队到非洲内陆寻找传说中的基督教中流砥柱——约翰王的国家，与他结成联盟来瓦解穆斯林的包围圈。王后旁征博引侃侃而谈，宫廷顾问们最后被她的丰富知识和雄辩口才所折服。

于是，葡萄牙的情报人员被派到北非一带搜集情报，探寻"菲丽芭计划"的可行性。从北非贸易中心休达回来的探子带回一个意外的惊人消息。这个消息使菲丽芭王后的计划暂时被搁置起来，而将攻占休达的战役提到首要日程上。这名探子的消息说，休达市场上大量买卖的黄金来源于非洲南部某个叫做蒂姆巴克图的贸易网络。这个情报使葡萄牙人兴奋不已。在此之前，欧洲的黄金都辗转地来自印度。而阿拉伯人对印度商路的控制造成了欧洲的黄金荒。如果能够独霸休达的黄金贸易，或者顺藤摸瓜地找到非洲的黄金产地，葡萄牙不仅可起死回生，还可能一夜之间成为欧洲的财富中心。于是，攻占休达成为葡萄牙王国压倒一切的当务之急。

经过两年的准备，进攻休达的舰队于1415年7月25日拔锚启程。这次出征兴师动众，毫无保密性可言。舰队由240艘战船组成，其中有59艘带两层或三层划桨手的运兵船，60多艘准备装载战利品的货船。远征军包括1700名水手和19000名士兵，其中包括来自诺曼底和日耳曼的十字军骑士。葡萄牙王室的女婿，若昂一世私生女的丈夫英格兰伯爵阿伦德也置身其中。这次出征没有交付葡萄牙议会讨论，也没有申请国家拨款，因为它是一次民间行为，与王国政府无关。舰队没有挂葡萄牙国旗，只是在船帆及尾旗上画着基督教骑士团的圣殿十字。这个基督教骑士团为这次军事行动筹措资金。教皇预先被告知了这次进攻，并为这次行动祈福。基督教会对所有打击伊斯兰"异教徒"的行动持支持态度。

虽然国王若昂一世也悄悄地登上了旗舰督战，但这次远征的统帅却是刚满20岁的亨利王子。国王的长子杜亚特、次子彼德罗以及若昂一世的私生子阿丰索都参加了这次行动，但不知道为什么国王把历练的机会给了三王子亨利。8月21

辛特拉王宫。最初为摩尔人所修，后经若昂一世扩建，成为阿维兹王朝的夏宫。若昂一世去世后，这个宫殿变成了葡萄牙宫廷权力角斗的主要场所。

日，葡萄牙人在北非海岸登陆，几乎不费吹灰之力便把休达攻下来了。

　　据史料称，亨利王子在21日黎明时分带领一支突击队登上海岸，几乎没有遭到任何抵抗便拿下了休达城。休达的摩尔人总督在葡萄牙人逼近城墙之前已目睹葡军阵势，自忖不敢对手，便自动放弃抵抗，以免百姓生灵涂炭。亨利进城后在钟楼里找到几名热那亚的商人，他们向王子转交了摩尔总督的投降书。

　　随军神父将休达大清真寺临时改成基督教堂。火线授勋仪式在塔楼下举行。若昂一世亲自将维塞乌公爵的称号授予儿子亨利。仪式结束后，大劫掠开始。葡萄牙士兵和水手潮水般涌向休达街头。他们的主要目标是黄金、珠宝首饰、钱币、稀有瓷器。好东西归军官，士兵只能拣些衣物和诸如胡椒这样的次等香料。金银细软瓜分完后开始拆卸建筑物上的装饰品。一名颇有艺术品位的军官将迦太基时代神庙的大理石柱拆下装船运回国内。这一批柱子今天还立在葡萄牙埃武拉大学的回廊里，作为这次大劫掠的历史见证。

　　休达一役毫无悬念的胜利其实并不是因为进攻方的强大和智慧，而在于防守方的涣散和虚弱。摩洛哥从1411年起陷入内战，4年之间耗尽了自己的军事资源，使它在葡萄牙人的进攻面前不堪一击。事后，格拉纳达国王穆罕默德九世企图联合其他穆斯林国家帮助摩洛哥夺回这座城市。这个计划也因摩洛哥人召集不起自己溃散的队伍，邻国突尼斯又不愿意伸出援手而胎死腹中。

远征结束后，休达城被移交给葡萄牙王国政府管理。休达本是北非繁华的商港，与周边地区的联系一旦被割断，便成了一个凋敝的孤岛。这个城市不但没有给葡萄牙带来财富，反而不断地吞噬王国国库和耗竭军事资源。英国王室曾建议葡萄牙放弃这个城市，但葡萄牙人为了面子，还是在这里赖了200年。

获得了第一块海外领地后，葡萄牙人便将自己的国家冠上"帝国"的名号。作为这次行动统帅的亨利声名鹊起，继获得维塞乌公爵一职后，又被任命为基督教骑士团总团长和阿尔加维领地的总督。他的战功在传诵中像滚雪球般不断放大，被人们称为"军事天才"。在耀眼的光环下，王子失去正确的判断力，最终酿成了20多年后的悲剧。

"航海先驱"亨利王子毕生只出过两次国，到过的最远国家是离葡萄牙不过十几海里的摩洛哥。他本人是一只不谙舟楫的旱鸭子，却卓有成效地指挥着几十支探险船队。他派出去的探险队于1418年发现了大西洋深处的马德拉岛，1431年又发现了更远的亚速尔群岛，将葡萄牙的疆土延伸到离本土几千公里以外的地方，葡萄牙"帝国"的地理学特征得到了夯实。亨利王子又成了为国家开疆辟壤的"民族英雄"。

"民族英雄"的头衔与"军事天才"的称谓在亨利的头脑里逐渐发酵，他决定为国家再立新功。他滋生出一个新的念头——攻占丹吉尔。丹吉尔也是北非摩尔人的一个重镇。休达位于直布罗陀海峡东口，而丹吉尔在直布罗陀西口。葡萄牙如果掌握了海峡两端的出口，便能控制地中海进出大西洋的通行权，战略意义极为重大。亨利认为，以自己的才干，拿下丹吉尔易如反掌。亨利估算，要取得这次战役的胜利，需要一支14000人的队伍。他照例通知欧洲其他国家，呼吁组织一支基督教十字军。但这一次各国王室和骑士们反应冷漠。英格兰、佛兰德斯和日耳曼明确表示拒绝。葡萄牙本国朝野对这次远征也缺乏热情，最后召到的骑士连同他们的马夫也只有2000人，召到的雇佣军只有1000人。由于人数实在太少，于是又从监狱里放出3000名愿意从军的犯人补充到步兵中去。

1437年8月23日，亨利不顾休达总督的劝阻，匆忙带着这支临时凑集的队伍出发。他先将部队开到南部的得土安城集结，再迂回包抄丹吉尔。等到了丹吉尔城下，亨利才发现他们带来的云梯太短，根本够不着城头。队伍只能就地扎营，考虑下一步的措施。他选择的营地既没有水井和溪流，也没有可靠的给养供应

休达城位于北非西部直布罗陀海峡南岸。1415年7月25日，葡萄牙王子亨利率领240艘战船、1700名水手和19000名士兵攻打并占领了这个港口。此后葡萄牙人在这里统治了200余年。现今这个城市处于西班牙的管辖下。图为休达城的城墙。

线，更重要的是没有通往海边的退路。后来的事实证明，亨利在一个错误的时机、错误的地点，发动了一场错误的战争。这时摩尔人的内战早已结束，摩洛哥形势今非昔比。这个国家拥有4万名骑兵和6万名步兵。丹吉尔的总督还将山区的柏柏人武士调集下来助战。几天之后，还在苦思冥想攻城良方的亨利王子突然发现自己被摩尔人包围得严严实实。他组织了几次突围，但都被堵截回来。激战中，他的坐骑被乱箭射死。几天后，带来的粮食吃完了，葡萄牙人不得不杀马吃肉；存水喝光了，士兵们只能趴在地上喝水洼里的臭水，许多人因此陷进了沼泽，丢掉了性命。

亨利这时不能不低下他高傲的头颅，坐下来与摩尔人谈判。摩尔人很痛快，同意给葡萄牙人一条生路，让他们退到海边登船回国，条件是他们必须留下所有的马匹、武器和装备，每人只能带走身上穿的衣服。摩尔人还提出另一个条件，那就是归还他们的休达城。在休达城归还之前，亨利王子必须把他的小兄弟费尔南多王子留在丹吉尔做人质。为表示诚意，丹吉尔的总督也把他的一个儿子交给亨利带回去做人质。平心而论，比起葡萄牙人22年前在休达的大劫掠，摩尔人还算是很厚道的。

不难想见，这位"军事天才"和"民族英雄"是如何地懊恼和屈辱。这还不算完。在撤回海边的路上，这支被解除武装的队伍又遭到当地土匪的哄抢。亨利的残兵败将几乎是一丝不挂地逃回葡萄牙。恼羞成怒的亨利便声称土匪的袭击是摩尔人对停战协议的违反，并以此为借口拒绝归还休达城。他派使节将丹吉尔总督的儿子送回敌营，并要求摩尔人无条件地归还他的弟弟费尔南多王子。摩尔人谴责葡萄牙人出尔反尔，拒绝了亨利的要求。在旷日持久的僵持中，人质费尔南多王子的境况每况愈下。葡萄牙使节第一次在丹吉尔见到他时，他还住在豪华的宾馆里，享受贵宾的待遇；第二次再见到他时，发现他衣衫褴褛地打扫着庭院；当葡萄牙的使节第三次来到丹吉尔时，王子已身带枷锁蹲在地牢里了。

葡萄牙王室一片混乱。此时若昂一世已经故去，主政的是亨利的大哥杜亚特一世。国王杜亚特和亨利的二哥彼德罗亲王都主张放弃休达换回弟弟费尔南多。而几近疯狂的亨利却固执地要求招募一支24000人的军队再次攻打丹吉尔。一意孤行的亨利拒绝参加宫中的对策会议，王兄杜亚特只能亲自骑马前往亨利居住的村庄苦苦劝说，但最后还是绝望地无功而返。就在那年，继位仅5年的杜亚特一世在焦虑和郁闷中撒手人寰，年仅49岁。

休达一战的胜利是亨利英雄生涯的基石。放弃休达，他建立的功勋大厦将轰然倾塌。英雄的荣誉使他失去了理智。在兄弟费尔南多的性命受到威胁时，他不仅固执地拒绝妥协，还企图发动更大规模的报复性行动。真是成也休达，败也休达。没有休达，就没有"英雄"亨利；没有休达，也就不会有鲁莽的丹吉尔一战；没有休达，亨利就不会疯狂地拒绝妥协；没有休达，小兄弟费尔南多就不会丧命。

新的进攻一直召集不起来。次年的某个时候，葡萄牙人从远处看见费尔南多被倒挂在丹吉尔城头任鹰隼啄食。他们无法得知，当时费尔南多是活着还是已经死去。据说，费尔南多本人也反对用他交换休达，因此在葡萄牙的历史书中，他被记载为"烈士"，并获得"圣徒王子"的桂冠。

再次进攻丹吉尔的计划最后胎死腹中。在丹吉尔碰得灰头土脸的亨利从此再没踏进过辛特拉的王宫。他无颜面对江东父老。他蜗居在阿尔加维，默默地当他的总督和骑士团总团长，并且策划着新的海上探险。在生命终结的前两年，他又发动了一次复仇的战争，占领了休达以西一个小小的地方阿尔卡塞，为自己捞回了一点点面子。

葡萄牙人攻占休达的初衷是想开拓一条前往非洲内陆黄金产地的通道。但这个城市在葡萄牙人手中却变成一座死城，后来偷袭丹吉尔又惨遭失败。亨利寻找印度航路的探险从此添加了新的目标：寻找非洲的黄金国和约翰王。由于缺乏信息，亨利命令他的探险队在非洲抓几个"舌头"。1441年，他手下的船长在塞内加尔河抓到10名黑人，其中一个名叫阿达乌的黑人能说流利的阿拉伯语。具有讽刺意味的是，他自己居然就是一名奴隶贩子，专门为阿拉伯人的奴隶贸易站供"货"。这几名"舌头"被带到葡萄牙，亨利亲自审问他们。阿达乌主动提出用4倍人数的奴隶换取自己和随从的自由。亨利接受了这个建议。阿达乌和其他9名黑人被带回塞内加尔河畔释放。但送回来的"赎金"只有10名黑人，不足之处用兽皮盾牌、鸵鸟蛋和金沙弥补。从此，摩尔商人用"赎金"换取自己的自由便成为该地区的一种新的游戏规则。

葡萄牙人在纳翁角袭击了一个阿拉伯奴隶贸易站，捕捉到18名摩尔商人。他们用这18名摩尔人换取到51名几内亚黑奴和一头狮子。这是欧洲人见到的第一头非洲狮。亨利把这头狮子运到爱尔兰，作为礼物赠给他幼年的英语老师。

1868年，即亨利逝世408年后，伦敦出版了一本名叫《航海家亨利王子的一生》的书，作者是英国人理查·梅杰。这本书使葡萄牙以外的世界第一次听到亨利王子的名字。梅杰在书中把亨利称为"萨格里什的圣人"，把他描绘成一个高大英俊、儒雅自律的贵族，目标明确的学者和行动果敢的领袖，并且把他所有的优良品质归结于他的英国母亲的养育和他的爱尔兰籍英语教师的教诲。那个爱尔兰老头收到这头非洲雄狮一定感动得老泪纵横，绝不会深究它的来历。在那个时代，贩奴尚未被欧洲文明世界视为罪恶。

1443年，亨利以基督教骑士团领袖的身份从教皇那里争取到从博哈多角到印度群岛的贸易专营权。亨利可以获得这个地区所有贸易1／5的收益。亨利很快便从教皇的这条敕令中获益巨大。

几个月后，葡萄牙船长巴托洛梅乌·迪亚士的船队到达了维得角捕捉和购买黑人，其中6艘船将首批345名黑人运回国内。这一天是1444年8月8日。黎明前，葡萄牙人将带回的黑人从船上驱赶到阿尔加维拉古什城外的一片空场上，进行葡萄牙历史上第一次对掳掠的黑人的坐地分赃。有一位名叫阿祖拉拉的史记官记录了这个场景。亨利骑着马来到现场。他首先得到他的那一份：69名黑人。他当场把这些黑人分给了他的随从。将掘到的第一桶金犒赏下属，这符合亨利的行事风格。这些黑人随后要在市场上售出，据说他们最后要被教化成基督徒。亨利认为

葡萄牙航海王子亨利花费了国家大量钱财却未能在非洲找到黄金，于是转而掳掠贩卖黑人，成为欧洲贩奴第一人。这个罪恶的买卖给他带来了巨大的利润。

这是对这些蛮夷灵魂的拯救，并用这种想法来化解内心的罪恶感。

从阿祖拉拉经过修饰的文字中仍然可以感受到这一场景的悲惨凄凉：这一群灵魂即将被"拯救"的黑皮肤男女瑟瑟缩缩地偎依在一起，听任命运的摆布；他们大多低着头，脸上垂着泪，有的仰面朝天，口中念念有词，不知道在向着什么上帝祈祷。最悲惨的时刻到来。为了实现分配的公平性，葡萄牙人将黑人按性别和年龄分成三群，然后再根据性别、年龄和体格状况逐一分配给不同的主人。丈夫和妻子，以及父母亲和子女不可避免地落到不同主人的手里。人群中发出撕肝裂胆的哀号。母亲拼命将孩子搂在怀里，或是扑倒在地上，将孩子护在身下，但这都无济于事。当她们的孩子最后被夺走时，黑人们个个痛不欲生，一些妇女晕倒在地。

亨利终于在塞内加尔的"黑色海岸"找到了他的"黄金国"。这把他从政治危机中解救出来。海上探险是一项昂贵的活动，打造帆船，研究和绘制海图，招募和训练海员和船长，为探险船队购置给养和装备都需要大量的银子。葡萄牙基督教骑士团是亨利唯一的财源。这个骑士团是一个半民间的组织，其收入主要来自抢劫越境的西班牙商人和在本国边境村庄收取的"保护费"。这笔收入只能应付海上冒险事业不足三分之一的开支，其余三分之二要靠王国政府资助。好在他的大哥国王杜亚特一世和后来的摄政王二哥彼德罗在财政上都非常照顾他，使他的事业得以维持下去。当探险航行进行了20多年而"黄金国"仍遥不可及时，抨击之声由弱变强，最后响彻朝野。大臣们指责亨利经营的萨格里什村是吞噬国库的无底洞。幸好，奴隶贸易的巨大利润为亨利解了围。

教皇敕令授予亨利垄断从西非到印度的贸易，并严禁西班牙人涉足非洲的贩奴贸易，违抗者将被敲碎头颅。西班牙人要想畜奴，只能到葡萄牙市场上购买。这条敕令使得亨利的贩奴活动获得高达600%—700%的利润。亨利的船队每年从非洲运回1000多名黑奴。这些奴隶在拉古什港登岸后被转卖到别处，也有一些留在了那里。至今，在紧邻阿尔加维地区的阿伦特约省边界附近还有两个以黑人居民为主的村庄。村民是种植水稻的农民，他们在疟疾肆虐的稻田种植区能够健康地繁衍至今，据说是因为他们身上有祖先从非洲带来的抗疟疾的基因。

　　一贯主张善待非洲人的亨利成为欧洲贩奴第一人。葡萄牙朝野包括亨利的王室亲属都不时发出谴责的声音，但大多数贵族支持这个盈利颇丰的买卖，他们声称贩奴是文明世界对蛮荒民族的收纳和教化，是基督教对未开化种族的拯救，试图将贪婪披上善良的外衣，罪恶戴上神圣的光环。

　　帝国扩张的巅峰年代在亨利死后才出现。他辞世后不久，葡萄牙人相继发现了西非的香料海岸、黄金海岸和象牙海岸，帝国一夜暴富。15世纪末，达·伽马打通了印度航道。15、16世纪之交，卡布拉尔在讨伐古里的途中偏离了航线，偶然地发现了巴西，并成了这片大陆的主人。在遥远的东方，葡萄牙人将帝国的疆土延伸到印度果阿、马来半岛的马六甲、小巽他群岛的东帝汶和中国的澳门。葡萄牙帝国变得空前强大。尽管如此，葡萄牙人仍然把帝国英雄谱中最显赫的位置留给了这位王子。

葡萄牙帝国的殖民触角不仅伸向南美，同时也伸向亚洲。1553年，葡萄牙船队从马六甲出发来到澳门，借口晾晒货物登上了这片土地。鸦片战争后，趁着清廷的软弱，葡萄牙人对澳门的"租住"变成强占。图为明信片上的澳门拱北关闸。

航海王子海上探险的目的是探索去印度的航线、寻找黄金和香料以及将无主的海岛纳入葡萄牙版图。这些目标在亨利故去之后发生了嬗变，变成与西班牙争夺和瓜分世界、与阿拉伯人抢占航路和市场、侵占别国的土地和奴役弱小民族。而扩展地理学的认知只不过是所有这些野心勃勃的活动中的一个副产品。这个副产品经过精心包装，穿上了"地理大发现"的美丽外衣。历史的罪恶戴上了造福世界的面具，作为他们拒绝向被侵略被奴役民族忏悔的借口。

　　具有讽刺意味的是，我们有些中文出版物也不断克隆着这个概念。在互联网上还流传着一些国人撰写的葡萄牙游记和跟帖，毕恭毕敬地赞美着这位航海王子。

　　民族主义总是精心编撰着自己的英雄谱系，以此作为打造国家凝聚力的工具。特茹河畔之所以建造起地理大发现纪念碑，完全出于国家叙事的需要。亨利完成的自葡萄牙到几内亚的地理认知，其普世性意义早已淹没在那些摩尔人的鲜血和黑人奴隶的眼泪中，我们没有必要鹦鹉学舌地为他大唱赞歌。

12
两个帝国的背影

15世纪有两个帝国在亚洲崛起，它们是中亚的帖木儿帝国和东亚的明帝国。帖木儿东征西讨40年，抢劫财物，掳掠工匠，按十一比例杀戮俘虏。而明帝国推崇"修德"而不求"地广"，并将周边15个小国列为永不征讨之国，在对外经济交往上奉行"厚往薄来"的宽厚政策。

21世纪初，在欧洲某地举行的一次国际学术研讨会上，我与俄罗斯前代总理叶果尔·盖达尔相遇。叶果尔·盖达尔是20世纪90年代初俄罗斯"休克疗法"的创始人。他提出的极度冒险的"疗法"使俄罗斯国内生产总值缩水一半，使千万个家庭多年的储蓄化为乌有。我与他的交谈只字未提那次辛酸的改革，而把话题聚焦在他的祖父身上。

他的祖父阿尔卡季·盖达尔是20世纪30年代苏联著名儿童文学作家。他的作品《林中烟》、《丘克与盖克》、《军事秘密》、《革命军事委员会》、《远方》、《第四避弹室》、《学校》、《铁木儿和他的队伍》在20世纪50—60年代曾风靡中国。其中，中篇小说《铁木儿和他的队伍》尤其脍炙人口。那部作品描写了卫国战争时期一个富有正义感的少年铁木儿团结身边的同龄人为集体农庄和军烈属做好事，以及帮助坏孩子改正错误的故事。这群侠肝义胆的少年模仿传说中的英雄豪杰，雁过不留声，人过不留名，甘当无名英雄。老盖达尔将一个具有强烈意识形态色彩的主题包装成一个侠士式的传奇故事。在这个故事里，由"好孩子"和"坏孩子"组成的两个集团间的较量在一个堡垒的攻防战中展开，情节跌宕起伏，使无数崇拜英雄、渴望当男子汉的少年血液沸腾。这部作品问世后产生了意想不到的后果，全国掀起了一场声势浩大的"铁木儿运动"，千千万万的中小学生竞相以铁木儿为楷模争做好事，主动帮助别人。这个运动为1940—1950年卫国战争和战后恢复时期青少年的思想动向奠定了基调。

我向他提出一个多年来困扰我的问题：为什么他的爷爷老盖达尔用一个蒙古一突厥式的名字来命名他作品中的主人公？回答是，他的祖父从小敬慕武功盖世的英雄，14世纪威震中亚的军事领袖铁木儿大帝是他崇拜的偶像。的确，老盖达尔早早就把自己的黩武主义付诸现实：14岁投军，16岁当上团长，成为内战时期最年轻的红军指挥官。当他初为人父后，便用"铁木儿"为他的儿子命名，后来又用这个名字命名他作品中的主人公。他的名叫铁木儿·盖达尔的儿子就是叶果尔的父亲，苏联20世纪60年代著名的军事记者。

叶果尔提到的历史人物铁木儿在中文典籍中大多译为"帖木儿"。老盖达尔敬仰的这位人物是继成吉思汗之后又一位驰骋欧亚两洲的铁骑枭雄。他出生于西察合台的渴石城，即今天乌兹别克共和国撒马尔罕城以南的沙赫里夏勃兹。当时，察合台因宗教和文化分野裂变成东西两部。蒙古王族贵胄为争夺汗位相互残杀，地方政权相继落入地方门阀手中，形成诸侯割据的局面。

帖木儿自幼对汗国先祖成吉思汗十分景仰，梦想重振先王大业，恢复帝国疆域。这位野心勃勃的突厥贵族青年工于心计，在乱世之秋审时度势，巧加钻营。他24岁投靠察合台后王秃忽鲁帖木儿，一度当上了阿姆河与锡尔河之间的河中地

俄罗斯前代总理叶果尔·盖达尔是20世纪90年代初俄罗斯"休克疗法"的创始人。他的祖父阿尔卡季·盖达尔是苏联著名儿童文学作家，其作品在20世纪50—60年代风靡中国。别人和叶果尔·盖达尔(左)谈俄罗斯经济改革，我只和他谈他的爷爷、作家阿尔卡季·盖达尔。

区总督。此后，经过一系列的投靠、联姻、背叛、结盟、分裂、征战、兼并，在34岁那年终于肃清河中地区所有敌手。接着，他扶植一位成吉思汗的后裔做傀儡，以成吉思汗传承人的身份肆无忌惮地东征西讨。他用8年时间收复了从察合台叛离出去的花剌子模国，同时又对盘踞在阿克苏和喀什的东察合台篡位者哈马尔丁发起7次远征。在一次战斗中，他的右脚遭受箭伤而落下终身残疾，于是获得了"瘸子帖木儿"的响亮绰号。然而，他腿瘸人不瘸，在河中地区牢牢站稳脚跟，成为中亚最强悍的霸主。

在完成了从汗国向帝国的嬗变后，帖木儿开始为所欲为地向外扩张。从1381年起，他用了6年时间征服伊朗，攻克了东部的赫拉特(哈烈)、赛尔巴朵尔、马赞达兰，扫平了南部的锡斯坦、坎大哈，以及西部的桃里寺、卡尔斯、第比利斯、凡城、设拉子和伊斯法罕。1391年至1395年，帖木儿两次远征金帐汗国，追剿背叛他的金帐汗王脱脱迷失。第二次追剿脱脱迷失时，他从里海以西的高加索直接进攻金帐汗的都城撒莱，途中顺便扫荡了美索不达米亚平原，劫掠了巴格达城。1398年，帖木儿依照察合台前王的惯例洗劫了一次富饶的印度。

1402年与奥斯曼帝国苏丹巴耶塞特打的一仗是帖木儿军事生涯中的巅峰之作。在以往战争中，他面对的都是小国、弱国、零星的部落，不是在内讧中丧尽元气的城邦，便是日薄西山的世袭王朝。奥斯曼帝国则截然不同。15世纪初的奥斯曼如日中天，朝气蓬勃。它兼并了小亚细亚各个突厥部族，将西起博斯普鲁斯海峡、东至锡瓦斯的半个半岛纳入自己的版图。不仅如此，它还剑指欧洲巴尔干，征服了塞尔维亚，将除君士坦丁堡外的色雷斯，除萨洛尼卡以外的马其顿悉数纳入自己的版图。巴耶塞特苏丹还在尼科堡战役中打败了由匈牙利国王西基斯蒙德和勃艮第公爵桑普尔率领的十字军，使基督教徒的远征首次在近东蒙受重大挫折。帖木儿与奥斯曼苏丹的一战可谓棋逢敌手、将遇良才。

双方在交换了相互蔑视和嘲讽的文书后，决战的帷幕拉开。这场中世纪著名的战役发生在今天土耳其首都安卡拉以北的丘布克。双方短兵相接。在整整一天的浴血鏖战中，双方投入的50万大军死伤过半。夜幕降临时，筋疲力尽的巴耶塞特马失前蹄栽倒在地，被河中人生擒。帖木儿大获全胜。这一天是7月20日。为防止这位土耳其枭雄逃跑，帖木儿制作了一个四周围着铁栅栏的木轿，作为押送的工具。然而，这个铁笼子却变成了这位末路英雄的梓宫。曾令欧洲十字军魂飞胆丧的西亚雄狮被俘后不久突然死于血栓。按某些史家的说法，他是被自己的失败气死的。用今天的医学观点来看，这种说法也不算错，屈辱感和郁闷是脑血栓和心肌梗死的常见诱因。

在西方史学家笔下，帖木儿是一个充满矛盾的人物。与成吉思汗相比，他具有更高的文化素养。他酷爱波斯文学尤其是诗歌，喜好艺术。然而，他没有成吉思汗的战略眼光。他的征战缺乏远见和规划，因而在时间和地理逻辑顺序上显得杂乱无章。他的战争完全以报复和抢掠为目的，抢完杀完就走，从不在征服地建立自己的秩序。他每次凯旋后，他所洗劫过的土地马上又重新落入敌手，并再次成为河中帝国的安全隐患。因此，他不得不对同一个国家进行反复的征讨。他的

帖木儿自幼对察合台汗国的先祖成吉思汗十分景仰，梦想重振先王大业，恢复帝国疆域。他的右脚在征战中遭受箭伤落下残疾，于是获得了"瘸子帖木儿"的响亮绰号。然而，他腿瘸人不瘸，在河中地区牢牢站稳脚跟，成为中亚最强悍的霸主。图为帖木儿和他的朝臣们。

文化艺术素养没有给他带来丝毫儒雅之气，他的嗜血和暴戾绝不亚于其先辈。

今天我们提起帖木儿时，后脊梁还有些发凉。在他灭掉奥斯曼帝国后，竟然把下一个征服目标锁定在中国，并且在安卡拉之役结束两年后便纠集起20万大军，剑指东方，出征讨伐当时世界上最大的国家。许多西方史学家认为，如果不是因为他最后病死在征途上，中国恐怕难逃奥斯曼式的覆灭命运。

帖木儿为什么要进攻中国？今天分析起来不外乎三个原因。

战胜奥斯曼帝国后极度自我膨胀，急于寻找更大的、能够满足自我野心的打击目标，此其一。其二是他对明帝国曾经表示过的臣服在他崛起后幻变为巨大的耻辱。其三是中国的财富规模远远超过他以往40余年所征服的所有国家的总和。

帖木儿大军打败奥斯曼帝国苏丹巴耶塞特后，又荡平了奥斯曼的都城布鲁撒，攻克了小亚细亚半岛西端的尼西亚（伊兹尼克）。帖木儿本人亲自率军进攻半岛西部另一重镇士麦那(今伊兹米尔)。这个坐落在安纳托利亚西部的基督教骑士城邦曾在奥斯曼帝国长达7年的猛攻下岿然不动，而在帖木儿围攻两个星期后便轰然陷落。这一事件震惊了世界。博斯普鲁斯海峡对面的拜占庭摄政王约翰七世接到帖木儿的最后通牒后，战战兢兢地在城头升起察合台人的龙旗以示臣服。而远在欧洲的法王查理六世和英王亨利四世却作出了相反的举动。他们派专使送

来了贺信，祝贺他翦除了基督徒世界的克星奥斯曼苏丹。

此时的帖木儿第19次凯旋回到撒马尔罕。征服奥斯曼以及基督教世界的交口称赞使他的傲气直冲云霄。在飘飘然之际，他最想做的事是了除心头多年的死结：为早年对明朝的臣服雪耻。

帖木儿与朱元璋是同时代的历史弄潮儿。朱元璋比帖木儿年长8岁，他的明帝国比帖机的河中帝国崛起仅早两年。明朝建立后，要求继承元朝对周边藩国的宗主地位，其中也包括察合台汗国。1389年，东察合台汗王黑的儿火者即位后立即遣使到南京朝贡，与明朝建立了友好关系。帖木儿帝国此时虽与东察合汗王罢兵言和，但对峙之势依然存在。东察与明朝交好打破了察一帖两国之间的平衡，对帖木儿形成无形的压力。为缓解这一压力，1392年，帖木儿派遣迭力必失酋长为特使前往明朝贡马300匹。1394年，他再次遣使到明朝进贡。帖木儿自视成吉思汗的继承者，对推翻元朝的明朝有着天然的芥蒂。他向明朝进贡行"事大之诚"其实是违心之举，因此又有了1395年扣押明朝使节傅安的反常举动。1403年，西班牙使臣克拉维约在撒马尔罕觐见帖木儿时，亲耳听到帖木儿指骂明成祖朱棣是"奸贼"和"仇敌"。这一幕发生在帖木儿出征讨伐中国的前夕。这表明，帖木儿对中国的远征有着"去耻化"的动机。

中世纪战争的首要目的和动力是劫掠财富。帖木儿时代的中国是世界上最富足的国家。英国历史经济学家安格森·麦迪森在《世界经济千年史》一书中说，公元1000年时，除日本以外的亚洲的GDP占世界总和的67.7%，到公元1500年，这个数字略微下降到62.1%。根据这个数字粗略推断，在帖木儿时代，中国的GDP应占世界四分之一至三分之一。当然，帖木儿是不可能知道这个数字的，

帖木儿是一个充满矛盾的人物，一方面酷爱波斯文学，喜好艺术，另一方面嗜血成性，杀人如麻。他40年的征战几乎没有遇到过敌手。他的征战以报复和抢掠为目的，缺乏战略远见。图为帖木儿的士兵在胜利后尽情歌舞狂欢。

征服奥斯曼帝国使贴机的傲气直冲云霄。在飘飘然之际，他最想做的事是了除心头多年的死结：为早年对明朝的臣服雪耻，于是他决定将下一个进攻矛头指向中国。图为帖木儿军队的装束。

但由中亚的商人带回的大量信息使中国富甲天下的名声，不可能不让帖木儿怦然心动。许多阿拉伯和撒马尔罕的贡使和商人因迷恋中原的富裕而乐不思蜀，长期滞留中原不归，成为今天中国穆斯林的先祖。中亚、西亚人极为迷恋的丝绸、彩缎、瓷器、珠宝、玉石、麝香、大黄等，都是除却中国无觅处的稀罕物品。帖木儿抢遍了波斯、印度、美索不达米亚、高加索、土耳其，而这些地区就富裕水平而论在中国面前是小巫见大巫。为了财富，帖木儿也要向中国开一回刀。

天不灭曹，帖木儿的东征计划还没展开便夭折了，中国绝处逢生。帖木儿不死的话，果真能在中国重演大败奥斯曼帝国的一幕吗？这种可能性不能说没有。当时的中原，"靖难之役"刚刚结束，明朝还没完全从内战的阴影中走出来。当来势汹汹的帖木儿大军逼近西域的消息传到明廷后，朱棣匆忙敕谕甘肃总兵宋晟备战迎敌。

然而，此时的帖木儿已非彼时的帖木儿了。长期的征战使他疲惫不堪，每次战争的间歇返回撒马尔罕休养时，还要应付后宫成群的妻妾。为了取得成吉思汗家族成员的资质，他在61岁时又做了一回新郎官，迎娶了成吉思汗的后裔东察合台汗王黑的儿火者的宗室公主塔瓦卡勒。与16岁的花季公主结亲不能不使这位高龄驸马气血亏损。他从土耳其回来后苍老虚弱，百病缠身。据记载，他由于过分虚弱，已经无法自己登上马鞍，出门时经常由护兵将他从帐篷中抬出，放在马背上。他最后病死在征途上的讹答剌，那个地方几乎就在他自己的家门口，离中国中原地区还有十万八千里。退一万步来说，他如果真能苟延残喘地活着到达中国中原，我们也很难想象，一个病入膏肓的七旬老人如何能够横刀跃马身先士卒地冲锋陷阵？在阵前见不到一位主帅的伟岸身姿，千军万马如何能凝聚起自己的斗志，又如何能对敌阵发出致命的威慑力？真到那时，鹿死谁手还很难预料。

帖木儿死后，被他奴役的部族纷纷宣布独立，庞大的帝国四分五裂。他的嫡系子孙龟缩到河中和东伊朗之间一片不大的土地上，为争夺王权相互掐得死去活来。他指定的继承人是他的长孙马黑麻。他还未来得及登上王位便被自己的丞相诛杀。他的另一个孙子哈里勒发动政变在撒马尔罕自立为王。他的四子沙哈鲁在赫拉特建立了另一个政权。在"靖难之役"之后刚刚登上皇帝宝座的朱棣，面对的是一个蜕变成三流国家的河中王国。

对于帖木儿帝国的解体，朱棣做出了具有中国特色的反应。他并未因帖木儿曾经发兵入侵中国而对河中王国而记恨在心。相反，在国内局势平定后便积极谋求恢复与河中王国的贡使关系。撒马尔罕的哈里勒政权也希望与明朝重归于好，派使臣礼送被帖木儿扣押的汉使傅安等人回国。明成祖盛情款待河中使臣并赐丰厚赏赉。朱棣派使臣回访撒马尔罕时，又赐新王哈里勒以白银、丝绸、锦缎、瓷器、猎鹰等。

1408年，明成祖再次派遣傅安赴东亚。这次出使的目的地不仅是哈里勒统辖的撒马尔罕、达什干，还包括沙哈鲁盘踞的赫拉特。朱棣不仅与哈里勒恢复邦交，也一碗水端平地向哈里勒的政敌沙哈鲁示好。后来的事实证明，这个政策十分明智。沙哈鲁也遣使随傅安来明朝朝贡。1415年，成祖命吏部员外郎陈诚同宦官李达出使撒马尔罕，次年哈里勒又遣使随陈诚到南京入贡。两国从此使臣往来不断，保持密切的互访联系。

据《明实录》等史料记载，从帖木儿朝的3次朝贡算起，到万历朝的1581年，到南京朝贡的撒马尔罕王国使团多达50余次，明朝派往撒马尔罕的使团也有10来次。河中王国热衷于到明朝朝贡，主要原因是与中国的贡市贸易利益巨大。首先，明朝廷对进贡藩国国君的赏赐丰厚，对外国贡使的接待体贴周到。其次，与明朝的贸易往来使撒马尔罕王国获益不小。

中亚和西域的贡使所获赏赐最多，因此对朝贡乐此不疲。以哈密为例，永乐元年，哈密王安克帖木儿遣使贡马90匹，朱棣派使臣亦卜刺金等赍诏往哈密抚谕，并从此允许哈密马匹输入内地。皇帝的赍诏加重赏使哈密来大明的贡使逐年增多，仅1424年一年，哈密派往明朝的朝贡使团就达10批之多，所贡物品由马匹增至金银器、象、驼等。明朝对哈密回赐以钱银、彩币、绢物品，最多一次赐纱六万一百零五锭、彩币七十里表、绢千一十六匹，赐银百六十两。

番国的进贡不仅回报丰厚，可谓"抛砖引玉"，来华的贡使也享受到贵宾待遇。永乐年间对外国贡使接待的奢华程度极其惊人。据记载，为了接待一个来自波斯的77人贡使团，明廷每日调拨给养计羊12头、鸭4只、酒50坛、大米200斤、果品140斤、面120斤，菜蔬还未统计在内。接待蒙古的贡使团也是明朝一大负担。1440年，一个由2400人组成的瓦剌部族贡使团在明朝停留两个月时间，光是羊便吃掉了5000头。

明朝为了接待外国朝贡者专设会同馆，相当于今天的涉外宾馆或国宾馆，由礼部管辖。外国贡使到京后安排下榻会同馆。朝廷宴请或赏赐都在这里进行。有时贡使归路阻梗，或货物未完全出手，便一住就是四五年，费用完全由朝廷负担。居住时间愈长，朝廷靡费愈多。据史料记载，1522年，住在会同馆的夷人"168名，每五日钦赐下程一次，费银110余两，每月6次，费银600余两……延住月久，下程益多，旧例相沿，不为限节，委的靡费"。一些中亚贡使因此恃宠生娇，久留不走，甚至"候赏不得，反生嗟怨"。礼部不得不严申旧例，限期遣返。朝廷对贡使优厚的待遇，招致假冒贡使者日益增多，辨别真伪成了礼部一大难题。

河中王国的使者每次从中国回去，除了带走大量赏赐物品外，还要采购大批丝织品、瓷器等具有极高经济价值的商品，而从河中输入的商品，主要是马匹、狮子、鹦鹉等禽兽和玉石。除了马以外，其他的东西于中国并无实用价值。明朝在与河中的双边贸易中明显亏失。朝廷内对此曾颇有争议，但经全盘考虑后决定不以经济得失论短长，继续发展与河中的贡市贸易，只是减少对方进贡的频度。

明朝对朝贡藩国"厚往薄来"的制度始于明太祖。朱元璋有一名言曰："诸蛮夷酋长来朝，涉履山海，动经数万里。彼既慕义来归，则赍予之物宜厚，以示朝廷怀柔之意。"这句话的意思是：外国来朝贡的使臣跋山涉水动辄数万里，是敬慕我大明国而来，所以我们对他们的赏赐应当丰厚，以体现朝廷对他们的关怀。他还有一句话是："朝贡无论疏数，厚往而薄来可也"，亦即：外国进贡的物品不要计较多少，给的回报可以多于他们的贡物。因此，明朝除了让贡使带回赏赐外，还经常派专使赴外国进行回赠。朱棣继承了朱元璋的政策，也强调外邦朝贡是"慕义远来"，因而不可"侵其利"，对贡使赠送"宁厚无薄"。在这一方针下，明朝与外国的贸易是出得多、进得少，甚至不计其价慷慨赠送。

朝贡制度是中世纪宗藩关系的一种物化形式。为了建立和维持某一区域内的稳定，该区域的国家之间需要梳理出"宗藩"关系，换句话说，要分出个大哥和小弟来。古代国家关系中的宗藩制度有三大构件。一是弱小国家要承认大国的领导地位，表示"臣服"，就是弱国谦认自己为"藩"，尊强国为"宗"。二是宗主国对藩属国承担保护其不受第三国侵略的责任，并调解藩属国之间的纠纷；

河中王国的使者每次从中国回去，要采购大批丝织品、瓷器等具有极高经济价值的商品，而河中王国输往中国的商品除了马匹，其他的东西于中国并无实用价值。明朝廷决定不以经济得失论短长，继续发展与河中的贡市贸易，只是减少对方进贡的频度。图为在中国内地发现的帖木儿帝国的钱币。

藩属国对宗主国承担的义务是当宗主国与第三方发生战争时，派兵协助宗主国作战。藩属国还有一个更重要的义务是按时向宗主国交纳贡赋。这种贡物（有时表现为捐税）名义上是藩属国对宗主国缴纳的保护费，本质上却是一种合法外衣包裹着的剥削和掠夺。三是宗藩关系一旦理顺，藩属国便进入了以宗主国为核心的松散的国家邦联，这种国家邦联的历史功能是维护地区的和平和稳定。

古代欧洲、北非和亚洲其他地区，大国以纳贡的形式对弱小国家进行掠夺和剥削是宗藩关系的核心本质。为了交纳沉重的贡赋，小国君主只能加大对本国国民的税负。这种转嫁贡赋的做法最终导致藩属国政局的不稳，甚至民变。有些藩属国的君主最后也举起了义旗领导民众反抗宗主国。宗主国由于过度掠夺招致强烈反抗导致自身灭亡的例子最早可以追溯到古亚述帝国。18世纪末，伏尔加流域蒙古血统的土尔扈特人排除万难举国东归故土中国新疆，便是因为不堪忍受宗主国俄罗斯的经济剥削、宗教压迫，和长年抽丁征战导致男丁奇缺所致。

在中世纪，只谋其名而不思其利的宗主国，明朝恐怕是绝无仅有的例子。从洪武年起，明朝就开始积极与周边国家发展宗藩关系。永乐朝进入外交活动最活跃期。明成祖即位之初就频频向周边国家派遣使臣，递送诏谕。1402年明朝遣臣出使的第一批国家有朝鲜、暹罗、爪哇、琉球、日本、苏门答腊、占城等。从1406年开始的郑和七下西洋遍访30多国，主要使命都是一个：赍敕往谕，往赐诸王，宣谕睦邻，彰显国威，网罗藩属，招徕进贡。计明代洪武、永乐、洪熙、宣德、正德5朝，总共出使184次，其中永乐朝占了61次；各国遣使来朝694次，永乐朝占318次。朱棣广招藩属，其实并不仅仅为了营造万国来朝的宏伟场景以圆自己的"天朝上国"皇帝梦，也有建立稳定国际环境的政治目的。

明朝在自己的帝国体系中，对宗藩贡赋交往中虽然坚持"厚往薄来"的方针，对藩属国的赏赐 "宁厚无薄"，不谋取经济利益，却未因此放弃过宗主国的责任，对藩属国之间的纠纷和冲突进行了大量的调解活动，对恃强凌弱的国家进行武力威慑。例如，屡次遭受爪哇侵犯的三佛齐向明朝政府寻求保护，郑和受命与爪哇东、西王进行过多次交涉，对它们提出规劝。后来，爪哇西王吞并了东王的土地，并杀害了郑和使团170余名成员。郑和陈兵城下，迫使爪哇西王认罪。又例如，暹罗屡屡入侵马六甲(满剌加)，强迫其年贡黄金40万两。不堪重负的马六甲王国向明朝求助。经郑和的多次交涉，迫使暹罗放弃了对马六甲的侵略和索贡，两国和睦相处达百年之久。明朝对苏禄与渤泥之间的战争，老挝与柬埔寨(真腊)之间的冲突，也都进行过调停。

明朝解决藩属国之间的纠纷主要采用和平外交斡旋的方式，分析战与和的利弊得失，以明朝"天朝上国"的威望劝谕双方化干戈为玉帛。对拒不接受和平规劝，以及拒绝承认明朝宗主地位的国家，明政府大多采取冷处理的方式。对于不断滋事的藩属国或部族，明朝大多以"绝贡"的软性手段进行惩罚。武力胁迫在网罗藩属的过程中绝少使用，除非首先受到对方攻击。郑和镇压苏门答腊的苏干剌、制服麻喏八歇国西王、反制锡兰王国弄臣亚烈苦奈儿的鸿门宴，以及朱棣对弑主篡立的安南进行的武力干涉，是明朝对藩属动武的为数不多的例子。

就河中王国来说，帖木儿死后，哈里勒与沙哈鲁为争夺王位形成汉贼不两立之势，朱棣遣使调解其叔侄关系。由于统辖旧都撒马尔罕的哈里勒遣使与明朝恢复贡使关系时，南京方面尚不知沙哈鲁在赫拉特另立山头，朱棣在诏书中自然将哈里勒称为"锁鲁檀"(苏丹，即国王)。后来与沙哈鲁建立联系后，朱棣便只能顺序称之为"沙哈鲁把都儿"(将军)。沙哈鲁对此极为不满。他在给朱棣的表文中作出了强烈反应，首先强调自己是"锁鲁檀"，其次拒绝向明朝称臣，三是以先王帖木儿诏令全国奉伊斯兰教为名，要求明朝也尊奉伊斯兰教。尽管沙哈鲁拒不接受与明朝的宗藩关系，且态度粗鲁，朱棣依然以诚相见，在沙哈鲁掌握了整个河中王国大权后，朱棣遂承认了他的"锁鲁檀"身份。朱棣的宽宏大度不仅表现在善待拒不臣服的沙哈鲁，还表现在对曾发兵要灭明朝的帖木儿的态度上。在与撒马尔罕恢复贡贸后，朱棣曾派一名叫白阿儿忻台的中亚裔人为专使前往撒马尔罕，代表他到帖木儿陵前进行祭奠。不仅如此，朱棣在致沙哈鲁的诏书中，凡提及对方先王帖木儿处，均投其所好，一口一个"帖木儿驸马"，礼数之周全无可挑剔。

又例如，明朝廷为维护西域及中亚通道，于1406年建立了哈密卫。后来吐

朱棣对拒不臣服的河中王国苏丹沙哈鲁以礼相待，而且对曾发兵侵略明朝的帖木儿也十分宽宏大量。在与撒马尔罕恢复贡贸后，朱棣派专使代他到帖木儿陵前进行祭奠。朱棣在致沙哈鲁的诏书中，凡提及对方先王帖木儿处，均投其所好，一口一个"帖木儿驸马"，礼数之周全无可挑剔。图为帖木儿的陵墓。

鲁番苏丹攻占哈密，使得撒马尔罕、天方国(阿拉伯)进入内地的贡路受阻。对吐鲁番这样不听话的藩属，明政府没有用武力逼服，而采取绝其贡贸的方式迫其就范。明廷的想法是："彼绝贡路，彩缎不去则彼无华衣，铁锅不去则彼无美食，大黄不去则人畜受暑热之灾，麝香不去则床榻盘虺蛇之害。彼日用之所不可无者，又不止此，一旦绝贡，一物不出，彼其不受害乎？"意思是说：断了它的贡路，彩缎运不过去，他们就没有漂亮的衣服穿；铁锅运不过去，他们就烹煮不出美食；大黄运不过去，人畜就会中暑；麝香运不过去，床簣就会长虫子。他们的日用品一天都不可或缺；这还不算，断了他们的贡路，他们的东西也运不出来，他们也不受害吗？转换成现代的术语，这就叫经济制裁。这一招屡试不爽。每次"绝贡"之后，吐鲁番都会一改骄横态度，低眉垂眼地前来"悔罪"，恳求恢复贡市。此外，对以倭寇侵边骚扰的日本、越界夺地的安南、企图控制辽沈的高丽，明朝也只是遣书斥责，虚言恫下，顶多采取却贡惩罚，并未出兵征讨。

14世纪是帝国孳生的时代。明帝国、帖木儿帝国和葡萄牙帝国都产生在这一时期。明帝国堪称老大，问世时间比帖木儿帝国早两年，比葡萄牙阿维兹王朝早17年。既然是帝国，就都想称霸，但明帝国谋求的霸权与葡、帖两国截然不同。葡萄牙王国和帖木儿王国帝国梦的第一目标是领土扩张。葡萄牙不仅搜寻着海洋上的无人岛，也霸占非洲和南美大量有人居住的土地，还从亚洲许多国家的领土上强行割据殖民点。帖木儿在40年谋求霸权的生涯中将中亚和西亚几十个国家置于自己的铁蹄之下。它们从强占的土地上攫取资源、抢夺市场、垄断贸易，侵占别人创造的财富。

明帝国谋求的是以自己为中心的宗藩体系，或者说一种邦联关系，着眼的是政治利益，而非经济利益。其核心是营造"天朝上国"的声望，以此构建和平的国际环境。这一点对明朝至关重要，因为整个明代一朝都面临着一个重大的外部威胁，那就是北方蒙古部落的侵扰，维护与其他周边国家的友好关系有利于孤立和打击北方蒙古部落。

明朝在构建宗藩体系的过程中不谋求领土扩张，是明太祖朱元璋钦定的国策。朱元璋对靖海侯吴祯说过这么一段话："自古人君得天下，不在地之大小，而在德之修否。"这表明明太祖强调"修德"而不求"地广"。他在《皇明祖训·箴戒章》中对后代训诫道："四方诸夷，皆阻山隔海，僻在一隅。得其地不足以供给，得其民不足以使令。若其自不揣量，来扰我边，则彼为不祥。彼既不为中国患，而我兴民轻犯，亦不祥也。"这段话的精髓是：四方邻国如果不自量力侵犯我们，它们便失去道义，如果它们没有侵扰我们而我们轻率地动用军民去侵犯它们，我们便失去道义。他还将朝鲜、日本、安南、真腊、暹罗、占城、苏门答腊、爪哇、溢亨、百花、三佛齐、渤泥等15个小国列为不征之国。朱元璋在镇压国内的政敌和整肃贪官污吏时杀伐决断，极度血腥，这是事实。他在外交上采取和平睦邻政策，表现相当平和仁慈，这也是事实。

在谋求霸权的手段上，明帝国运用的是软实力，采取外交斡旋、以理规劝并辅以经济诱导的手段。在"定德化，怀远人"的外交方针指导下，明帝国谋求霸权的舞台上频繁上演着送往迎来的欢乐剧。皇帝慷慨的赏赐：金银珠宝锦缎貂裘。礼部殷勤的接待：觥筹交错夜夜笙歌。而葡萄牙帝国和帖木儿帝国运用的是硬实力，它们谋取霸权的过程充满了刀光剑影、血雨腥风、铁骑狼烟、生灵涂炭。

葡萄牙亨利王子对北非休达城的侵略和抢掠，葡萄牙军官卡布拉尔、达·伽马等为抢占印度古里、海湾城邦霍尔木兹、亚洲的马六甲所进行的炮轰、火烧、屠杀、抢劫等恶行在前面的篇幅中已有详细叙述，此处不再赘言。

帖木儿的嗜血与冷酷与同时代的欧洲同辈相比毫不逊色。在许多被他攻陷的城市，他下令按十之取一的比例杀人，并开创了用俘虏的头颅垒塔的习俗。而对一些他恨之入骨的城市，他连婴儿也不放过。在攻克南阿富汗的阿斯特拉巴德后，他的士兵屠杀了包括妇女和吃奶的婴儿在内的全城居民。在攻占巴格达后，他下令杀掉除文化人外的所有居民，烧毁除清真寺外的所有房屋。9万居民成了他的刀下鬼。他二次征讨金帐汗时，火烧伏尔加河三角洲的撒莱和阿斯特拉罕，幸存的市民们在寒冬中"像羊群般地被驱赶着"。在进攻德里前，为了轻装上阵，他下令杀死了在帕特奈尔堡和洛尼堡俘获的10万印度士兵。他占领大马士革后，将半个城市夷为平地，经马亚大清真寺也没逃过一劫，寺中数千难民化为枯骨。他对基督徒更加残忍。他入侵土耳其锡瓦斯城后活埋了奥斯曼军队中的4000名亚美尼亚士兵。他侵入格鲁吉亚时，焚毁了700个村庄和城镇，屠杀了大部分居民，拆毁了所有的基督教教堂。他不仅杀人，而且毁灭了包括巴格达、大马士革在内的许多历史名城。其中一些城市，如花剌子模都城玉龙杰赤和金帐汗的都城撒莱在他的蹂躏下从地图上永远消失。

明太祖朱元璋像。朱元璋在镇压国内的政敌和整肃贪官污吏时杀伐决断，极度血腥，但在外交上采取和平睦邻政策，表现相当平和宽厚。他训诫后代道："四方诸夷，皆阴山隔海，僻在一隅……若其自不揣量，来扰我边，则彼为不祥。彼既不为中国患，而我兴民轻犯，亦不祥也。"他还将朝鲜、日本、安南、真腊、暹罗、占城、苏门答腊、爪哇、湓亨、百花、三佛齐、渤泥等15个小国列为不征之国。

他不仅掠夺财宝，还劫掠人才。他每占领一个城市，都将当地的工匠掳掠回国，建设他自己的都城撒马尔罕。巴格达、大马士革、德里、赫拉特、设拉子、哈马丹的建筑师、石匠、木匠，乃至于丝织工、兵器工人、制盔甲的工人、制玻璃的工人、制陶工等因具一技之长而逃脱一死。撒马尔罕城在他精心打造下成为中世纪中亚最耀眼的明珠。一些历史学家对"帖木儿的文艺复兴"大书特书，使人一时忘了这个显赫的成就是建立在巴格达、大马士革、德里、玉龙杰赤、撒莱冒烟的废墟上的。

在中世纪之前甚至之后很长一段时间，当人类对地理学的认识尚处于青涩阶段，地圆说还没有被普遍认知时，妄馨的自我中心主义曾是世界许多强势民族的通病。然而，在相同的理念下，不同国家却作出了迥然不同的举动。古波斯人、古罗马人、古马其顿人，以及我们刚刚提到的帖木儿所代表的河中人，均将天赋的地理位置视为神启，认为处于"世界中心"的民族支配和奴役地理边缘的蛮族

帖木儿在他攻陷的城市常常下令按十之取一的比例杀人，并命令用俘虏的头颅垒叠成塔。当他的敌人返回被他洗劫过的城市时，常常在高高的骷髅塔前惊骇不已。

是上苍赋予的特权。因此，他们一旦积攒起足够的军事力量便毫不犹豫地千里奔袭，谋求征服处于地理"边缘"的国家和部族。然而，东亚却出现了一个截然不同的例子。创造了东方古文明的华夏民族对外部世界知之不多，以至于将自己的国家命名为"中央帝国"。但是，这个自认为处于世界中心的民族对周边的弱小民族表现出惊人的宽容和大度。这在霍布斯主义肆虐横行的中世纪如果不是绝无仅有，也如凤毛麟角般罕见。

葡萄牙帝国与帖木儿帝国的文化虽然相差甚远，但它们的宇宙观中有一个共同点，那就是以宗教为基石。葡萄牙的文化以天主教义为核心，帖木儿帝国的文化以伊斯兰教为先导。它们的共同特点是将本己宗教视为宇宙间唯一真理，将他教看成万劫不复的邪恶；因此本教对他教的任何讨伐与扫荡均为正当和神圣的事业。在这样一种观念下，它们的扩张战争一旦披上"圣战"的外衣，便获得了天然的合法性，无论这样的战争是多么血腥，多么野蛮，伴随战争的劫掠是多么贪婪，都是无比正义的。因此，葡萄牙帝国对北非的入侵和对印度、霍尔木兹的阿拉伯人的屠杀都被戴上"十字军行动"的桂冠，帖木儿对金帐汗和奥斯曼土耳其这样同为穆斯林国家的侵略，也要尽量捎带洗劫基督教的格鲁吉亚和土麦那，烧毁教堂，活埋基督徒俘虏，以便能够为自己的暴行贴上"圣战"的标签。

中国是一个多宗教的国家，除拥有大量信众的道教、佛教外，还有景教、伊斯兰教、祆教、摩尼教等，但儒学产生于所有宗教形成或传入之前，在与各派哲学和宗教的较量中不断发展，其精神引领作用在长达几千年的王朝史中的绝大部分时间一直凌驾于所有宗教之上，成为历代统治者行事的基本圭臬。中国传统的宇宙观虽然是以中国中原为地理中心的华夏中心主义，理念上有着鲜明的华夷之分，但儒家一向追求"天下归仁"的理想。"仁"者，善待普天下之生灵也。其普世意义表现在中国历代王朝对各个宗教都给予高度的宽容，不仅尊重源于欧洲的景教，也厚待来自西亚和中亚的伊斯兰教。早在公元8世纪，长安就成了众多宗教信众和平相处的祥和之地。公元705年(唐神龙元年)修建的大学习巷清真寺和公元742年(唐天宝元年)在化觉巷修建的清真大寺规模宏伟，足见当时阿拉伯、中亚商人和当地穆斯林在长安的政治地位。古代长安的建筑师无缘一睹阿拉伯清真寺真容，只能照中国的葫芦画外国的瓢，将这两座清真寺建成东方庙宇式的建筑。明永乐年间，朱棣出资在北京修建了一座清真寺，供来自中亚的贡使、商人和当地的穆斯林使用。计明代一朝拨公帑在全国修建的清真寺达90多座。儒家"天下大同"的乌托邦理想超越了宗教的藩篱。

同是谋求霸权的帝国，明朝、河中王国和葡萄牙王国却留下了不同的身影。从这个巨大的差异中，我们又一次体察到文化在历史驱动力中的分量。

帖木儿铁蹄所至，白骨累累，赤地千里，中亚、西亚、南亚百姓莫不视之为恶魔。然而，失之东隅，收之桑榆。这个世界上也不乏对他心怀感激的人。他在丘布克一役消灭了巴耶塞特的奥斯曼，使拜占庭帝国多存活了半个世纪，东罗马人视他为救星。俄罗斯历史上曾被金帐汗国奴役过几个世纪。金帐汗王脱脱迷失曾率军攻入了莫斯科，对俄罗斯各公国横征暴敛。帖木儿两次征讨脱脱迷失，将他打得落花流水，成为俄罗斯人心目中的英雄。难怪苏联作家阿尔卡季·盖达尔能够成为他的铁杆粉丝，用他的名字命名自己的儿子和作品中的主人公。

本文写作之前，传来小盖达尔英年早逝的消息。脱离政坛后，他自己成立了一个研究所，继续他的市场经济学的研究。他的研究仅得到西方政界的关注。他突发脑血栓前正在奋笔疾书，撰写一本给孩子们看的书。这位在学术领域无所建树的经济学家似乎要改弦易辙，重拾其祖父的衣钵。他谢世的消息传到俄罗斯杜马时，杜马多数议员否决了为这位前代总理默哀三分钟的动议。他那次不成功的改革至今仍是许多俄罗斯人心中的痛。

倒霉的叶果尔！

13

皇冠下的女人

自古君王多须眉，罕有巾帼断乾坤。中外历史上的君主中不乏创造一朝盛世的女性。她们中既有杀伐决断的暴君，也有阴柔仁慈的女皇。须眉君主后宫佳丽千百，巾帼一旦手握王权，也搜罗男宠于宫帷，为家国大事也为男女私情。

自幼以来对这里怀着一种欲罢不能的景仰，因此到达莫斯科的第二天我便赶到这里，瞻仰这个神交已久的地方。

二月的莫斯科，上午10点以后天才亮起来。白天气温在零下10度。据当地人说，最寒冷的日子已经过去了。积雪在脚下嘎吱作响，铺着青石板的地方湿漉漉的。克里姆林宫的院子里，带雉堞的红色宫墙围成一个不规则的三角形，护卫着古老的皇宫。宫墙上20个高高的塔楼若有所思地俯视着莫斯科河和涅格林纳河里来往的船只。其中，斯巴斯克塔、尼古拉塔、特罗伊茨克塔、鲍罗维茨塔和沃多夫塔的尖顶上装饰着红水晶五星。站在数公里外的列宁山上都能感受到它那暖暖的星光。红场的另一边是巍峨雄伟的瓦西里大教堂，9个金色的洋葱形圆顶令人对这个古老的建筑充满了童话般的遐想。

这个城堡见证了留里克王朝后400年的历史。为克里姆林宫铺下第一块基石的是在顿河大败蒙古铁骑的季米特里大公。他翻修的城堡宫墙在竣工的次年便发挥了巨大功效，挡住了立陶宛大公阿尔基达斯两次围困和金帐汗蒙古王托赫塔什的进攻。宫墙内的天使教堂始建于伊凡一世时代。另外三座教堂及多棱宫是伊凡三世时期修建的。他从意大利聘请来的工匠还在城堡宫墙上建起一系列挺拔的塔楼。红场上有着9个金色圆顶的圣瓦西里教堂是伊凡三世的孙子伊凡四世建造的。宫院内伊凡大帝钟楼旁高2米、重达40吨的号称"炮王"的大炮和重达202吨的"钟王"铸于留里克王朝末代皇帝费奥多尔时期。城堡里也留下了大量罗曼诺夫王朝的印记。有着11个圆顶的救世主教堂、盾形门、欢乐宫和尼康主教宫便是米哈伊尔一世和他的儿子阿列克谢下令修建的。

1682年莫斯科发生的一场民众起义对克里姆林宫的命运产生了重大影响。在那场动乱中，年仅10岁的彼得一世随家人匆匆逃离莫斯科。这次变故使彼得对莫斯科产生厌恶之情。30年后，他放弃了先祖们经营了400年的古都，在他新征服的北方领土上建起圣彼得堡，克里姆林宫从此被冷落。与圣彼得堡富丽堂皇的宫殿相比，克里姆林宫显得陈旧而破败。1744年，一位来自德国的15岁少女苏菲亚·奥古斯塔·弗里德里卡对克里姆林宫的陈梁破窗印象深刻。多年后她在回忆录这样记述她对这个宫殿的

克里姆林宫内的"钟王"铸于留里克王朝末代皇帝费奥多尔时期(1735年)。该钟高5.87米，直径5.9米，重约200吨，号称世界第一大钟。钟壁上铸有精美的雕像和图饰，如沙皇阿列克谢与皇后安娜的像，还有5幅神像。但它铸成后敲第一下时就出现了裂痕。

印象："……富丽堂皇的宫殿是用木板建成，屋顶漏水，寒气从墙缝钻进来，烧木柴的壁炉冒着烟雾，卧室里的空气令人窒息，屋门难以开启，窗户却很难关闭。一旦下雨，雨水便沿墙流淌，耗子在地板上穿梭往来……"尽管如此，这个地方还是给她留下了温馨的回忆。29年后，宫廷大臣瓦西里·巴热诺夫奉旨从圣彼得堡来到莫斯科，在克里姆林督建一座新的宫殿。邀功心切的巴热诺夫不惜拆除了几座教堂及部分宫墙，打造出一座带有浓郁古典风格的豪华宫殿。巴热诺夫所做的这一切，都是为了取悦俄罗斯至高无上的沙皇陛下。这位沙皇不是别人，正是当年那位15岁的德国少女苏菲亚，这时候她已是叱咤风云、声名远播的俄罗斯女皇叶卡捷琳娜二世了。

人类自脱离母系社会后直到20世纪，均在男权主义主导之下。政治中的性别歧视是千百年来女性涉足权力高峰的鸿沟。这个鸿沟的形成有其自然与历史的逻辑依据。人类从远古时期开始就崇拜强者，将群体中的最强者尊崇为王。在争夺生活空间和生存资源的斗争中，只有具有最强健体魄者能够带领这个群体获得成

彼得大帝像。彼得一世统治时期在俄国进行了一系列改革。他创办学校，鼓励发展科学，引进了儒略历，并使俄文字母现代化。他创办报纸、鼓励工商业发展。他的改革使落后封闭的俄国跻身于欧洲强国之列。他被认为是俄罗斯历史上最杰出的沙皇，并因此获得"大帝"的称号。

功。女性天生柔弱的体质，以及生育和哺乳期对男性无法避免的依赖注定她们在群体中处于从属地位。女性的自然属性顺理成章地演变为她们的社会属性。在人类历史的演进中，女性的这种社会属性又变成了她们的政治属性，奠定了男权主义的坚实基础。

然而，历史上也浮现出一批女性豪杰，她们在封建法统中逆流而上，最后登上政治权力的巅峰，成为历史的弄潮儿。她们成功的秘诀在于她们以智力优势弥补了体力的劣势，以敏锐的目光和高度的智慧将历史赋予她们的政治空间无限扩大，使男性社会驯顺地匍匐在她们脚下。她们还偶尔地将她们的女性魅力融入统治技巧中，以获得额外的政治张力。

叶卡捷琳娜二世是位眼光远大的女皇。她继承了彼得大帝的外交风格和统治艺术，着眼于开拓俄罗斯的疆土和通向世界的通道。她接续了彼得大帝开创的俄罗斯西方化计划，推动产业发展。她启动全国人口普查，加强国民服务业，赞助艺术、文学和教育事业。她推行自由化改革，修改陈旧的俄罗斯法律规范，企图将孟德斯鸠和恺撒·贝加里亚等人的启蒙运动原则引入俄罗斯的立法。她多次击退各种政治势力的颠覆活动，维护了国家的稳定。俄罗斯在她统治下成为欧洲强国。她在位期间被称为俄罗斯的春暖期。由于这些业绩，她成为俄罗斯历史上继彼得一世后唯一获得"大帝"称号的另一位沙皇。

叶卡捷琳娜大帝的历史业绩很大程度上归功于她身边忠心耿耿的文臣武将。他们在各个关键时刻为她出谋划策、指点迷津，帮助她渡过难关。这些人中有一部分是她的情人，或者按照民间的说法，是她的男宠或面首。

叶卡捷琳娜最重要的男宠之一是近卫军军官格利高里·奥尔洛夫。他们相识时，叶卡捷琳娜还只是俄罗斯皇储彼得的妻子。据说他们首次邂逅于皇储的生日宴会。两人一见钟情。色胆包天的格利高里当晚就钻进了皇储妃的卧室。这位蓝颜知己后来在叶卡捷琳娜登上女皇宝座的政变中发挥了关键作用。事情发生在

1762年6月27日深夜。一位青年军官走进芬兰湾岸边彼得霍夫夏宫附近的一座小楼，轻轻唤醒了熟睡的皇后。他带来一个坏消息：帕塞克被捕了。帕塞克是反对彼得三世阵营的一名军官，是叶卡捷琳娜与奥尔洛夫兄弟策划的政变计划的参与者。他的被捕可能使推翻彼得三世的政变功亏一篑。这名深夜赶来报信的人叫做阿列克谢·奥尔洛夫，是皇后的情人格利高里·奥尔洛夫的弟弟。于是，政变被迫于当夜提前举行。在接下来的几个小时里，叶卡捷琳娜与奥尔洛夫兄弟奔走于各皇家军营之间，进行串联和鼓动。对彼得三世亲德政策心存不满的军团纷纷宣誓对她效忠。天亮后，政变军团占领了首都周围各个要塞。两天后，众叛亲离的彼得三世与他的情妇叶丽萨维塔·沃伦佐娃束手就擒。他毫无反抗地在妻子为他拟好的退位书上签上名字，然后被送到夏宫中监禁起来。一个星期后，官方宣布他死于急性腹绞痛，而事实上他是被阿列克谢·奥尔洛夫勒死的。叶卡捷琳娜坚称她与此事无关，而且对丈夫的死深感悲痛。她是这次谋杀最大的受益者，因此她的表白缺乏说服力。

当她连夜马不停蹄地奔走于各军营之间策动政变之时，她已身怀六甲。腹中孩子的父亲正是格利高里·奥尔洛夫。这个孩子出生后被命名为亚历克谢·波布林斯科依。30多年后，他的同父异母哥哥沙皇保罗一世授予他伯爵封号，并在图拉给了他一块领地。他在那个领地的庄园里舒适地度过一生。兄弟毕竟是兄弟，虽然是同母异父兄弟。

俄罗斯女皇叶卡捷琳娜二世（1762—1796），原名索菲娅·弗里德里克·奥古斯特，是德意志安霍尔特—策尔布斯特王族军官的女儿，1745年同俄国皇位继承人彼得大公结婚。1762年7月9日，她发动政变登上了皇位。她继承彼得一世的政策，鼓励发展产业，大力扩张领土，成为继彼得一世之后最强有力的沙皇，并获得"大帝"的称号。图为举行婚礼时的叶卡捷琳娜像。

奥尔洛夫并不是叶卡捷琳娜的初恋。她的初恋情人叫做谢尔盖·萨尔图科夫。叶卡捷琳娜15岁来到俄罗斯，16岁与皇储彼得完婚，但婚后两人始终感情不和。少女时代的她为了争取获得皇妃的身份继而享有皇后的荣耀，曾不遗余力地接近和讨好这个弱智的皇储。然而，彼得大帝这个丑陋和愚钝的外孙带给她的只是反感和恶心。幸好，俄罗斯不缺少俊男。她很快为自己找到心仪的男人。她在晚年撰写的回忆录中指认谢尔盖·萨尔图科夫是她儿子保罗的父亲。俄罗斯公众乐于接受这种指认，因为民间普遍流传彼得三世患有性无能，而且他亲德卖俄的行径腥膻满天，为民众所不齿。然而，后世的历史学家却认为，女皇是在刻意误导公众，带有明显的政治企图。

保罗一出世便被叶丽萨维塔女皇抱走。叶丽萨维塔女皇是叶卡捷琳娜的姨婆婆，即她丈夫母亲的姐姐。她异常钟爱这个新生的侄外孙，执意要亲自把他培养成合格的皇位继承人。在姨祖母身边长大的保罗与母亲形同陌路。叶卡捷琳娜对这个儿子也满腹疑云，害怕他某一天也照猫画虎地发动一场政变，从她手中夺权。据说，她曾一度想弄死他。她委托保罗父系血脉，很可能是为罢黜他的皇储做的铺陈。当叶卡捷琳娜驾崩的消息传来时，保罗便迫不及待地在皇宫中展开地毯式大搜索，以寻找母亲的遗嘱，因为他风闻皇母有意剥夺他的皇位继承权。他戴上皇冠后，立即着手为自己的父亲彼得三世恢复名誉，并隆重地重新安葬了他。他的长相酷似彼得三世，后世的历史学家坚信他确系罗曼诺夫家族的龙种。

叶卡捷琳娜床帏风云中的另一位重要人物是波兰贵族波尼亚托夫斯基。26岁的叶卡捷琳娜与这位小她4岁的波兰贵族青年相识之前，已与彼得大公度过10年有名无实的婚姻生活。两年后，他们双双坠入爱河。这时七年战争已爆发，波尼亚托夫斯基正在英国军队中服务。叶卡捷琳娜在这年的年底生下了他的女儿。皇储妃为她取名安娜·彼得罗芙娜。彼得罗芙娜是女儿的父名，表明她是彼得的女儿。叶卡捷琳娜以丈夫的教名作为女儿的父名，小心翼翼地呵护这个暗结的珠胎。叶卡捷琳娜登上女皇宝座后，英国驻俄罗斯大使查理·汉布里·威廉在英国使馆里为波尼亚托夫斯基安排了一个职位，以便让女皇的外国情人获得一个长住圣彼得堡的正当理由。英国外交官既向女皇献了媚，又铺设了一条连通女皇卧室的信息管道。外交掉阖的触角直达女皇深闺，这个英国人真是老谋深算。

叶卡捷琳娜大帝的业绩很大程度上归功于她身边的文臣武将。他们在各个关键时刻为她出谋划策，帮助她渡过难关。这些人中有一部分是她的男宠，如帮助她政变夺权的格利高里·奥尔洛夫，协助她瓜分波兰领土的波兰贵族波尼亚托夫斯基，辅佐她统治的统帅格利高里·波将金。图为老年的叶卡捷琳娜大帝。

1763年波兰国王奥古斯特三世去世，波兰出现权力真空。欧洲各种政治势力围绕波兰的王位展开明争暗斗。俄罗斯先声夺人，派军队护送波尼亚托夫斯基返回波兰强行登上王位。波兰从此处于俄国女皇的控制下。一个谣言在欧洲各国宫廷中回荡，掀起了阵阵恐慌。这个谣言说叶卡捷琳娜要与老情人波尼亚托夫斯基完婚，借此将波兰并入俄罗斯帝国。普鲁士国王腓特烈二世气急败坏地发出警告，如果俄罗斯女皇企图以联姻方式兼并波兰，整个欧洲将群起而攻之。叶卡捷琳娜有心吞并波兰，却无意与老情人结成伉俪。她龙床上早有了别的男人。此时她已产下了保罗皇储和奥尔洛夫的孩子，况且也不愿冒天下之大不韪与整个欧洲为敌。她另有锦囊妙计。

她指示波尼亚托夫斯基尽快择偶成婚，以消弭欧洲各国的猜忌。但是，痴情的波兰国王拒绝接受女皇这一指示。他为了她终身未娶。女皇不敢独吞波兰，而是拉上普鲁士和奥地利来共同瓜分这个国家。原来对女皇的野心义愤填膺的腓特烈二世，摇身一变成了坐地分赃的共谋，蚕食波兰的最大障碍被扫除。在她当政的年份里，俄罗斯与诸列强对波兰进行了三次瓜分。俄罗斯从中获得了今天的白俄罗斯和乌克兰的大片领土。波尼亚托夫斯基在肢解自己祖国的过程中对他钟爱的俄国女皇提供了最大的便利。

叶卡捷琳娜的另一个男人是帝国统帅格利高里·波将金。他是得到女皇宠幸时间最长的男人。未经证实的传言说，女皇在挺着大肚子策动政变的那个晚上与他相识。当时，还是皇储妃的叶卡捷琳娜身穿铠甲来到伊斯麦洛夫斯基军团发表演说鼓动兵变。她猛地拔出佩剑以加强煽动效果，却发现佩剑上的穗子不知什么时候弄丢了。正在尴尬之际，一个青年小步跑到她跟前，献上自己的剑穗。皇储妃惊讶地发现，这个思虑周到的青年竟是一名军阶很低的士官。这位士官就是波将金。在惊鸿一瞥中，皇储妃将他的身影留在自己的脑海中。12年后，他成了女皇最宠信的人。这时他已在与土耳其的战争中屡建奇功，女皇将他召回圣彼得堡，将他擢升为上将。在普加乔夫叛乱、皇储保罗蠢蠢欲动、土耳其人卷土重来的每一次危机中，波将金都能力挽狂澜化险为夷，成为女皇不可缺少的臂膀，获得女皇的青睐并在女皇的卧榻上占有一席之地。

波将金雄踞俄罗斯帝国政坛第一把交椅达17年之久。他把克里木并入俄国的版图，担任新征服疆土"新俄罗斯"的总督。他创建了黑海舰队和商船队，协助女皇扩大高等教育。然而，他的功绩也含有不少水分。他在他统辖的新疆土上搭建了一批刻意粉饰的样板村镇，制造虚假繁荣骗取女皇的嘉奖。此举成为后世的笑谈。"波将金村"也成为弄虚作假的代名词。

波将金曾大量征用居住在伏尔加河一带的土尔扈特部落的蒙古人与土耳其人作战以及镇压农民起义。这个部落因不堪忍受俄罗斯宗教迫害和政治压迫举部东归大清国时,他又奉女皇之命对他们围追堵截。在1787年的俄土战争中,他再度挂帅出征。他在这场战争中因优柔寡断屡屡失利,他的军事才干在后起之秀苏沃洛夫面前相形见绌。他从此淡出军事统帅圈,并痛失女皇的眷顾。他在晚年精神出现紊乱,最后因热病死于前往黑海海滨的途中。他是一位独眼将军,坊间的流言蜚语指称他的眼睛是被妒火中烧的情敌奥尔洛夫弄瞎的。

女皇最后的男宠名叫普拉托·祖波夫,年龄比她的子女们都小。

叶卡捷琳娜二世的男宠虽多,但与她姨婆婆叶丽萨维塔女皇相比仍是小巫见大巫。叶丽萨维塔是彼得大帝的亲生女儿,她的面首不计其数。这位貌若天仙的女皇在遴选面首时不大讲究品位,情急之中连马夫和男仆都可将就凑合。在这方面,酷爱风雅之士的叶卡捷琳娜与她大不一样。

历史长河中女性统治者中的佼佼者,除了叶卡捷琳娜大帝外,还有两位值得一提。她们分别是英国的伊丽莎白一世和中国的武则天。这两位女性豪杰与叶卡捷琳娜一样,个人情感世界异常丰富,可谓"心似双丝网,中有千千结"。

格利高里·波将金是女皇的男宠之一。他作为俄军统帅在与土耳其的战争中屡建奇功。在普加乔夫叛乱、皇储保罗蠢蠢欲动、土耳其人卷土重来的每一次危机中,波将金都能力挽狂澜、化险为夷,成为女皇不可缺少的臂膀。他是获得女皇青睐时间最长的男宠。

伊丽莎白即位的时间比叶卡捷琳娜二世早167年。这位英国女王是在英国宗教冲突处于白热化,国家濒临内战边缘时登上王位的。她及时地推出宗教和解政策,在新教的仪式中融入了天主教的元素,提高了国教的兼容性,使宗教纷争趋于缓和,动荡局势峰回路转。英国在此后的三百年里稳居新教世界的领袖地位。她赞助文化和教育,在她的时代涌现出诸如莎士比亚、培根这样的戏剧家和思想家。她鼓励发展工商业,促进海外贸易,同时大规模向外扩张。在她的统治下,英国开始脱离欧洲走向世界,并启动了北美洲的殖民化运动。她的海军打败了夙敌西班牙的无敌舰队,使英国成为新一代海上霸主。她开创了英国的"黄金时代"，这个时代被历史学家称为"伊丽莎白时代"。

伊丽莎白的青少年时代历经苦难，从小失去母亲，没有父爱，一度从王位继承序列中出局，长大后被姐姐玛丽一世关进伦敦塔。这些经历都没有湮灭她对生活的热爱。她成为女王之后，坚持每天弹奏乐器，练习声乐和舞蹈。她经常在宫中举办舞会。她喜欢在宫廷舞会上跳五步舞。这种舞先轻盈地迈出五步，然后跳跃一次，腾空时双脚对击。在舞会上跳跃腾空时，女士由男舞伴叉住腰部托起。伊丽莎白在舞会上有自己心仪的舞伴，他们都是风流倜傥的男人，宫廷贵族中的出类拔萃者。

英国女王伊丽莎白一世。伊丽莎白是亨利八世的女儿，在其姐姐玛丽一世去世后登上王位，是英国历史上最杰出的君王之一。在她的统治下，英国步入历史上的黄金时代。她终身未嫁，以"童贞女王"自诩，但一生中有着许多蓝颜知己，也留下了许多浪漫的爱情故事。

伊丽莎白女王终身未嫁，并以"童贞女王"自诩，但宫廷中流传着许多女王的浪漫故事。女王从25岁登基到70岁离世，向不少男人敞开过心扉。女王青年时代的情人是她的御马师罗伯特·达德利。达德利身材高达，身体魁梧，精于马术和格斗，善于组织大型庆典和戏剧演出。宫廷中人人都知道，达德利不仅是女王的御马师，而且也是她的"御心师"。达德利的父亲是爱德华一世的重臣，被玛丽一世处死。这使得他与女王有许多共同语言。他们都有一名长辈死于非命，他们自己都做过伦敦塔的囚徒，有着相似的记忆和喜怒哀乐。人们经常看见他们两人一连几个小时骑马徜徉于林间，或散步，或奔跑，或低头细语。

青年时代的伊丽莎白楚楚动人，是各国王室关注的目标。遣使求亲的外国王子可以列出一个长长的名单，但女王早已情归有处。小小的御马师达德利的竞争力远远超过了各国王室翘楚。然而，达德利要成为女王的夫君有一个不可逾越的鸿沟，那就是他已结婚，基督教禁止一夫多妻。然而，他的妻子患有无法治愈的乳疾，因此人们认为这个鸿沟不久就会自行消失。似乎女王也在期待着这一天。据传御马师的妻子一直生活在恐怖中，害怕丈夫会在她的食物中下毒。后来她果真死了，但不是死于疾病或中毒，而是意外地从楼梯上滚下来折断了脖子。成为鳏夫的达德利开始毫无顾忌地向女王调情。

一场天灾成为两人关系的转折点。女王患上了天花，在死亡的边缘徘徊了一阵。她在短暂清醒时留下遗言，命令达德利在她死后任摄政王，年薪2万镑。后来，女王奇迹般地痊愈。她授予达德利以埃塞克斯伯爵封号。册封仪式上，她亲自为他系紧贵族的红袍时，亲昵地抚摸他的脖子。这个被公众错误解读的动作其实是女王在两人亲密关系上画的句号。此后不久，她就写信向她的表侄女、苏格兰的玛丽女王提亲，希望她与达德利伯爵结婚。玛丽作为亨利八世的外甥女，一直觊觎英格兰的王位。伊丽莎白暗示她，与达德利结婚是她向英格兰王位继承权迈出的第一步。玛丽拒绝了这门亲事。她很清楚，她的表姑把信仰新教的前情人推荐给她有两个目的：监视她的行动和改变她的天主教信仰。其实，与苏格兰女王结亲也有违达德利的本意。后来他未经女王恩准擅自娶了别的女人，令女王龙颜不悦，从此失去宠臣的地位。

女王的另一位男宠是一名青年贵族，名叫沃尔特·罗利。他身高6英尺，胡须整齐，衣着华丽，玉树临风且超凡脱俗。他曾在军中效力，镇压过爱尔兰的起义，抗击过教皇的雇佣军。他又是一名足智多谋的船长。他的兄长哈姆福雷·吉尔伯特爵士获伊丽莎白女王授权，开拓北美殖民地，后来在海上遇难。罗利接过兄长未竟的事业，前往新大陆占领"任何基督教王子未曾实际占据的国家和领土"。伊丽莎白一向以"童贞女王"自诩，罗利投其所好，将他在北美发现的第一片土地命名为"弗吉尼亚"(童贞之域)。女王心花怒放，任命他为弗吉尼亚总督，并授予他沃尔特爵士称号。女王任命他为贴身卫队长。他仍然是海上冒险活动的策划人和指挥官，但不能亲自参加。女王不能承受失去他的风险。

罗利对女王十分殷勤体贴，知道在什么时候做什么事能使女王开心。雨后，女王在花园里散步，他会把自己的外套脱下来，铺在女王的脚下，免得女王的御足沾湿。他模仿害相思病的诗人，用钻石戒指在窗玻璃上写下："我

伊丽莎白一世青年时代的蓝颜知己罗伯特·达德利。他的父亲是爱德华一世的重臣，被玛丽一世处死。这使得他与女王有许多共同语言。他们都有一名长辈死于非命，他们自己都曾是伦敦塔的囚徒，有着相似的记忆和喜怒哀乐。人们经常看见他们两人一连几个小时骑马徜徉于林间，或散步，或奔跑，或低头细语。

极欲上攀，却害怕跌落。"女王笑答："你若信心不足，最好留在地上。"罗利身上拥有理想男性的所有品质：优雅、勇敢、智慧和风趣。女王尽管年龄足以当他的母亲，在他面前似乎又回到少女时代，陷入柔情蜜意难以自拔。

蒙伊丽莎白一世女王垂爱达七年之久的贵族瓦尔特·罗利。他身高6英尺，玉树临风，是女王麾下功勋卓著的军人和足智多谋的船长。伊丽莎白以"童贞女王"自诩，罗利投其所好，将他在北美发现的第一片土地命名为"弗吉尼亚"（童贞之域）。女王任命他为弗吉尼亚总督，并授予他贵族称号，将他留在身边当贴身卫队长。

罗利与女王的恋情只维持了七年。这位美男失宠的原因是他秘密迎娶了女王身边近侍贝丝·妥克默敦，英国前驻苏格兰和法国大使的女儿。暴怒的女王把这个曾一再宣称对她忠贞不二的纨绔子弟和他的秘密妻子关进了伦敦塔。后来他把从葡萄牙商船上劫掠的财宝大部分献给了女王，才与妻子获得赦免。

其实，在罗利秘密结婚之前，他的宠臣地位就已经被另一位更年轻的青年贵族夺走。女王的新宠是她的新御马师罗伯特·迪瓦路克斯。罗伯特20岁出头，是前御马师达德利的继子，并继承了他的埃塞克斯伯爵封号。他身材颀长，一头褐发，英俊中带有几分稚嫩，有更时尚的脸型。一脸风霜的罗利在这位俊男面前黯然失色。罗伯特对女王的情结具有某种恋母元素。女王对这个小白脸的感情则时而像情人，时而像母亲。此时英国与西班牙的紧张关系一触即发，罗利与罗伯特争宠的摩擦也发展到你死我活的地步。女王制止了两个情敌之间即将发生的决斗。为争夺女王芳心的制高点，罗伯特采取迂回的策略。他请命率军远征，一度攻占了西班牙港口加的斯，为自己赢得了巨大荣誉，成为女王的战争大臣和枢密院成员。

罗伯特这时被自己的功名宠坏，经常在女王面前发火。一次，因为在宫廷中肆意咆哮被女王掌掴，他险些控制不住自己要拔出佩剑。女王从此将这个桀骜不驯的贵族少爷支使到外地去建功立业，派他率16000人的大军去爱尔兰镇压泰龙伯爵发动的起义。面对拥有17000人马的泰龙，罗伯特有些心虚，于是避实就虚，自作主张去讨伐另一支较小的起义军。在女王愤怒的十二道金牌敦促下，他只得向泰龙的阵地推进。但与泰龙部队接触后却没有发起进攻，反而与他达成六个星期的休战协定。怒不可遏的女王遣书严厉斥责。他匆匆赶回京城为自己申辩。回到伦敦后，他因抗旨被软禁。他本来一直享有国家进口甜酒的关税收入，这一特权在契约到期后未能再延续。女王要断他的粮草，这匹烈马不服驾驭就得饿死。但是，女王低估了这匹烈马的脾气。罗伯特没有服软，反而铤而走险，串联一批失意的贵族发动叛乱。这些挥霍光自己的财产的贵族纷纷响应，企图在政变中浑水摸鱼。他们打着"清君侧"的旗号，煽动市民起义。叛乱的贵族和他们的300名追随者很快落入王家卫队的包围圈。保皇派预先得知叛乱的计划，告密者正是沃尔特·罗利，罗伯特的情敌。他终于为自己的失宠报了一箭之仇。

在罗伯特·迪瓦路克斯被砍下首级的那天，女王整日在宫中徘徊，在瞬间爆发的盛怒下抓起宝剑朝着帏帐一阵乱砍。朝臣们都提心吊胆地躲避着她。坊间一个山寨版的故事为这段情史描绘了一个悱恻哀怨的尾声。据称女王曾有意与小埃塞克斯伯爵结婚，但野心勃勃的伯爵认为堂堂男子汉绝不能当驸马，如果女王果真爱他，就应当把王位让给他，自己屈居王后地位。女王自然以社稷为重，不能为一个小白脸让渡祖业。后来伯爵谋反被判处死刑，肝肠寸断的女王在狱中与伯爵见了最后一面，将一枚戒指给他，和他相约：如果他决心悔改，便把戒指还给她，她一定赦免他的死罪。然而，女王望眼欲穿也没等来那枚戒指，最后只能横下心来下令问斩。女王念及旧情，不忍在市曹行刑，便把刑场移至宫内。两年后，一位病入膏肓的贵妇桑普顿夫人恳请面见女王。她向降贵纡尊来到病榻前的女王承认，牢中死囚埃塞克斯伯爵曾托她将一枚戒指转交女王。她因对女王心存芥蒂，便把戒指扣压下来。在离开这个世界前，她决心向女王忏悔，请求女王宽恕她心胸狭隘。女王使劲摇晃着这个垂死的女人，悲愤地喊道："即便我能宽恕你，上帝也不会宽恕你！"

终身未婚的女王绯闻不断。她与宠臣或是肌肤厮磨于大庭广众之下，或是窃窃私语于密室寝宫之内，却坚称自己是"童贞女王"。女王对"童贞"的向往和陶醉，除了折射出强烈的自恋倾向外，还透出某种隐秘的政治意图。有人认为"童贞女王"是伊丽莎白为自己精心策划的形象。在基督教世界，"童贞"诱导人们联想起圣母玛丽亚。女王巧妙地利用这种心理暗示为自己头上戴上一轮明亮的光环，以此拔高自己的政治威望。这是一笔已婚女王无法享有的政治财富。女王童贞身份的真伪曾是希望与她攀亲的外国王室企图弄清的问题。奥地利大公查理曾派特使秘密打探女王的贞操，各国的密探出没于王宫周围，慷慨地贿赂宫廷的近卫和女仆。然而，这个问题至今仍是一个未解的谜。

世界历史上另一位赫赫有名的女皇是出现在中国西北黄土高原上的武则天。她步入政坛的时间比伊丽莎白早900年。她于唐高宗身患高血压时起介入国务活动，后来又以"二圣"之一的身份与高宗共同治理国家。唐高宗驾崩后，她的身份变为监国，继续执掌国家大权。7年后，她加冕称帝，从幕后走到前台。从公元660年到705年，她实际掌控国家达45年。

武圣的功过一直是史家争论不休的问题。贬其之辞以骆宾王之檄文为甚："伪临朝武曌者，人非温顺，地实寒微。昔充太宗下陈，尝以更衣入侍。洎乎晚节，秽乱春宫，密隐先帝之私，阴图后庭之嬖。入门见嫉，娥眉不肯让人；掩袖工谗，狐媚偏能惑主。"褒其之言无人能与崔融之言相比。崔

罗伯特·迪瓦路克斯，伊丽莎白一世女王的新宠，20岁出头，是前男宠、御马师达德利的继子。他因年轻英俊受到老年女王的宠爱，但他桀骜不驯，恃宠生骄，经常在女王面前发火。在因抗旨受到女王惩罚后铤而走险，串联一批失意的贵族发动叛乱，失败后被判处死刑。

氏所撰《则天大圣皇后哀册文》称武圣"英才远略，鸿业大勋，雷霆其武，日月其文"。崔氏写完这篇悼文后，竟悲伤过度气绝身亡。

武则天搞政治颇有些远见。她知道治理偌大的国家所需的基层干部数量不菲。贵族圈子无法为治国安邦提供足够的官员，因此她打破门阀观念广泛罗致人才，开设"殿式"亲自面试官员，增设武举培植武将，将大批庶民引入政府机构。在她治下涌现出一批"文似仁杰，武类休武"的能臣干将。她鼓励地方扩大农业生产。在她的朝内，国家繁荣昌盛，百姓安居乐业，全国人口从贞观年间的380万户增加到615万户。她巩固边防，打败外来入侵者，收复安西四镇，复置龟兹、安西都护府，增设北庭都护府，打通了一度中断的中亚"丝绸之路"，巩固西北边防，改善与各邻国的关系。武则天统治时期成为唐朝除开元年和贞观年之外的又一个盛世时代。

然而，唐代之后的史家每每论及武曌，鄙薄之情跃然纸上。武曌罪孽之一是篡权窃国，以周朝僭替唐朝，把李氏祖宗创立的江山窃变为武氏家族的天下。篡权窃国在历朝历代均被视为万恶之首。篡权之"篡"字可解读为"违背天意地

中国历史上唯一的女皇帝武则天。在她的朝内，国家繁荣昌盛，百姓安居乐业，全国人口剧增，边防巩固，创造了唐朝除开元年和贞观年之外的又一个盛世时代。但她"篡权窃国"，以周朝僭替唐朝，把李氏祖宗创立的江山窃变为武氏家族的天下，因而饱受史家诟病。

阴谋抢夺"。它是"君权神授"的铁律衍生出来的罪名。篡权就是违抗天意，犯此罪者必承受五马分尸、满门抄斩、株连九族的处罚。封建王统历经千年，篡权之罪恶观已渗入心脾。直到今天，在臧否历史人物朱棣时仍有人跳不出这个窠臼，动辄给他戴上"篡位者"的帽子。历代王朝轮替如同走马灯一般，今天细想起来，有哪个朝代的王统不是从前一个王朝手中篡夺过来的？武则天以武周替换李唐与李渊以李唐替代杨隋又有多少本质差别？武则天不过是做了历朝太祖太宗们做过的事罢了。

武则天的第二宗罪孽最为人所不齿，那就是淫乱。武曌私生活欠检点是不争的事实。众所周知，她宠幸的面首中有名有姓的就有薛怀义、沈南蓼、张易之和张昌宗。畜养男宠是事实，但要说武曌在性关系上索求无度又言过其实。对于一个帝国女皇，只养了四五名面首应该说还是比较收敛的。且不说与俄罗斯的叶卡捷琳娜和叶丽萨维塔动辄两位数的男宠相比，就是与中国历史上其他女性统治者较量，武曌也大为逊色。北魏的文明冯太后和魏灵胡太后宠幸的面首来路和规模都比她出格得多。只不过冯、胡从未真正称过帝，不像武则天树大招风，所以未能引起后世道学家们过多关注。

冯太后和胡太后临朝称制接管国家大权时年仅二三十岁，正值虎狼之年。胡太后身边的文臣武将和王侯贵族，只要被她相中，均难逃过她的宠幸。她的小叔子清河王元怿被她宠幸后，遭朝中奸臣妒恨而被谋害。武将杨华在她逼淫后，怕遭灭族之灾，慌忙逃往南朝敌营避难。而武曌熬到真正大权在握时，早已年老体衰。与她真正有过鱼水交融之情的面首，只有她在年轻时相识的薛怀义和沈南蓼。张易之和张昌宗来到她的跟前时，她已是年过六旬的老妪。张氏兄弟在她身边除了养眼外，真正的作用是为她构建帝皇规制添上最后一笔。她以女性之身称帝本已是"牝鸡司晨"，令天下的雄鸡颜面扫地，而她模仿男性帝皇的三宫六院设置"控鹤间"、"奉宸府"作为面首的钦定居所，则是正式将男宠定性为

"妾"，以凸显自己女丈夫的身份。这无异于将男权社会最后一点尊严践踏于脚下，怎能不令后世程朱理学家们咬牙切齿、捶胸顿足。

俄罗斯臣民对女沙皇嗜好面首表示理解，谓之为保健需要。此言不谬。中国成语"孤枕难眠"道出一个生理学上的真谛：性饥渴导致的心理焦虑是睡眠的大敌。女皇们每天日理万机为国操劳，需要充沛的精力。睡眠不足不仅会令她们面容憔悴、眼圈青紫，还会因心情焦躁在国务活动中作出错误判断。女皇们偏偏不是待字闺中便是守寡之身，解决夜不能寐的困惑只能有劳别的男人。幸而女皇们手中大权在握，不愁寻不到面首。当然，以今天的观点来看，这就是腐败。在权力的腐蚀性面前，女人和男人一样缺乏抵御力。

武曌的第三宗罪孽是杀人如麻。且不提她手下的酷吏和男宠所伤害的无辜，死于她本人之手的据说就有93人。这93人中包括她自己的亲人23人，唐宗室成员34人，朝廷大臣36人。在她所杀害的23名亲人中竟然包括她的亲生骨肉女儿、儿子和孙女。从她的身上可以看出，权力的腐蚀性能将人性扭曲到何等程度。

与武则天相比，俄国女皇叶卡捷琳娜、叶丽萨维塔，以及英国女王伊丽莎白要柔性得多。叶丽萨维塔女皇也是在近卫军的协助下政变上台的。前文提到的叶卡捷琳娜二世的政变经过不啻就是她姨婆婆的翻版。叶丽萨维塔发动政变时就发誓，她当上女皇后绝不批准一例死刑。在她执政的20年里，她忠实地履行了这个诺言。

叶卡捷琳娜二世在位期间也很少沾血。她最著名的杀戮是镇压冒充她丈夫彼得三世谋反的普加乔夫及其追随者。此外，她还有过两个弑君的纪录。被弑杀者之一是她的丈夫废皇彼得三世，另一位是被她姨婆婆叶丽萨维塔推翻的前沙皇伊凡六世。伊凡六世不到一岁便被叶丽萨维塔废黜并投入监狱，在他23岁时被狱卒杀死于狱中。狱卒是根据叶丽萨维塔女皇生前颁布、后来经叶卡捷琳娜背书的预死刑令处决的。这个命令指示，一旦废皇遭遇劫

女皇叶丽萨维塔是叶卡捷琳娜二世的姨婆婆。论及她身边男宠的数量，叶卡捷琳娜二世望尘莫及。她也是通过政变登上沙皇宝座的。她发誓当上女皇后绝不判处一例死刑并在执政的20年里忠实地履行了这个诺言。图为青年时代的女皇叶丽萨维塔。

武则天年老体衰之际，手下的酷吏和男宠被群臣诛杀。她深知大势已去，临终前留下遗诏将王朝归还李唐，自己去除帝号，恢复皇后名分，并为被她迫害的宗亲恢复名誉。根据她的意愿，她死后与高宗李治安葬在一起。图为武则天与李治的长眠之地——乾陵。

狱，便立即将他处死。1764年，果然有一个名叫瓦西里·米洛维奇的少尉军官冒险攻打监狱，妄图劫持前沙皇，妄图挟天子以令诸侯。狱卒们在监狱被攻破前忠实地执行了两位女皇的命令。攻入监狱的叛军只见到伊凡六世的尸体。对叶卡捷琳娜铁腕镇压普加乔夫，史家的看法见仁见智，而对彼得三世和伊凡六世被处死则大多持理解态度。伊丽莎白更是以仁君之名留存青史。她批准处死的苏格兰玛丽女王和埃塞克斯伯爵均犯有策动叛乱和颠覆国家的重罪，证据确凿，且死刑判决是经朝臣和大法官组成的法庭审判后作出的。

18世纪的俄罗斯和16世纪的英国较之中世纪已向文明迈进了一大步。性格暴烈的伊凡四世诛杀4000名贵族和自己的儿子，落下"伊凡雷帝"的绰号，后世沙皇以此为鉴，在贵族刑罚问题上采取谨慎态度，处理皇室宗亲更是小心翼翼，轻者发配到西伯利亚的冰天雪地里与虎狼为邻，重者也不过投入城堡监狱，令其在高墙深院内度过余生。对于冒犯龙颜的宗室女性则遣送修道院终生与青灯黄卷为伴，面壁思过。彼得一世对支持儿子叛乱的前妻欧多西娅·费奥多罗夫娜，叶丽萨维塔女皇对迫害她的前摄政太后安娜·利奥波尔多芙娜，均以修道院作为惩治场所。伊丽莎白治理英国也吸取了姐姐玛丽女王的教训。玛丽为铲除新教势力，烧死了240名贵族，被称为"血腥玛丽"，以暴君恶名遗臭后世。宗教改革家宣导的人文主义思想在伊丽莎白身上也留下了鲜明的印记。在她执政的几十年里，她努力保持着仁慈亲民的形象。

换一个角度看，武则天实施铁血政治也有它的客观原因。武曌敢为天下先，以女性之身称帝，就不得不面临极其恶劣的政治环境。与她相比，叶卡捷琳娜与伊丽莎白要比她幸运得多。在叶卡捷琳娜之前，俄罗斯人民已经沐浴了3位女帝的恩泽。缺乏男性后裔的彼得一世为保证他的第二任妻子继承皇位，颁布了《帝位继承法》，为女性问鼎帝位作了法律铺陈。伊丽莎白是紧跟在姐姐玛丽之后当女王的，自然置身于对女王较为宽松的政治语境之中。武则天没有这种幸运。女性称帝本来就冒着天下之大不韪，改朝武周更是引起李唐宗室强烈反弹。李唐宗室和部将相继起兵谋反，宫廷老臣也怨声不断。面临这种危机，大多数统治者都会选择镇压。武曌也不例外，不同的是她的反应更为激烈。她草木皆兵如同惊弓之鸟。为杜渐防微，她对任何啧言者皆杀无赦斩立决，亲生儿孙都难逃一劫。这不能不为史家所诟言。

武则天的结局是灰暗的。在她年老体衰之际，手下的酷吏和男宠被群臣悉数诛杀。她深知大势已去，弥留之际留下遗诏将王朝归还李唐，自己则去除帝号，恢复皇后名分，并为被她迫害的宗亲恢复名誉。不知这是大彻大悟还是无可奈何。历史画了一个圆弧又回到原来的轨道上。中国7世纪一场轰轰烈烈的女权运动终于偃旗息鼓，从此再无人仿效。1200年后中国出现了另一个强势女性统治者慈禧，她手中大权之重不亚于当年的摄政则天太后，但她始终甘居太后身份，不敢在名分上越雷池一步。

克里姆林宫钟楼的钟声响起，声音洪亮悦耳，在莫斯科上空久久回荡。这响彻了几百年的钟声娓娓讲述着历代王朝的故事。

14

卢浮宫效应与拿破仑悖论

欧洲各国在清算拿破仑的劫掠暴行时，没有追讨回被他抢掠的全部艺术品。它们允许本国的文物留在巴黎。卢浮宫使这些文物获得了世界顶级艺术品的标签。艺术没有国籍，各国文物都是全人类的共同财富。

巴黎是一个奇怪的城市，它使你想爱爱不深刻，想恼又恼不彻底。它的张扬和霸气随处可见。旺多姆广场上用1200门缴获的铜炮熔炼成的巨大铜柱无时无刻不在炫耀着1805年奥斯特里茨的那场胜利。拿破仑张扬地站在44米高的铜柱顶端，蓄意营造万人翘首的效果。还有那星型广场，夸张地向四面八方发射出12条街道，突显专制时期集权主义的威严，弄得四周的建筑脱失了规矩和方向，更令外来的游客晕头转向。耸立在广场中央高50米的大凯旋门耀武扬威地再次提醒人们拿破仑大败俄奥联军的那场战争。如今这个建筑虽然已改成无名将士纪念碑，但还是使路过的俄国人和奥国人心气不顺。

然而，当我审视着这些建筑的华丽和张扬时，我又不能不景仰这个城市的美学内涵和文化底蕴。朱自清先生说："我们不妨说整个儿巴黎是一座艺术城。从前人说'六朝'卖菜佣都有烟水气，巴黎人谁身上大概都长着一两根雅骨吧。你瞧公园里，大街上，有的是喷水，有的是雕像，博物院处处是，展览会常常开；他们几乎像呼吸空气一样呼吸着艺术，自然而然就雅起来了。"

博物馆不仅是构成巴黎风雅的元素，也是欧洲的一大风景。在欧洲的大街小巷里漫步，各种各样的博物馆会迎面扑来。伦敦的大英博物馆、梵蒂冈的艺术博物馆、马德里的普拉多画廊、柏林的阿尔特博物馆、阿姆斯特丹的伦勃朗画廊、里斯本的航海博物馆都使我着迷，但最让我流连忘返的还是巴黎的卢浮宫。

卢浮宫也有巴黎的毛病，过分的豪华与矫饰。环绕周围的100多根金碧辉煌的立柱和205米长的主厅，尽显法国帝王的奢华。然而，当我踏入这座宫殿时，挑剔的眼光又变成了敬意。这里毕竟是世界首屈一指的艺术品宝库。每天前来临摹名画的青年男女络绎不绝，是这个艺术殿堂最虔诚的朝觐者。这样的朝觐已经延续了近二百年。他们中许多人自己后来也成了艺术巨擘，其中包括我们熟悉的莫奈、徐悲鸿、刘海粟和潘玉良。卢浮宫作为世界艺术圣坛的地位是难以撼动的。

800年前，这里只是一个城堡，后来改建成王宫。这座宫殿居住过50位国王和王后。与中国古代帝皇一样，法国历代君王都嗜好将自己和家族成员的倩影留在画布上，让后代瞻仰。宫廷画师笔下的王族肖像便构成卢浮宫最初的收藏。卢浮宫的这50名主人中涌现过几位建筑迷和艺术迷。他们在位期间大兴土木，拓园筑殿，并且大规模搜罗各国名画和文物古董，使卢浮宫最终拥有了今天的建筑和收藏规模。

卢浮宫里的古埃及、古希腊、古罗马、古波斯的珍藏使我无比敬畏。埃及馆中有法老的雕像和神庙的墙垣，有木乃伊棺椁和饰金的面具，以及木板上的彩绘肖像和纸草书。这些文物大多产生于希腊人和罗马人统治时代，更古老的可追溯到公元前2600年的埃及第三王朝时期。古希腊和古罗马馆的藏品更加丰富。这里摆满了古罗马半身雕像群、大型花岗岩浮雕。置身其中，犹如漫步在两千多年前的地中海海岸。卢浮宫最珍贵的两件大理石雕是镇馆之宝萨姆特拉斯胜利女神和

巴黎卢浮宫。800年前这里只是一个城堡，后来改建成王宫。这座王宫居住过50位国王和王后。他们在位期间大兴土木，拓园筑殿，大规模搜罗各国名画和文物古董，使卢浮宫最终拥有了今天的建筑和收藏规模，成为世界顶级艺术殿堂。

米罗的维纳斯。那精美的造型和精细圆润的表面使你很难相信它们出自两千多年的古代匠人之手。

这是世界古艺术品的顶级殿堂，每年几百万艺术朝圣者蜂拥而至，探寻人类文明的晨光熹微。但是，我在这里只见到古埃及、古希腊和古罗马。

我开始躁动不安，不由得加快了脚步，最后几乎是飞奔着冲进古代东方馆。我迅速浏览着馆内的藏品。这里有公元前2000年刻在玄武岩上的汉谟拉比法典、古波斯的石雕、古代美索不达米亚的牛身人面像、北非的陶器，却没有半坡文化，没有仰韶文化和殷墟文化。我们的甲骨文和司母戊鼎也有3300年的历史，产生于3100年到2600年前的《诗经》是世界上最古老的诗歌总集。中国古老的文明的辉煌丝毫不逊于巴比伦和亚述王国。陈列在古代东方馆里的一个个牛身人面像眨着眼，美索不达米亚的陶塑嘴角挂着嘲讽，似乎在问："你们的文明呢？"我不甘心，仍然在展厅里寻找。心里存着最后一个希望：这里至少应该有——圆明园铜兽首，但是——没有。

我最初是带着心病迈入卢浮宫的，我怕在这里见到中国文物。圆明园成了中国人心中永久的痛。流落海外的每一件中国文物都会勾起我们的伤心记忆。但是，此时我怎么了？置身于卢浮宫中，我原来的心病荡然无存。我望着周围沉迷于古埃及、古罗马、古波斯文物的人群，想对他们高呼：黄河的古文明不在它们之下!我心中充满了遗憾：四大古代文明古国之一的中国在卢浮宫里的缺位误导着来自世界各地的游人。

卢浮宫里大部分最珍贵的展品均非出自法国本土，这是我原来没有想到的。在画廊里展出的2200件绘画作品中，有三分之一是外国画家的作品，而古代文物则绝大部分与法国无关。它们大部分都是卢浮宫历史上的几位主人从世界各地搜集而来。我感触良深。法国人并不自恋，他们对艺术的崇尚超越了民族和文化的界限。

卢浮宫中第一位最具"雅骨"的主人是16世纪的法国国王弗朗索瓦一世。他是法国第一位具有人文主义思想的君王，是将文艺复兴时期艺术大规模引入法国的第一人。他钟爱意大利艺术，在位期间掀起了卢浮宫收集意大利名画的第一个浪潮。他不仅购买当时意大利最著名的画家法埃洛的绘画，还将意大利著名画家本内文托·切里尼、普利马提乔和达·芬奇请到法国，成为他们的保护人和赞助者。那幅流芳百世的作品《蒙娜丽莎》就是达·芬奇本人晚年带到法国来的。弗朗索瓦一世还雇用了一批意大利人在罗马和佛罗伦萨收购文艺复兴时期的作品。

现今卢浮宫中收藏的米开朗琪罗、提香以及拉斐尔的作品也是那个时期来到法国的。弗朗索瓦一世一直企图将达·芬奇的巨型壁画《最后的晚餐》整体凿下搬到法国。这个疯狂的念头最后未能付诸实施。达·芬奇到巴黎时已年老体衰，几乎没有为他画出过像样的作品，但依然受到他的尊敬和盛情款待。这位艺坛巨匠最后是在他的怀中离开人世的。

弗朗索瓦一世是最具"雅骨"的法国君王。他是法国第一位具有人文主义思想的君王，是将文艺复兴时期艺术大规模引入法国的第一人。他大量购买意大利画家的优秀作品，还将意大利著名画家本内文托·切里尼、普利马提乔和达·芬奇请到法国，成为他们的保护人和赞助者。

　　卢浮宫藏品大扩张的第二波浪潮是17世纪的路易十四掀起来的。路易十四在位72年，一生迷恋艺术和建筑。这位法国历史上寿命最长的君主一生都在寻觅欧洲各国名画，为此将国库耗得空空如也。他购买的油画构成现今卢浮宫画廊藏品的一个显赫部分。

　　拿破仑也是法国最具"雅骨"的人之一。他横刀跃马十几年，铁蹄踏遍欧洲大陆。每征服一国，他犀利的目光不是投向金银财宝，而是投向各国的文物和艺术品。他踏遍各国的图书馆、宫廷、教堂，搬走油画和古董，甚至把神庙和教堂里重达数吨的浮雕和塑像也凿下来运回巴黎。威尼斯圣马可教堂拱门上的驷马铜雕重达十几吨，居然也被他运回了巴黎，镶在卢浮宫西侧加罗塞广场的小凯旋门上。如今卢浮宫里数万吨重的石像、浮雕和神庙的廊柱就是那个时期的战利品。拿破仑是一个集风雅与霸权为一体的怪物。各国艺术瑰宝是这个怪物的首要猎物。他声称"世上一切天才的艺术品都必须置于法国"。在这个口号下，法国人把掳掠艺术品和文物视为风雅之举，与孔乙己的"窃书不能算偷"如出一辙。

　　在拿破仑之后，搜罗艺术品的冒险从法国官方转到民间。卢浮宫东方馆中古亚述王国的飞翼牛身人面雕像是一位叫做保罗—埃米尔·博塔的法国人于1843年发现的。这组雕像原来有5个，是古亚述国王萨尔贡二世王宫的守护神。博塔先将其中两尊雕像运回巴黎，展放在卢浮宫亚述博物馆里。当他再去偷运其余三尊时，运送雕像的船舶在浅盐湖中失事，第三尊和第五尊石像被抢救出来，第四尊石像则沉入湖底。现在在卢浮宫展出的五尊人面牛头雕像中，第四尊是石膏制作的仿制品。

卢浮宫的三件镇馆宝贝之一的石雕"米洛的维纳斯"也有一段曲折的来历。1820年，希腊爱琴海米洛岛上的一位农民从地里挖出一尊女神雕像。当时正好有一艘法国军舰停泊在米洛港。舰长闻讯后立即赶到现场，欲将雕像买下，不巧当时囊中羞涩。正在筹款之际，一位希腊商人横刀夺爱，高价买走了石像，立即装船运往君士坦丁堡。法国舰长得知，驾舰前往拦截，声称自己预定在先，拥有石像的购买权。双方争执不下，发生混战。据说女神的双臂就是在这次抢夺中遭到损坏而丢失。此案最后交由米洛地方政府仲裁。地方政府将石像判给法国人。法国舰长将雕像运回巴黎，献给法国国王路易十八。维纳斯便从此定居卢浮宫。

滑铁卢之役后，波旁王朝二次复辟，拿破仑被流放到遥远的圣赫勒拿岛。欧洲各国官员怒气冲冲地来到巴黎，追讨被拿破仑掳掠的艺术品。作为战胜国清算战败国战争罪行的一部分，索回被劫掠文物本应毫无悬念，但巧舌如簧的法国人在谈判中竟然说服德国、荷兰和意大利的政府将它们国家部分被掳掠的文物留在法国。这几个国家仅仅要回了5000件艺术品。意大利索回的文物中包括加塞罗广场小凯旋门上的驷马铜雕。那尊铜雕是十字军东征的战利品，从1254年起就屹立在圣马可教堂的拱门上。制作这个铜雕的艺术家至今缺乏考据。意大利人把这尊价值连城的艺术品运回了国。

德国人、荷兰人、意大利人之所以放弃被掳掠的文物的所有权，是因为他们接受了法国人的观点，即这些艺术品留在卢浮宫比运回本国更有意义，因为卢浮宫能够提升这些艺术品的身价，并使它们得到更多人的观赏和认可。卢浮宫本身已经成为艺术品的价值标签和资质证书。

一切文物都有两种价值。一种是市场价值，它体现在拍卖会的喊价中，取决于该文物的稀缺性和购买者对它未来市价的期许。它是市场行为的产物，充满了铜臭气息。另一种是文化价值，它体现在文物本身承载的文化内涵上，与拍卖市场无关。文化价值折射着文物来源地的民族的世界观、审美观和风土人情，并蕴涵着关于文物产生时代该民族开化和文明程度的信息。文物的市场价值与文化价值常常被混淆。文物在拍卖大厅中被层层叫高的价码及其所带来的巨大的交易利益常常使人忘记了它的文化价值和它的历史功能。

文物的文化价值只有在被人们观赏、认识和研读中才能实现。它只有在被人们观赏和研究中获得生命。观赏它的人数量越大，认识它的民族越多，读懂它的人在世界上分布越广，这件文物的文化价值就越能充分彰显，生命力就越强。深藏于密室与人世绝缘的文物和艺术品，其历史使命将无法实现，它就只是一块没

威尼斯圣马可教堂。拿破仑横刀跃马十几年，铁蹄踏遍欧洲大陆，将各国的著名油画和文物、浮雕、塑像运回巴黎。他将这个教堂拱门上重达十几吨重的驷马铜像掠回法国后，镶在卢浮宫西侧加罗塞广场的小凯旋门上，后来又被意大利追讨回去。圣马可教堂的驷马铜像是十字军从中东掳掠回来的。

有生命的石头、木片或画布。我常常反思，如果我没有踏入卢浮宫，必将对2000年乃至4000年前古希腊、古埃及和古罗马的文明一无所知。卢浮宫为成千上万从未踏上埃及和希腊土地的人提供了一个零距离接触古代尼罗河文明和地中海文明的机会。这就是"卢浮宫效应"。

在卢浮宫西门外一箭之遥的协和广场上竖立着一个由整块巨型玫瑰色花岗岩雕琢成的高23米的石碑。纵向刻在石碑上的三行古埃及象形文字咒符般地护佑着自己，3000年毫发无损。这就是卢克索方尖碑。它是原来矗立在埃及南部卢克索的卡纳克神庙两侧的两个石碑之一。石碑上的文字记述着古埃及法老拉美西斯二世的赫赫战功。这块230吨重的石碑是土耳其派驻埃及的总督穆罕默德·阿里赠送给法国的。波旁王朝的摄政王路易·菲利普欣然收下这个珍贵的礼品，并把它竖立在巴黎最醒目的协和广场的中央。

不管穆罕默德·阿里向法国献碑的动机是高尚还是卑劣，历史证明他送对了。170年来，方尖碑屹立在世界艺术之都，向来自各地游客讲述着古埃及的历

巴黎协和广场的方尖碑(右上)为埃及总督穆罕默德·阿里于1930年赠送给法国。100多年来，方尖碑屹立在世界艺术之都，向来自各地游客讲述着古埃及的历史，使全世界知道在尼罗河上游偏僻的一隅有个叫做卢克索的地方，那个地方是人类文明的摇篮。于是，成千上万的人踏上去埃及的旅程。耸立在协和广场的方尖碑产生的文化宣示效果远远超过它留在卢克索神庙门口的姐妹碑（右下）。

史，使全世界知道在尼罗河上游偏僻的一隅有个叫做卢克索的地方，那个地方是人类文明的摇篮。这个石碑孜孜不倦地宣讲着埃及的文化，使路过协和广场的人产生了到埃及探秘的念头。于是，千千万万的人踏上去埃及的旅程。欧洲各国航空公司开通了直飞卢克索的航班。屹立在协和广场的方尖碑产生的文化宣示效应远远超过了它留在卢克索神庙门口的姐妹碑。

　　我曾经与荷兰、德国和意大利学者讨论过拿破仑劫掠物的命运。他们中多数人并不认为他们的祖宗在1814年将被劫的文物留在法国的妥协是"卖国"行为。使我惊讶的是，他们对拿破仑劫掠艺术品的行为做出了双重剖析，他们认为拿氏劫掠文物的过程是罪恶的；但结果是美好的。被劫掠的文物留在卢浮宫，因此获得了世界顶级艺术品的资质。这弘扬了他们的民族文化，提升了他们国家的声誉。拿破仑颠覆人类基本道德准则的行为戏剧性地产生了受害者欣然接受的后果。劫掠文物过程与结果的价值背离，这就是"拿破仑悖论"。拿破仑是惯于制造悖论的人。与拿破仑同时代的音乐家贝多芬曾经愤然将自己的成名作品《拿破仑·波拿巴交响曲》更名为《英雄交响曲》，便起因于拿氏的另一个悖论。

荷兰人津津乐道地传播着一个笑话："伦勃朗一生作画600余幅，其中有3000幅如今收藏在美国。" 在伦勃朗去世三百周年之际的1968年，一个由六名艺术品专家组成的鉴定小组遍访了世界收藏伦氏作品的博物馆和私人收藏家。他们的结论是，在数千幅署名伦氏的油画作品中只有350幅是伦勃朗的真迹，其余的都是赝品。伦勃朗的作品为世界各国争相收藏，而且几百年来不断被人克隆仿制，是荷兰绘画艺术占据世界领先地位的标志。荷兰国民从来不为伦勃朗的作品大量外流而痛心，因为不管伦勃朗的作品流落到什么画廊里或收藏家手里，无论它的物品所有权归谁，它的著作权都属于荷兰，它都是荷兰人的骄傲。

法国人把卢克索方尖碑竖立在巴黎市中心最醒目的地方，如同他们在卢浮宫里收藏古埃及的狮身人面像和古希腊的胜利女神像一样，体现了他们的"雅骨"。他们在政治和外交上充满霸气，在文化上却十分谦恭和包容，承认和尊重世界上比他们历史更悠久的文化。

中国的文化观念却有着相反价值取向——政治上内敛和平而文化上自傲与自闭。中国在18世纪以前远比欧洲任何国家都强大，却从没有进行过一次亚历山大式、十字军式或拿破仑式的远征。郑和远比哥伦布或达伽马舰多兵众，却没有占领一寸外国领土。这是中国文化和平性和内敛性的表现。但是，中国政治的内敛性同时也孕生了文化的封闭性和自傲性。1793年，乾隆在承德避暑山庄拒绝了英国使臣马嘎尔尼扩大两国通商的要求，称"天朝统驭万国"、"天朝抚有四海"、"天朝物产丰盈，无所不有，原不藉外夷货物，以通有无"。乾隆的话不啻为一篇闭关自守的宣言，其贻害造成其后中国两个世纪的落后。

这种文化自闭倾向还表现在中国传统建筑学中。中国所有的老式建筑，从皇宫到村舍，从外院大门到内室小门，无一不设一道高高的门槛。这道为生活起居带来极大不便的门槛因使命重大而千年不倒。世世代代的人们相信它能够有效地阻挡内财外溢和外邪内侵。现代的建筑早已取缔了这道门槛，但它所潜藏的文化观念却顽强地延续着。

这种观念带来的思维和行为模式是：老祖宗传下来的东西要一件都不能少地留在中国，而外夷的东西则要一律挡在国门外。在这样的民族主义氛围中，我们很难设想，中国会将一尊华表赠送给某一个外国，或者将某个外国赠送的石碑竖在首都的某个广场。一个冷冰冰的事实是，在960万平方公里土地上至今还没有一个稍有名气的收藏外国艺术品和文物的博物馆。这种现象最直接的后果是导致国民的薄闻浅见，而更深远的后果是文化自恋情结继续滋生和蔓延，以及文化全

产生于江户时代的日本浮世绘早早走出国门，在欧洲刮起了"和风热潮"，并对19世纪后期法国的"新艺术运动"产生了重大影响。马奈和凡·高的作品参考了浮世绘作品《神奈川冲浪里》的技法。作曲家克劳德·德彪西也从这幅画中得到灵感，创作了音乐交响诗《海》。浮世绘作品被法国美术界奉为圭臬，与印象派作品一起被收藏在巴黎著名的奥兰纪利画廊里。图为葛饰北斋的作品《神奈川冲浪里》。

球观的继续缺失。

被国外博物馆收藏的中国唐宋以来的国画，均与其他文物一道置于玻璃橱柜里，而不是挂在画廊里。这意味着中国画至今没有被西方人读懂，只拥有文物的身份，而未能发挥艺术品的功能。产生年代相当于中国明清时期的日本浮世绘却早早走出国门，在欧洲刮起了"和风热潮"，并对19世纪后期法国印象派绘画艺术和当时的"新艺术运动"(Art Nouveau)产生了重大影响。凡·高的名作《唐基老爹》和马奈的《吹笛少年》中就融入了浮世绘的技法。凡·高的另一幅名作《星夜》据说参考了日本浮世绘葛饰北斋的作品《神奈川冲浪里》。浮世绘还对欧洲音乐产生了重大影响。古典音乐的印象派作曲家克劳德·德彪西也从《神奈川冲浪里》得到启发，创作了音乐交响诗《海》(La Mer)。如今浮世绘作品被法国美术界奉为圭臬，与印象派作品一起被收藏在巴黎著名的奥兰纪利画廊里。

中国的文化自闭催生出若干匪夷所思的故事。2006年，安徽石台县一幢有200年历史、濒临坍塌的民居被瑞典商人相中，计划以20万元买下，拆卸后运到瑞典哥德堡市，照原样组装后作为中国民居博物馆向公众开放。消息传出后，当地文物局却以该屋为文物为由而禁止出口。这样的百年民居在安徽、山西、江苏、浙江、福建的村镇里至少还能找到上千幢。其中许多因陈旧不堪陆续被主人拆旧建新。还有相当大的一部分房主无力修缮，当地文物部门因财力有限也束手无策，最后任其倾覆。石台县这一濒临坍塌的民居，如果能搬到北欧展示中华文化风采，本是一件变废为宝、两全其美的事情。这样的好事最后却被一条反智性条令扼杀在萌芽中。退一万步说，即便我国乡镇地区几百幢古民居个个完好如初、毫无坍塌之虞，将其中一部分输出到国外又有何不可？在异邦留下中华建筑文化的永久标记，其文化价值和宣示效应要十倍于其蜷伏于本土乡镇，百倍于偶尔在异国他邦举行一次"中华文化年"。此例表明，文化自恋已成为中外文化交流和弘扬民族文化的最大藩篱。

据说，目前在47个国家的2000多家博物馆以及众多的私人手里收藏着上百万件中国文物。国内收藏家、学者或新闻界名流的文章每每论及此事，国耻感溢于言表。文物流失海外的渠道迥异。如果是国内盗墓者私运出境者，可说是国人的耻辱。如果指圆明园的劫掠物，这种耻辱观似乎有点本末倒置。英法联军火烧圆明园，抢劫中国的国宝，那是英国人和法国人的耻辱。中国人应该感到耻辱的是1966年那场波及全国的"文革"浪潮。在那个浪潮中，全国960万平方公里土地上千百件珍贵的文物被当作"四旧"而捣毁，无数珍贵字画和历史文献被付之一炬。在那个浪潮中永久消失了的珍贵文物在数量上远远超过圆明园劫难。而那场灾难的始作俑者却是我们自己。

欧洲许多博物馆的收藏中，也有战争劫掠物和殖民时期从殖民地掠去的东西，还有各历史时期的盗墓者和文物窃贼偷运过来的珍品。许多亚、非、拉美国家仍在发出追讨的呼声。坚持或放弃文物追讨权是每个国家自主的选择。然而，索回历史劫掠文物尚未得到国际法的有力支持。同时，要逐个鉴定几十年乃至几百年前每一件文物的来源及其交易的合法性也极为困难。20世纪末的某一天，传来国际艺术品拍卖行佳士得公司将在巴黎拍卖圆明园文物铜鼠首和铜兔首的消息，国内网络和媒体再次掀起圆明园文物的热议。在一次电视台组织的对海外的圆明园文物的对策讨论中出现三种态度。第一种态度认为应当依据道义原则继续追讨。第二种态度认为，鉴于现行的国际法没有提供历史劫掠文物的追讨依据，采取回购方式是唯一可行的办法。第三种观点认为，中国作为文明古国和泱泱大国，让自己的部分文物留在海外弘扬中华文化不失为一种有益的选择。第三种观点体现了大国风范和文化全球观。可惜我没记住持这个观点的年轻人的名字。

何为文化全球观？欧美各国画廊均以拥有一两幅伦勃朗、毕加索、戈雅、莫奈、鲁本斯、丢勒、凡代克、荷尔拜因的作品而自豪。这些作品的祖国，荷兰、法国、西班牙、德国、比利时的国民从未把将所有流落国外的本

圆明园十二生肖铜兽首中的牛头。20世纪末，国际艺术品拍卖行佳士得公司要在巴黎拍卖圆明园文物铜鼠首和铜兔首的消息传来，国内网络和媒体掀起有关圆明园文物的热议。热议中出现三种观点：继续追讨、回购、让部分文物留在海外宣扬中华文化。

国艺术品收归国内当作自己孜孜不倦的使命。这是因为，无论是艺术品收藏国还是原创国的国民都认同一个理念，即所有民族的文化遗产都是全人类的共同财富。每一件文物都反映着一个民族文明进化历史的一个侧面，每一个民族又是全人类的组成部分，各民族的文化相互启发，相互影响，组成全人类的共同文化。各个民族既要热爱和了解本民族文化，也要学习和尊敬他民族文化。文化产品的相互收藏是文化相互传播、相互了解、相互学习、促进全球文化发展的必要手段。

文化全球观在新世纪第一年的一个偶发事件中首次获得世界性认同和权威性宣示。那年2月，控制着阿富汗政局的塔利班极端组织意欲摧毁该国境内所有的佛教圣像。当他们宣布要炸掉巴米扬的两尊大佛时，引起了全球性的舆论地震，全世界掀起了挽救大佛的运动。包括中国在内的十几个国家政府呼吁塔利班手下留情，纽约大都会艺术博物馆甚至表示愿意出天价赎买大佛像。联合国秘书长亲赴伊斯兰堡与极端组织代表谈判，要求保留文物。巴米扬分别高达53米和37米的两尊大佛是仅次于乐山大佛的世界著名佛像，它建于公元2至5世纪，比伊斯兰教诞生和传到该地至少要早300年，在世界文化遗产名单中占有极其重要的地位。全世界的努力最后都付之东流，巴米扬的两尊大佛于2001年3月12日被极端组织无情炸毁。这种暴殄天物的行径受到了世界舆论的一致谴责。

图为建于2—5世纪的巴米扬两大佛之一。2001年，控制着阿富汗政局的塔利班极端组织当局宣布要炸掉巴米扬的两尊大佛时，全世界掀起了挽救大佛的运动。包括中国在内的十几个国家政府呼吁极端组织手下留情，纽约大都会艺术博物馆表示愿意出天价赎买那两尊大佛。大佛后来还是被极端组织无情炸毁。联合国在谴责这种暴殄天物的行径时指出，这些佛像"不仅是阿富汗人民的文化遗产，也是全人类的文化遗产"。

巴米扬事件揭示了一个法理问题：巴米扬大佛仅仅是阿富汗的财产吗？不，因为大佛不是一般性的建筑，因此它们的命运不是某一个国家的内政问题。具有2000年历史的巴米扬佛窟的物权属性已经超出了常规的主权范围，其价值也溢出传统的宗教边界。当世界各国政府和人民竭尽全力挽救大佛时，一个信念在人们心中开始萌芽，并逐渐明晰起来。这个信念最后通过联合国教科文组织总干事松浦晃一郎之口说出。在大佛被毁的当天，松浦晃一郎代表联合国发表了一个声明。这个声明首次对全球范围古文物的道义归属作出界定：“……阿富汗巴米扬佛像被毁……是塔利班所犯下的摧毁文化的罪行。这些佛像不仅是阿富汗人民的文化遗产，也是全人类的文化遗产。”

世界各民族的文化遗产都是全人类的共同财富。这就是文化全球观。

步出卢浮宫时已华灯初上。我坐在加罗塞广场的台阶上，慢慢舔着巴黎的香草冰激凌。远处卢浮宫的玻璃金字塔透射出橘黄色的灯光。金字塔在暗夜中像一枚晶莹剔透的钻石。我终于在这个艺术圣殿的院子里找到了一丝中国元素。这个著名的玻璃金字塔是美籍华人贝聿铭先生设计的。20世纪80年代初，贝聿铭应邀为卢浮宫设计一个新入口。于是，一个匠心独具的玻璃金字塔出现在卢浮宫的院子中央。人们从金字塔进入宽

贝聿铭为卢浮宫设计的玻璃金字塔是卢浮宫的新入口。参观者从金字塔宽敞的地下大厅进入各个展厅。这不仅节省了参观者绕行其他展馆的时间，还减少了对卢浮宫地面的踩踏磨损。图为卢浮宫入口地下大厅。

阔敞亮的地下大厅，从地下通道直接到达自己想要参观的展厅。这不仅节省了参观者绕行其他展馆的时间，还减少了对卢浮宫地面的踩踏磨损。地下大厅还收纳了大部分服务设施，使博物馆展出面积扩大了五分之一。这个带着尼罗河风格的建筑物最初呈现在巴黎人眼前时曾广遭非议。随着时间的流逝，现在大多数法国人都认同了它的风格和寓意。

被法国收藏的圆明园宝物没有能够进入卢浮宫，而是待在枫丹白露宫里。这个地方离巴黎70公里，很少有人探访。我为此扼腕叹息。

我意犹未尽，此刻唯一的念头是找个人念叨念叨这个中国元素。我环顾四周。坐在我身旁的一位慈眉善目的老太太对我颔首一笑：“这个透明的钻石美极了，不是吗？”一口软软的得克萨斯英语。她也正盯着金字塔。我很高兴有个对话的人。“它其实和这个博物馆很般配。”我想说的话又被她抢了先。“你知道吗，它是I.M.Pei设计的，美国最著名的设计师。”骄傲之情溢于言表。I.M.Pei是贝聿铭先生的英文名Ieoh Ming Pei的缩写。我一脸愕然，中国元素刹那间变成了美国元素。她突然好像想起什么，回过头轻轻拍着我的胳臂补充一句：“对了，贝博士是在你们中国出生的。”

15

远古的使者和异邦的知音

文物的真正价值是它们的历史文化内涵，而非拍卖场上成交的
价格。文物只有在对世人的充分展示中才能实现它们的价值。世界各
地的博物馆提供了历史艺术品的价值得以实现的平台。它们向世界的
艺术朝圣者宣示人类文明的晨光熹微，其中也包括辉煌的黄河文明。
为建立宣讲黄河文明的平台作出贡献的人是中国文化的知音。

　　莱顿是一座典型的荷兰古城，这里有古老的风车、密如蛛网的运河、鳞次栉
比的啤酒馆。那些17世纪留下来的老店夜夜酒客盈门，酒精夹杂着烟草的刺鼻气
味倾泻到鹅卵石铺成的街面上。酒客们相互搂着对方的脖子，用巨大无比的酒杯
相互碰杯。门前运河里的汽船来来往往，发出短促低沉的汽笛声。船窗溢出的灯
光与河岸风车的轮廓一同倒映在河面，在粼粼的波光中荡漾。运河、风车、啤酒
馆构成了这个小城独特的风景。

　　自行车在运河边来回穿梭。骑车人大多是戴着眼镜的青年男女。他们是莱顿
大学的学生，是这个城市的主人。与英国的牛津和剑桥相仿，这个城市以大学著
称。如果没有这所大学，这个城市将只是一组空洞的字母。这个大学就是莱顿大
学。它的产生与这个国家一段重要的历史联系在一起。

　　1573年，西班牙占领军对荷兰起义军控制的城市发起进攻。莱顿城被西班牙
人围困了130多天，城内早已弹尽粮绝，老鼠和猫都被守城的军民吃得精光。当
西班牙劝降使者来到城下时，发现形容枯槁的莱顿人依然傲骨嶙嶙地屹立在城墙
上，拒绝投降。荷兰的国父，当时起义阵营的领袖威廉·奥兰治闻讯前来救援。
荷兰援军势单力薄，难以与强大的西班牙军队匹敌，于是采取巧攻。他们将莱顿
附近的海堤扒开，海水汹涌而至，淹没了西班牙人的营地。西班牙军队在没膝的
海水中挣扎了几天后，不得不狼狈退走。莱顿城军民绝处逢生。那一天是1574年
10月3日。从此，每年10月3日，莱顿市民都要喝着啤酒，吃着夹着鲱鱼的面包狂

暮色中的莱顿城。莱顿是一座典型的荷兰小城，这里有古老的风车，密如蛛网的运河和鳞次栉比的啤酒馆。运河上的拱桥将鹅卵石铺成的街面连接起来。倒映在河面上的房屋和风车在粼粼的波光中荡漾。这是这个荷兰小城的独特景色。

欢到深夜，以纪念先祖们的英勇功绩。这个风俗一直延续到今日。在威廉·奥兰治的建议下，荷兰联省共和国议会决定在莱顿建立一所大学，以表彰该城市民的抗敌功绩。莱顿大学由此而诞生。

　　说起莱顿大学，它和中国还有点缘分。那就是它历史悠久的汉学研究。莱顿大学拥有欧洲规模最大的汉学院。它的汉学研究可以追溯到19世纪中叶。那里的第一位汉学家名叫霍夫曼（J.J.Hoffmann）。1851年，霍夫曼收下了他的第一个弟子，年仅13岁的施莱格（G.Schlegel），教他习读古汉语。这是莱顿大学开设的第一个中文课程。施莱格长大成人后远涉重洋，来到中国厦门学习闽南语。1875年学成归国，在莱顿大学任汉学教授，成为莱顿第二代汉学研究的掌门人。他用了15年时间编撰出《荷汉辞典》。这部辞典由莱顿大学布利尔出版社(Brill)出版。这家出版社之所以能拥有这份特权是因为它拥有欧洲第一台中文印刷机。施莱格还与法国汉学家亨利·高第创办了《通报：远东历史、语言、地理、人类、艺术学档案》。该刊是欧洲第一份汉学杂志。直至今日，这份杂志仍然雄踞中国

莱顿解围图。1574年10月3日，被困130多天的莱顿城解围，劫后余生的军民喝上了热汤。从那以后，每年这一天，莱顿市民都要喝着啤酒，吃着夹着鲱鱼的面包狂欢到深夜，纪念先祖们的英勇功绩。

境外汉学刊物之首。

莱顿第三代汉学家的领军人物是施莱格的高足高延（J.J. M. de Groot）。他接过施莱格的衣钵将荷兰的汉学研究推向欧洲汉学研究的顶峰。他撰写的六卷本《中国宗教制度》确立了在欧洲的中国宗教研究领域无人望其项背的地位。

莱顿的第四代汉学翘楚是高延的弟子戴文达（J.J.L. Duyvendak）。戴文达年轻时曾任荷兰驻华公使馆的译员，之后他继续深造，并于1928年获得汉学博士学位，成为莱顿的新一代汉学教授。戴文达开创了莱顿大学汉学研究的新时代。荷兰的汉学研究起步虽早，但与荷、中两国交往毫无关系。荷兰是一个老牌的殖民主义国家，莱顿大学最初的汉学研究主要为殖民主义服务。当时荷兰汉学家之所以将汉语定位于闽南语，是因为荷兰统治下的印度尼西亚有20万操闽南语的华人居民。这部分居民人数虽然不多，其非凡的能量和不合作的态度令殖民当局十分头痛。荷兰政府殖民部为了驯服这部分居民，急需一批懂闽南话和熟知他们的宗法和帮派关系的官员。莱顿大学汉学研究的闽南语指向便由此而生。

戴文达扭转了这一方向。他将莱顿的汉学研究转向更具代表性的中国北方文化，同时超越了殖民和外交的狭窄目标，将中国的历史、哲学和文化纳入研究范围，学术价值大幅度提高。1930年，莱顿大学汉学院正式成立。戴氏受聘执汉学院教授第一棒。他同时受聘于著名的海牙社会研究院任第一任院长。20世纪90年代，我在该学府正厅见到他的巨幅照片。我向这位把荷兰汉学研究领向正确轨道的学者表示敬意。

新世纪的第四年，应莱顿大学汉学院院长施奈德教授(Dr. Axel Schneider)邀请，我有幸访问了这个著名的学府。汉学院坐落在莱顿城内一个西式建筑中，进门是一个规模十分可观的正厅。正厅里分布着中式走廊、半圆拱门和茶吧。大厅中间还设置着香台，挂着对联。中国园林、茶肆、民居的气象尽收其中，俨然中国江南一个古色古香的小镇。

莱顿大学拥有欧洲最大的中文图书馆。这个图书馆是汉学院的骄傲。馆长雷哈诺博士(Hanno E. Lecher)是一个性格开朗的高个子奥地利人。他不无自豪地领着我参观他们的藏书室。这个图书馆处处透着中国风。它没有西式图书馆里那种高及天花板的书架和轮梯，而是排放着中式书架，站在地板上伸手可触及任何一本书。书架上分门别类地摆放着各种版本的中文图书。有新中国成立前后出版的各种典籍，内容涉及政治、经济、语言、文学、哲学等领域。在阅览室的墙上，还挂着中国各个时期的宣传画，其中"文革"时期的宣传画特别突出。

走到阅览室的尽头，雷哈诺博士突然用一种神秘而兴奋的口气对我说："我要带你去看看我们的宝贝。"激动人心的时刻终于到了。我早就听说莱顿的汉学院有一个宝库。七拐八拐之后，我们来到一个冷僻的走廊里。他从腰间的链子上抽出一把钥匙，打开一个房间。这是一个没有窗户的黑屋子，里面摆满了木书架。这些都是中式书架。一沓沓的善本书平放在书架上。其中以明清的话本居多。我小心翼翼地翻看着这些几百年的老书。我在牛津大学的图书馆中见过英国三四百年前的羊皮书，但自己的老祖宗的宝贝我还是第一次亲手触摸。莱顿大学图书馆有严格的规定，普通馆员需两人在场才能开启这个书库，只有馆长才有单独进入的特权。国内一位到过这个书库的朋友告诉我，一次馆长陪同他参观这个书库时，因内急要离开一会儿，在征得他的同意后，把他反锁在书库里。我在迈

摆设着中国古典家具的莱顿大学汉学院大厅一隅。这家汉学院坐落在莱顿城内一个西式建筑中。进门是一个面积可观的大厅。大厅里分布着中式走廊、半圆拱门和茶吧。大厅中间还设置着香台，挂着对联。中国园林、茶肆、民居的气象尽收其中，俨然中国江南一个古色古香的小镇。

进这个库房的门槛时就做好了被反锁在里面的准备。

我翻阅着这些古籍，对这些书的来历不由得倍感好奇。雷哈诺博士告诉我，这个书库的书均为一人所赠，此人就是高罗佩先生。我心中一动，原来是高罗佩！这位荷兰著名的学者兼作家不仅在欧洲家喻户晓，其作品在中国也妇孺皆知。

高罗佩也是一位著名的汉学家。他从未在莱顿大学任过教，但与这个大学渊源深厚。他自幼便对汉学有着浓厚的兴趣，还在孩提时代，就为了弄清一句唐诗的涵义而登门求教过戴文达。长大之后，他拜在戴氏门下学习汉学。大学毕业后，他步入了外交界，当过荷兰王国驻日本、黎巴嫩、马来西亚外交官，并游历过多个国家。他通晓英语、日语，学过藏语、梵语和俄语，但他最热爱的还是汉学。他在吉隆坡任大使时，帮助马来亚国立大学建立起中文系，并亲自在该系讲授中国历史。他于抗战期间到重庆任职，虽然在中国只待了3年，但他毕生都在关注着中国，写中国。他学习过中国的书法和古琴。他的著述中还包括《中国琴道》、《明末义僧东皋禅师集刊》和《中国书画鉴赏汇编》等。

他将清代出版的唐代公案小说《狄公案》用英文改编成几十集的侦探小说，发行100多万册。这部著作的写作使他步入一个新的领域。此后，他在侦探小说领域的创作如平川跑马、高峡放舟，一口气出版了15部。作为高氏侦探系列代表作的《狄公案》被翻译成多种义字出版，甚至义被译成中文，并且在中国拍成电视系列剧《狄仁杰传奇》，成为国内电视台历久不衰的热播节目。他的另一部唐代公案小说《黄金案》在西方也广为流传，并被译成西班牙文。他亲自模仿中国画风为这些唐代题材的侦探小说绘制了插图。

我逐个书架浏览。雷哈诺博士从书架上拿起一本没有封皮的薄册子递给我。这是一本残缺不全的书，前几页已不翼而飞，书名不详。从内容看，大约是明末出版的房事秘笈之类的书。这些书籍在清代曾被乾隆爷列为禁书。这种书名不详的小册子在书架上还有好几本。高罗佩在日本任职时，曾在日本出版过中国古代侦探小说《迷宫案》。日本书商要求他采用中国古代裸体版画做该书的封面。在搜寻中国古代版画时，他发现了一套明代色情画册的画版。他后来将这个画册翻译成英文出版，取名为《明代秘戏图考》。在这本书的基础上，他又编撰出版了《中国古代房内考》。估计这几本"禁书"是高罗佩撰写那两本书的原始素材。高罗佩早期的藏书在"二战"中悉数毁于战火。他捐给莱顿的藏书大多数是1948年他第二次赴日本任职时收集的。1965年高罗佩第三次被派往日本，出任荷兰驻日大使。在那里他完成了他最后一部关于中国研究的著作《中国长臂猿考》。两年后，他请假返回荷兰治病。此一归再未返回日本任所。他于57岁过早离开人世。他在遗嘱中将他的中文藏书全部馈赠给莱顿汉学院。

举目扫视书架上几千本善本珍藏，感慨油然而生。这一屋子宝贝古籍全是高氏在中国和日本工作期间收集的。这些古籍来源如何？它们原来的主人可能是前清的举人、秀才，因家道中落而不得不忍痛割爱；也许是乡绅或私塾先生，战乱中失去生活来源，急于出手换点米面；也许是富家的破落子弟，卖完田产卖字画，卖完字画卖房屋，最后无物可卖时从阁楼或床底翻出不知哪代祖宗留下的旧书当废纸售出；也许夹杂在书肆地摊上无人问津的废纸堆中，被懂行的高氏淘出。散落民间的珍贵古籍和

荷兰汉学家高罗佩将清代出版的唐代公案小说《狄公案》用英文改编成几十集的侦探小说，发行100多万册。根据其中文版拍成的电视系列剧《狄仁杰传奇》成为国内电视台的热播节目。他的另一部唐代公案小说《黄金案》在西方也广为流传。他亲自模仿中国画风为这些唐代题材的侦探小说绘制了插图。图为高罗佩为其小说《黄金案》画的插图。

文物危如累卵，极易损于鼠咬、虫蛀、腐蚀，甚至毁于战乱、火灾、水灾、盗抢，被遗弃或者不经意地当作引火物焚烧掉，尤其是在20世纪战乱中的中国。即便它们能够躲过各种灾祸，仍藏于原来主人的书房、阁楼、床底，也难以留存至今。经过几百年岁月磨砺的纸张如果没有防蛀、防腐、恒温、恒湿的高科技人造环境的保护，也将变成无法识读的碎片。

高氏在战乱年代搜寻于街头巷尾，寻觅于民间宅地，花费个人私蓄将它们买下来，使这些珍贵的文化遗产得以集中和存留下来，让它们留传永世。这是他作出的第一大贡献。古籍中包含着大量历史文化信息，是当代人了解历史的重要宝库。古籍即便能够免于兵燹之灾，但零零星星藏于民间，其承载的历史和文化信息也无法见诸天下。高氏将他搜集的中文古籍赠给莱顿汉学院，将它们集中起来，展示于图书馆之中，使它们能再见天日，遇到最需要它们的人，发挥被阅读、被参考、被研究的作用，最大限度地实现它们的文化价值。这是他的第二大

贡献。

不同文化之间沟通不易。在盎格鲁—撒克逊、日耳曼及拉丁文化之间，毕竟有着相近的历史血脉，因此英国人、法国人、德国人、荷兰人、西班牙人相互的沟通相对要容易一些。在东方的中国、朝鲜、蒙古、越南之间，情况也是如此。然而，当欧、亚两大洲的文化相遇时，就被深深的鸿沟所阻隔，难以相互贯通。欧洲人要学通亚洲文化，或是亚洲人要熟知欧洲文化，不得不远涉重洋到对方的国家去考察，去研究，去苦熬寒窗，因为即便学通了对方的语言，还面临原始资料缺失的问题。而远涉重洋的资费重负和鞍马劳顿，使得最后成行者十中只能有一。这是两大洲文化交流的巨大障碍。消除这个障碍的最佳途径，是在各自地盘上建立对方的文化资源中心，不仅包括现代书籍的图书馆，也包括古籍图书馆和文物博物馆。

高罗佩在距中国万里之外的欧洲莱顿小城留下了满满一房间中国古籍，为欧洲人了解和研究中国文化建构了一个原始资料宝库。

无独有偶，在比莱顿更遥远的挪威西海岸的卑尔根市，有一座"实用艺术博物馆"。这个博物馆的一个展厅里陈列了2500余件中国古代文物，其中包括780多幅古字画、100多件雕刻、1250件丝绣、青铜器和古陶瓷。陶瓷中包括清朝宫内的青花梅瓶、斗彩笔筒以及各式瓷雕。丝绣中包括一件仿宋徽宗"旭日初升图"的彩绣，色彩鲜艳，技法高超，堪称刺绣中的极品。这些中国古代收藏品均为一名叫约翰·威廉·诺尔曼·蒙特（Johan Wilhelm Normann Munthe）的挪威人所捐赠。

荷兰汉学家高罗佩。高罗佩自幼对汉学有着浓厚的兴趣，长大之后成为欧洲著名汉学家。他通晓英语、日语，学过藏语、梵语和俄语，但他最热爱的还是汉学。抗战期间他在重庆任外交官，虽然在中国只待了3年，但他毕生都在关注着中国，介绍中国文化。他的著述中还包括《中国琴道》、《明末义僧东皋禅师集刊》和《中国书画鉴赏汇编》等。

蒙特于1887年来到中国，最初供职于中国海关，后来在袁世凯手下任骑兵团长、参谋长等职，在中国生活了50多个年头。他到中国后对中国文化产生浓厚兴趣，退休后开始收集中国文物。他的藏品中大部分是散落于民间的圆明园文物，包括上述陶瓷、青铜器和刺绣。因此，卑尔根的"实用艺术博物馆"将他的藏品展厅命名为"圆明园展厅"。展厅中还有大量圆明园建筑石构件，如残断的柱础、栏杆、望柱、石像等。在展厅的墙壁上悬挂着一幅印在白布上的圆明园海晏堂铜版画，上面标注出部分石构件原来在圆明园中所处的位置。

蒙特来到中国时，圆明园的大火已经熄灭27年了。他收集的这些圆明园文物显然是英法联军的劫掠物。这些劫掠物就地销赃后散落于民间。也有一些文物是趁火打劫的当地盗匪从圆明园废墟中偷出，然后在黑市中出手的。至于那些断垣残壁可能是蒙特从别人手中买下的，也有可能是他雇人从圆明园的废墟中挖出来的。

民国初年，圆明园进入第二个劫难期。清廷的倒台使得圆明园遗址失去了最后的监护者。新崛起的军阀明火执仗地将圆明园的断壁残垣拆运回去修建公馆和别墅。与圆明园近在咫尺的海淀达园便是北洋军阀王怀庆用从圆明园搬回的大量墙垣修建起来的。一个由京城市民组成的拆迁大军也浩浩荡荡地开进圆明园，将军阀们挑剩的砖瓦一车一车地拉到城里各个街巷胡同，去垒建自己的四合院和花坛。他们争先恐后地完成英法联军匆忙之中未及办妥的事情——彻底抹掉圆明园，消灭一切历史记忆和罪证。昔日的皇家园林变成了建筑材料免费采集场。圆明园残存的建筑一旦被肢解成砖砖瓦瓦，便永久地失去了它宝贵的文物特征。在这个四大文明古国的古都，军阀和平民都成了民族文化的凶残杀手。

在那个时代，将这个古园林的建筑的部分构件小心翼翼地收集并保存了下来的居然是一个外国人。他的收藏使人们在今天还能支离破碎地一窥圆明园当年的风采。蒙特去世后将他的收藏物赠送给他的故乡卑尔根市，让它们继续向自己的同胞宣讲中国的文化。蒙特在中国生活了48年。他在中国度过的岁月远远超过他在祖国度过的岁月。这么长的岁月能改变一个人的亲缘网络、转变一个人的心理归属。挪威恐怕已经没有一个让他牵挂的亲人了，中国对于他来说是一个更清晰、更亲切的故乡。在离开人世前，他最大的愿望是让挪威人民了解中国的文化，他希望他的同胞能够像自己一样热爱这个东方国家。他留下的文物在挪威现身之前，那个遥远的北欧国家的国民对中华古文明几乎一无所知。从他的愿望里我们看不到一丝狭隘的动机。

1935年，蒙特在北京逝世。当时的国民政府为他举办了隆重的葬礼。政府代表到场吊唁，国民卫队为其护柩。中国人高度评价这位来自北欧的知音。

越过太平洋，让我们把目光投向美国。

华盛顿的国家林荫道东端聚集着史密森氏学会属下的十几家博物馆，其中有著名的美国艺术博物馆、美国历史博物馆、美国印第安博物馆、美国航空与宇航博物馆、美国自然博物馆等。所有这些博物馆都免费向公众开放。在史密森氏旗下的博物馆中，有两家是我每次到华盛顿必访的，那就是弗利尔艺术博物馆和与之毗邻的萨克勒博物馆。这两家博物馆以其藏品捐赠人的名字命名。

弗利尔（Charles Lang Freer）1854年出生在纽约州金斯顿，14岁当学徒，20岁进铁路公司做职员，26岁开创自己的事业——火车车厢厂。当时正值铁路运输的黄金时代，制造火车车厢使他迅速致富。他热衷于收藏名画，并结识了当时美国的著名画家詹姆斯·麦克奈尔·惠斯勒。惠斯勒的画作受日本画风和中国陶瓷艺术影响，具有浓厚的亚洲风格。近朱者赤，与惠斯勒的交往使弗利尔变成了亚洲文物迷和鉴赏专家。他于41岁时在亚洲游历了一年之久，寻觅和观摩各国的文化。46岁时，他走火入魔地卖掉了工厂，将自己的全部财产投入到亚洲各国艺术珍品的收集中，并于1904年将他所收集到的艺术和文物珍品赠送给史密森氏学会。该学会在当时的美国总统特奥多·罗斯福的劝说下接受了他苛刻的附加条件，即他的收藏品必须保持其完整性和独立性，既不得外借，也不能添加其他的展品。在他去世前几年，他修改了这个条件，允许其他亚洲的优秀艺术品加入到他的博物馆中来。现在，这里展出的亚洲文物已从他最初捐赠的7500件增加到了24000件。

萨克勒（Arthur M. Sackler）是美国现代艺术品收藏家。他的鉴赏品味也集中于亚洲古艺术品。1987年去世前，他将收藏的1000多件亚洲文物赠送给各个博物馆，包括美国一些大学和北京大学。萨克勒博物馆于他去世那年开馆，地点就在弗利尔博物馆隔壁。两馆由地下通道连接。这两家博物馆的藏品大都是来自亚洲国家，包括日本、朝鲜、越南、泰国、印度，以及中亚及西亚国家的文物。两博物馆收藏的中国文物约有几百件，数量不算多，但年代久远，文物价值极高。

两馆的中国文物藏品中有元代、隋代的陶罐，有宋、辽时期的青花瓷，有唐代、北魏的鎏金佛像和佛塔。藏品中最珍贵的要算商代的青铜器。两个博物馆中都有商代的卣、方匜、方斝、爵、尊、壶，以及编钟等。这些青铜器产生的时间大约是公元前1300年至1100年，距今已有3000多年。酒具均为王侯贵族大典时所用的礼器，造型高雅，保存完好，品相极佳。弗利尔博物馆中的一具四脚方斝，其表面的云状纹饰和正反两面的四个铜钉显示出主人身份威严高贵。萨克勒博物馆

弗利尔博物馆中收藏的商代青铜器壶、尊和方匜，为公元前1300～1100年的文物。尊为收藏家凌氏后人所捐，方匜为香港崔氏购赠。

中有一具三脚酒爵虽历经三千年岁月的磨砺依然光洁如鉴，在灯光下熠熠生辉。

弗利尔博物馆的中国文物藏品中，年代最悠久的是两尊新石器时代晚期的彩陶，一具是单耳罐，一具是长颈瓮。这是中国西北马昌文化的作品，距今已有4400年至4000年的历史。陶器上半部为渔网状图案，下半部为黄底黑色下挂彩带式纹饰，图案布局合理，即便是用现代美学观点来审评，也挑不出太大的毛病。陶器下面的英文说明中称，"这两个陶罐制作之时，中国已拥有两千年的制陶烧陶的历史了……这些器物胸有成竹的造型和流畅的设计反映出他们丰富的制陶经验。这些器物表面的光泽表明它们是经过特殊的技术处理的，由此显现出其主人的高贵身份"。这两具彩陶中的单耳罐为陈香梅女士捐赠。

弗利尔博物馆中还陈列着两块约两米多长的石壁浮雕，均来自河南省南响堂山石窟。这两块佛教壁刻展现的是西方极乐世界的场景，浮雕中央是极乐世界的教主阿弥陀佛，面对一片荷塘主持化生仪式，欢迎新化生到极乐世界的众灵魂。阿弥陀佛盘腿端坐，面容慈祥，右手做合十状，左手作碗状置于腿上。浮雕还展现了天堂的各个细节，如无花果树和亭榭。极乐世界的众生或盘腿或站立于其身后。新化生者们从荷叶中浮现，接受佛的祝福。壁刻带有残存的颜料，场景生动形象。

西域古龟兹地区开凿石窟寺之风于东晋及南北朝时期传到以凉州为中心的地区。敦煌莫高窟、武威天梯山的凉州石窟，以及炳灵寺石窟等就出现在这个时期。4世纪后期至5世纪初，佛窟建筑风从西域刮至华北。公元5世纪前期，北魏灭北凉，在平城（山西大同）建都。北魏的帝王对佛教的虔诚程度超过了以往历朝帝王。他们竞相修凿寺窟以求功德。大同附近的云冈石窟就是那个时期开始开凿的。5世纪末北魏孝文帝迁都洛阳后，又在洛阳城南的伊阙开凿龙门石窟。6世纪前期，北魏分裂成东魏和西魏。北朝的统治中心分别转移到了邺城和长安。洛阳龙门石窟的开凿工程戛然而止。然而，北朝统治者开凿佛窟的热情并未消退，他们在以邺城为中心的太行山东麓开始了新的凿窟工程。响堂山石窟群自此诞生。只是彼时北朝国势渐衰，开凿的佛窟规模已不如从前。

响堂山石窟分北南两窟。北窟位于河北邯郸峰峰矿区鼓山，距邯郸市区约30公里。南窟在距北窟约15公里的河南省境内。两窟群现存石窟共16座，摩崖造像450余龛，大小造像4300多尊。弗利尔博物馆展出的是来自南窟的石壁浮雕。

展品下方的标签注明了展品出处。除了几千件弗利尔的藏品外，其余大部分是史密森氏学会全资收购的，一部分是个人捐资与学会联合收购的，还有相当一部分是个人捐赠或遗赠的。捐赠和遗赠文物零零星星，说明大多收藏者手中藏品不多。这些文物原来摆放在自家的客厅里，他们死后留下遗言或由他们的子女捐给了博物馆。他们捐赠文物是让更多的人观赏到它们，使它们的价值能够得到最

马昌文化时期的陶罐，距今已有4000多年的历史。于中国西北马昌文化遗址出土，产生于新时期晚期，由陈香梅女士捐赠。

大限度的实现。这里显示了博物馆的集合功
能和面众功能，使零星的文物能够在一个地
方与更多的人见面，最大限度地发挥它们的
历史教化作用，让现代人亲眼目睹世界不同
地区的文明进程。

六朝时期的貔貅。这是神话中一种半狮
半麒麟的怪兽，具有带来吉祥和财运以及避
邪的功能，常见于王侯的陵墓前。这种西亚
风格的吉祥物于公元2世纪通过"丝绸之路"
传到中国。

　　我说不清为什么每次来到华盛顿都不由
自主地迈进这两个博物馆的大门。是为了探
望这些跨越万里定居异邦的华夏文物？是，
也不是。我心灵深处有一个隐秘的目的，就
是在这里观察、揣摩博物馆里的参观者。他
们是谁？他们来自美国还是墨西哥？阿根
廷、巴西还是玻利维亚？他们感兴趣的是哪
些国家的艺术品？他们在审视中国文物时是
什么样的目光：阅读还是浏览？匆匆还是仔
细？理解还是困惑？敬仰还是漠然？我遗憾的是，这个博物馆里中国文物所占的
分量太小。

　　从地球仪上看，华盛顿正好处于北京背面。我们搭乘飞机飞往华盛顿，无论
向东飞还是向西飞，距离都差不多。这说明美国是距离中国最远的外国之一。处
于西半球国家的人民访问中国的机会太少了。出现在西半球博物馆中的中国文物
是多么宝贵的文化传递载体。它们向南北美洲30多个国家千千万万没有机会到访
中国的民众打开了一个接触了解中华古代文明的窗口。

　　弗利尔博物馆和萨克勒博物馆所收藏的中国文物只是流落美国的中国文物
中的一小部分。纽约的大都会博物馆和美国其他博物馆中也收藏了大量中国文
物。这些文物大多是在晚清和民国初年的乱世之中流落出去的。每件文物后面
可能都有一个曲折的故事。很多中国人在国外博物馆中见到中国文物都有一种
"国耻"感，都想骂一声"强盗"。这是长期来由狭隘民族主义的文化观引发的
思想误区。

　　误区之一是认错了强盗。强盗是有的，但是必须认清。打劫圆明园的英法联
军是强盗，但他们的掠夺物只占流落海外文物中的一小部分。更多的盗贼是国内
的盗墓者、偷凿壁画和岩雕者、炸墓盗宝的军阀。他们以及民国初年靠典当清廷
赏赐的文物过日子的遗老遗少是大量文物流入市场的源头。而那些出资收买文物

的外国人，将中国的文物展示于外国博物馆，向世界介绍中国的文明，说明他们懂中国文化，热爱中国文化。宣传中国的文化不是罪过，在1949年以前将中国文物带出境外也没有触犯法律。

误区之二是耻辱观方向不明。中国人见到中国文物展示在外国博物馆里就感到"耻辱"，恨不能咬它一口。外国收藏家欣赏中国文物，外国博物馆收藏中国文物，外国民众瞻仰中国文物，表明博大精深的中国文化受到世界认可和欢迎，也说明收藏者、展出者、参观者们慧眼识珠。我们应为此感到自豪而不是耻辱。高罗佩、蒙特、弗利尔、萨克勒，等等，都是中华文化的知音。我们对他们应该给予高度的敬意。

误区之三是对文物功能理解模糊。看见中国文物流落海外就心痛，恨不能将所有文物收回国内。追讨战争劫掠物无可非议，而将通过不同渠道流出国外的文物通通追回，既无可能性也没有必要。文物是跨越时空的思想桥梁，是向世界传扬中华文化的载体。国外各大博物馆每年接待数百万来自本国和世界各地的参观者，为展示各国文明发展进程提供了一个高层平台。中国五千年的文明史之所以能够得到世界的公认，流传海外的马昌彩陶和商代青铜器功不可没。这些来自远古的使者屹立于世界最权威的博物馆里，骄傲地向世界人民宣讲着璀璨的中华文明。中国文化的感召力透过这些博物馆潜移默化地渗透出来。它们对于提升国家软实力的功效不亚于推动"汉学西进"的孔子学院。让中国文物在世界著名博物馆中缺位，将不仅是西方人对人类文明认知的损失，也是中国综合国力的流失。

弗利尔博物馆门外寒风凛冽。顺着国家林阴大道向东走到头便是国会山。美国独立后决定修建一个崭新的城市作首都，于是华盛顿市拔地而起。这仅仅是200多年前的事情。美国的学生学习到的本国历史充其量也只能从华盛顿建都的时间再往前回溯200年。他们在弗利尔博物馆和萨克勒博物馆与东方5000年前的文明邂逅时常常露出惊羡的表情。我乐见这种表情。

16
褪色的王冠

在经过无数波变革后的今天，英国君主制的保留是以形式与内容分离的方式对传统的政治文化进行着最后的呵护。在平等的理念下，血统的贵贱失去道义基础。宫廷生活市民化，王室婚姻风波不断，王冠逐渐失去昔日的风采和魅力。

　　每次到伦敦都要去看看伦敦塔。那个至今保存完好的千年古堡是一本厚重的典籍。我决定反复地阅读它，以窥英国历史之一二。

　　这一天，我正在伦敦塔的院子里徜徉，忽然听得墙外炮声震耳。原来，伦敦塔是皇家鸣放礼炮的地方。时至今日，每逢重要的庆典，皇家炮兵团都要把大炮推到城堡旁的泰晤士河畔，鸣炮庆贺。我赶紧尾随其他游客登上城墙，只见墙外泰晤士河畔四门大炮正在喷着白烟。我数了一下，大炮齐鸣10响。等礼炮的硝烟散尽，我向塔楼卫兵打听鸣炮缘由。卫兵骄傲地答道："For the Queen."原来，四门大炮鸣炮10响是为了庆贺女王伊丽莎白二世登基40周年。

　　40年前的一天夜里，女王的父亲英王乔治六世因心脏衰竭在梦中溘然长逝。王国不可一刻无君，因此从理论上说，从国王去世的那一刻起，英国王储就成为英国君主。当时，英国王位的第一继承人伊丽莎白公主在哪里呢？那一刻，公主和她的夫婿正躺在肯尼亚丛林中一座富有热带浪漫风情的小屋里。那个小屋建造在一颗巨大的无花果树上。严格地说，公主是在一棵树的树顶上变成英国女王的，次年举行的加冕礼只是补办的登基手续。

　　曾经有搜集邮票的爱好，尤其是外国邮票。少年时代的许多知识都是从外国邮票上获得的。譬如说，各个国家的国名。从邮票上得知，荷兰人把他们自己的国家称为"Netherlands"，瑞士的国名虽然叫做"Switzerland"，但瑞士的邮票上却印上国家的古名"Helveti"。为何瑞士人在邮票上舍现名而用古名，又成为

伦敦泰晤士河畔礼炮齐鸣，庆贺女王伊丽莎白二世登基40周年。

我在知识的海洋里进一步求索的契机。在世界上众多的国家中，只有一个国家的邮票从不标注国名。这个国家就是英国。英国邮票只是在右上角或左上角印上英国君王的侧影，邮票上部的中央有时还顶着一顶王冠。英国邮票上没有国名，是因为英国是开创公共邮政服务的第一国。当英国人发行第一枚邮票时，别的国家还没有相似的东西可能与之混淆，因此无须在票面上注明邮票国籍。此所谓"只此一家，别无分店"。英国邮政部有意将这一传统保持至今，让世人永远记住邮政服务的开山鼻祖。

英国邮票缺失国名，君王的侧影便成为国家的符号，让世人永远记住了英国君主的英姿。1952年是一个分水岭。此前的邮票印的是乔治六世的侧影，而此后的邮票印的是伊丽莎白二世的侧影。55年来，英国邮票上一直保留着女王26岁时的倩影。在伦敦塔上聆听礼炮声那年，伊丽莎白女王66岁。如今又过去了许多年。屈指算来，女王应已年过八旬。

常常有人拿当今的伊丽莎白女王和400年前的伊丽莎白一世相比。她们有一些相似之处。上一位伊丽莎白女王25岁登基，而这位伊丽莎白女王登基年龄只比她大一岁。上一位伊丽莎白被公认是英国历史上功勋卓著的女王，而这一位伊丽莎白也德高望重，为臣民所敬仰。上一位伊丽莎白女王在位45年，是英国历史上在位最久的女王之一，而这一位伊丽莎白女王也已在位50多年，正在向她的高祖母维多利亚女王创下的历史纪录冲刺。维多利亚女王在位64年，为英国君王在位时间之最，比中国历史上执政时间最长的乾隆还多一年。

英国拥有悠久的君王史。从"征服者"威廉一世算起，英国历经了42位君主，其中包括6位女王。英国也是世界上第一个推翻君主专制的国家。1649年查理一世被推上断头台，君主专制开始动摇。1689年英国议会颁布的《权利宣言》，将民权置于君权之上。自那以后的200多年里，君王的实权一点一点地被剥去，国家政治权力逐渐集中在民主选举产生的议会下院。然而，君主制的形式被小心翼翼地保留下来。国王或女王名义上仍然是国家的最高统治者，国家所有的政令必须由国王签署和有关大臣副署后才能生效。然而，事实上国王对政府大臣"副署"过的政令没有拒绝"正署"的权利。有人开玩笑说，即便国王面前摆着的是处死他自己的命令，他也不能不签字。君主的外壳中包着立宪的内核。这就是今天的君主立宪制。

然而，今天欧洲的君主并不是个闲差。他们发挥着象征性、礼仪性和榜样性的作用。王室成员最多的活动是领导慈善和福利活动，深入民间访贫问苦，以国家元首的感召力引领社会关注热点问题，以加强国家的凝聚力。英国前王妃戴安娜摘掉手套与艾滋病人握手，开启了社会对艾滋病人零距离关怀之先河，获得公众高度赞扬。

当代王室的另一个功能是作为国家亲善的象征出访外国。王室没有实权，对政府和外交不承担实际责任，因此王室成员出访不会涉及两国关系中的棘手问题。又因他们具有国家元首身份，能够引起对方元首和媒体的高度关注，因此王室出访对于改善两国关系具有特殊作用。英国王室对于促进英联邦的凝聚力还发

邮票上的英国女王伊丽莎白二世。在世界众多的国家中，只有英国的邮票从不标注国名。英国是开创公共邮政服务的国家，当英国人发行第一枚邮票时，还没有任何国家有相似的东西与之相混淆，因此无须在票面上注明邮票国籍。英国邮政部有意将这一传统保持至今，让世人永远记住邮政服务的开山鼻祖。

挥着特殊的作用。女王名义上是英联邦11个自治领的元首，因此她经常地访问这11片海外领土，成为维系英国与英联邦自治领的重要纽带。

王室成员还有一个更重要的作用，那就是作为民族精神的化身和人格的典范。伊丽莎白女王母仪天下，以勤政著称。她虽然不干政，不接见记者，却熟知政治。她每天要在白金汉宫的办公室工作几个小时，阅读和批复文件。1953年11月她刚举行加冕礼不久，便进行了一次为期173天的环球旅行，遍访英联邦的海外领地。在澳大利亚的两个月里，她乘船航行2500英里，乘车行驶900英里，乘飞机航行10000英里，一共进行了102次讲演，倾听了160次国歌演奏。她是英国历史上出访最多的君王。在她继位后的前25年里，她一共出访50多次，平均每年两次。此后，由于年岁增长，出访的任务越来越多地交给她的子女完成。

在欧洲许多城市街头都矗立着历史上君王的巨大铜像。那是为了让百姓们每天出门时先望一望祖先的背影，以规范自己的行为举止。当今女王的使命也是为臣民树立人格楷模。在公众和媒体面前，女王永远保持着饱满的精神。当她的马车或汽车行驶在伦敦街头时，行人从车窗里看到的永远是女王微笑的面容。她慈祥地询问幼儿园里儿童的生活情况，慰问麻风病院的病人，在白金汉宫里亲切地接见市民。

直到今天，普通的英国人特别是稍稍上了点年纪的妇女，仍然以能够一睹女王的芳容为毕生最大的荣耀。如果一位英国百姓有幸收到白金汉宫的请柬，就会早早地准备觐见的礼服，然后报名进入专门的礼仪训练班。男士要练习鞠躬，女士要学习屈膝礼。这是几百年的传统。虽然女王并不希望客人太过拘谨，但大多数客人见到女王还是会兴奋得手足无措。这时女王会亲切地伸出手来，握一下客人的手，然后用轻松的话题解除客人的紧张情绪。客人会感到这不是他们的第一次见面。站在女王身后的菲利普亲王则以妙趣横生的插话使得会面笑声朗朗，为女王的和蔼笑谈增添光彩。会面一般只持续五分钟，因为走廊上还有好几批客人要见。大约在四分四十秒时，女王会很自然地边说话边站起来。这个不经意的动作做得那么炉火纯青，以至于客人觉得不是女王要求他走，而是他自己主动告辞的。在客人说了"再见"之后，女王会再挽留一下，使这次会面更加完美。于是，客人便带着女王对他(她)依依不舍的印象步出王宫。这种愉快的心情会伴随他们度过一生。

伊丽莎白当上英国女王纯属偶然。公主的父亲约克公爵也就是艾伯特亲王是乔治五世的次子，本来并不是王位的第一继承人。王位的第一继承人是他的哥哥爱德华亲王，也就是后来的爱德华八世——那位"不爱江山爱美人"的旷世情种。爱德华因为坚持要和离过婚的美国女人辛普森夫人结婚，才舍弃了王位。这样伊丽莎白的父亲才意外地当上国王，封号乔治六世。爱德华八世舍弃王位，使得伊丽莎白一夜间成为王位的第一继承人。

少女时代的伊丽莎白从来没有想过自己有一天会当上女王。就她自己的愿望来说，她不想承担此项重任。那年因她的伯父逊位而使她成为王位第一继承人后，她内心还一直隐藏着一个希望，就是她母亲还能为她生一个弟弟，使她摆脱出任女王的前景。英国王室后代中男性的继位力强于女性。直到她的父亲健康状况每况愈下，才使她死了这个心，从此认认真真地接受未来国君所应该接受的训练。

英国王室家教甚严。虽然贵为公主，伊丽莎白从小也和庶民家的女儿一样，要学习针线女红。有一年，公主亲手织了一双毛线袜子，作为送给父亲的圣诞节礼物。乔治六世收到女儿的礼物，笑得乐开了花，直夸袜子大小正合适。公主的少年时代是在战争中度过的。1940年，时年14岁的伊丽莎白公主与妹妹玛格丽特公主通过无线广播发表演说，鼓舞军民斗志。她还参加了妇女战时服务队，到工厂学习修理汽车。战后的几年里，英国举国经历着严重的粮荒，王室成员也和百姓一样接受物资配给制，虽然不至于缺乏营养，但以往奢华的生活绝无再有。战争期间，欧洲沦陷国家的流亡政府和军队大量涌入英国，伦敦出现房荒，王室将自己所有闲置的宫殿和房产都让出来供盟军使用。公主与菲利普结婚时，王室竟然无处安置新婚的公主和驸马。经过斡旋，最后好不容易才请军队让出了一处王室的别墅，作为公主的嫁房。

说起女王的婚姻，也是全体国民的楷模。女王的丈夫菲利普亲王的母亲是老祖宗维多利亚女王的曾孙女，巴滕贝格的艾丽丝公主。他的父亲是希腊王子安德鲁，祖父是丹麦的威廉亲王，1845年被新独立的希腊选为国王。因此，作

伊丽莎白公主自幼家教甚严。她的少年时代是在战争中度过的。她参加了妇女战时服务队，到工厂学习修理汽车。1940年，时年14岁的伊丽莎白公主与妹妹玛格丽特公主通过广播电台发表演说，激励英国军民抗击德国法西斯。

为丹麦王室和希腊王室的后代，菲利普在丹麦和希腊王位继承序列中占有一席之地。然而，菲利普生于英国，长于英国，战争期间在英国海军中服役，因此虽然血管里流着丹麦和希腊的血，但胸腔里长着一颗英国的心。同为维多利亚女王的后代，伊丽莎白与菲利普也算得上是远亲，虽然菲利普只比伊丽莎白大5岁，但论辈分还长公主一辈。两人自幼相识，据说是在公主父亲的加冕礼上认识，那时公主才11岁，后来在王室活动中相见甚频，日久便生情愫。战后初年，公主要嫁菲利普的谣言不胫而走，开始王室新闻官还拼命辟谣，后来也就默认了。战后初期，国际关系相当微妙，王室涉外婚姻格外敏感，加上希腊局势不稳，舆论对这桩婚事歧见甚大。"民为天，社稷为重"，对社会观感不能掉以轻心。直到星期画报做的民意调查表明，64%的民众赞成伊丽莎白公主与菲利普的婚事后，两人的婚礼才确定下来。

女王夫妇相敬如宾，女王对夫君敬重有加，处处让国民感觉，如果没有公爵的存在，他们便无法享有一个完美的女王。爱丁堡公爵的一举一动也都把握好了尺度，在公众面前绝不抢女王风头。这与婚后初年的情形正好相反。那时菲利普是驻扎在马耳他皇家海军基地"黑嘴鹊"号驱逐舰上的少校舰长。当他光着膀子与水兵们一同进行划船比赛时，伊丽莎白公主和其他军官的妻子一样，站在军舰

女王夫妇相敬如宾，堪称英国国民的楷模。女王夫妇时时让国民感到，如果没有公爵的存在，他们便无法享有一个完美的女王。爱丁堡公爵的一举一动也都把握好了尺度，在公众面前绝不抢女王的风头。

上为自己的丈夫欢呼加油。夫妇俩在不同时期都恰如其分地扮演好了自己的角色。

女王如今已年过八旬，体力和精力已大不如前，各种文件审阅签署、出访工作也渐觉力不从心，早该把王位传给她的子女。女王至今仍不退位，自有她的苦衷。在女王的孙辈还未出世时，英国的王位继承人名单就已经长达16人。前四位自然是她的四个子女：长子查尔斯王子、次子安德鲁王子、三子爱德华王子、女儿安妮公主。然而，女王的四个孩子中没有一个众望所归者。不仅如此，除了三子爱德华外，

英国公众从媒体上见到的卡米拉（大图）是一位充满沧桑的迟暮美人，与当年戴妃（小图）的靓丽风采形成鲜明对比。婚后卡米拉继承了戴安娜所有的封号，但她避免使用"威尔士王妃"这个称呼，因为这个称呼在国民心中已经锁定在戴安娜身上。查尔斯与卡米拉注定将在戴妃的阴影之下度过余生。

其他三人都有过离婚史。离婚乃王室大忌。按照英国的传统观念，往轻里说，离婚是一种缺乏责任的行为。它违背了婚礼上在上帝面前发出的誓言，玷污了基督教的婚姻理想，使上帝赋予天下的儿童拥有双亲的精神安宁被剥夺；往重里说，离婚是一种丑闻，它常常引起一连串龌龊的联想。王室成员是国家的精英，民族精神的典范，国民的楷模，因此绝不应该与离婚有任何瓜葛。不仅如此，王室成员的配偶也不应有离婚的前史。

然而，在当代社会，离婚几乎成为时尚和潮流。20世纪90年代的离婚大潮也冲破了温莎堡的宫墙。女王的四个子女中已经有三位与自己的元配劳燕分飞。然而，令女王痛心疾首的已经不是子女的离婚问题，而是他们闹得沸沸扬扬的丑闻。王储查尔斯与王妃戴安娜双双爆出的婚外情书及与情人不堪入耳的电话录音，使女王颜面扫地，最后采取了她最不愿意采取的行动——责令二人离婚。王储离婚后与卡米拉完婚，结束了长达20年的地下恋情马拉松。公众对戴妃的怀念，使得这次婚礼备受冷落。电视屏幕上呈现的新娘是一位充满沧桑感的迟暮美人，与当年戴妃的靓丽风采形成鲜明对比。婚后的卡米拉继承了戴妃所有的封

号，但她避免使用"威尔士王妃"这个称呼，因为这个称呼在国民心中已经锁定在戴安娜身上。在苏格兰，她使用"罗德赛女公爵"的封号，而在英国其他地方她称呼自己为"康沃尔女公爵"。与戴安娜不同的是，卡米拉出身贵族。从血脉溯源来说，英国王朝的开山鼻祖"征服者威廉"是她的先辈。据猜测，由于王室对离婚的成见，即便将来查尔斯王子能够戴上王冠，卡米拉未必能得到王后的封号。王储夫妇注定一生将生活在戴妃的阴影中。

两年后，女王的次子安德鲁王子也与妻子莎拉分道扬镳，为长达10年磕磕绊绊的婚姻画上句号。离异后的安德鲁如脱缰的野马，自由驰骋在风月场上。他作为英国的贸易大使穿梭于五大洲，每到一处，都被如云的美女所包围。他的女友名单也随着他的旅程的延伸不断加长。这份名单中包括女强人斯特夫莉、美国多才多艺的华裔记者、律师兼演员的葛伊，加拿大亿万富婆麦克贝恩，等等。报纸上不断传出他要结婚的消息，但随着一个个新女友的出现，这些消息也相继烟消云散。在公众眼里，王子已成了浪荡公子的代表。

伊丽莎白女王的次子安德鲁王子。经过10年磕磕绊绊的婚姻，安德鲁与妻子莎拉分道扬镳。他作为英国的贸易大使穿梭于五大洲，每到一处，都被如云的美女所包围。这份名单中包括女强人斯特夫莉，美国多才多艺的华裔记者、律师兼演员的葛伊，加拿大亿万富婆麦克贝恩等。

伊丽莎白女王唯一的女儿安妮在王室中分管慈善和公益活动。她的工作包括200多个慈善组织的赞助人，23个与军队有关的职位，英国奥林匹克协会主席和2012年伦敦奥运会组委会的成员。她有时一天要赶5场活动。一年下来，她在国内外的访问和观礼活动最多时可达600多场。她是一位无比敬业的公主，但她繁忙的工作远没有耗尽她的精力。她把她充沛的剩余精力便全部投入到风流韵事中。1973年，公主下嫁王室近卫龙骑兵中尉菲利普斯。菲利普斯是一名优秀的马术骑手，在慕尼黑奥运会上获得过马术团体金牌，在汉城奥运会上赢得该项运动的银牌。马术是英国王室传统的运动项目。安妮公主本人也参加过奥运会的马术比赛，并于20世纪70年代初夺得过欧洲马术冠军。马术奥运冠军与欧洲冠军相互投入对方怀抱。英国的宫廷御马师是一份幸运的职业。400年

伊丽莎白女王的女儿安妮公主分管慈善和公益活动。她是一位敬业的公主。她的工作包括200多个慈善组织的赞助人，23个与军队有关的职位，英国奥林匹克协会主席和2012年伦敦奥运会组委会的成员。

前，御马师达德利被伊丽莎白一世选为自己的男宠。400年后，御马师菲利普斯成了伊丽莎白二世的女婿。

然而，生性不太安分的公主婚后不断地让青年驸马爷戴上绿帽子。她的情人像走马灯一样换了一个又一个。王室保镖克罗斯将他俩的秘密情史以60万英镑的高价卖给了媒体。她与女王侍从武官劳伦斯的情书也被报纸曝光。驸马爷也不是省油的灯，也时不时地在外面闹出点乱子。20世纪90年代初，他被一位新西兰籍女教师熙德·冬琴告上法院。法庭经过DNA测试，认定安妮公主的丈夫是这名女教师女儿的父亲。公主最后与菲利普斯离婚。他们的女儿扎拉·菲利普斯倒是很争气，在她24岁那年赢得了欧洲马术锦标赛的金牌，是在她母亲之后为女王家族赢得欧洲马术女冠军的又一人，成为这次失败婚姻的唯一硕果。

安妮公主后来又结婚了，新驸马是她的地下情人劳伦斯。劳伦斯不善骑马，却很会驾船。他是一名优秀的海军舰长，在十来艘军舰上任过职，功勋卓著。他在南大西洋的福克兰群岛巡逻，在北海追捕北爱尔兰共和军武器走私船，在亚得里亚海执行北约的任务。他还数次被调到国防部工作，任过国防大臣的助理、战略防务评估小组的参谋等职，30年里从海军见习少尉一直升到中将。他在中校的阶位上被调到白金汉宫任女王的侍从武官。就在女王身边任职时遇到了年长他几岁、身为人妇的安妮公主。这位优秀的军人拜倒在公主的石榴裙下。后来两人的秘密恋情曝光，劳伦斯离开了白金汉宫。这是对婚外恋的制裁。爱情的接力赛背离了游戏规则，常

青年时代的安妮公主是一名优秀的马术运动员，参加过奥运会的马术比赛，夺得过欧洲马术冠军。这些显赫的经历奠定了她今天作为英国体育界领军人物的地位。

常未到下一个起跑线便提前交棒。安妮将第一段婚姻画上句号后，两人将暗盖改成明铺。他们按苏格兰教会的仪式举行了婚礼。婚礼在十分偏僻的克拉锡教区教堂举行。苏格兰教会允许离婚者再婚。

安妮的第一任丈夫菲利普斯后来去了美国，担任美国马术全能综合赛的场地鉴定师。他为美国设计了一个奥运标准的马术比赛场地。他后来与美国女花样马术骑手桑蒂·弗鲁杰结婚，并育有一女，小日子过得红红火火。媒体在公主56岁时再次掀起绯闻风潮，说她准备结束维持15年的第二次婚姻再起炉灶，与她少女时代的初恋情人重温旧梦。据说那位情人不是别人，竟然是新嫂嫂卡米拉的前夫安德鲁·帕克·鲍尔斯。这个猜测后来一直没有得到证实，但公众从这次爆料中得知，安德鲁·鲍尔斯竟然是安妮公主在与菲利普斯结婚前的恋人，而卡米拉在威尔士亲王与戴妃结婚前就是情人。两兄妹的初恋情人后来结为伉俪，而这对伉俪分道扬镳后险些又都与前情人结婚而重新成为姻亲。王室的故事总是充满了戏剧性。鲍尔斯与卡米拉离婚后的第二年与他的旧友罗丝玛丽结婚。2010年1月，罗丝玛丽病故。公主夫妇现身她的葬礼，安慰她的老朋友鲍尔斯。公众才醒悟过来，他们先前被媒体结结实实地忽悠了一把。

女王忧心如焚不是没有道理的。最近20多年来，尽管大多数英国民众依然对君主立宪制拥戴如初，但共和革新的呼声也一直不绝于耳。多年前在利物浦街头，有人塞给我一张《社会主义工人报》。这个英国左翼小派别喊出了"废除君主制，不养寄生虫"的口号。澳大利亚的共和运动也闹了十几年了，几乎掀起了一场脱离英联邦的全民公决。多年来，女王处处赔着小心，就是怕君主制断送在自己手中而愧对祖先。多年前我曾应约在《光明日报》发表一篇关于英国女王纳税的文章。事情缘于1992年11月温莎堡大火。城堡的一部分被大火焚毁。舆论曾质问政府为何要为40年来从未缴过所得税的女王出资修缮私人产业。英国政府出面澄清道，温莎堡乃国

安妮公主的女儿扎拉·菲利普斯很争气，在24岁那年赢得了欧洲马术锦标赛的金牌，是在她母亲之后为女王家族赢得欧洲马术女冠军的又一人。

家财产，只是交由王室永久使用云云。女王闻讯后急忙向公众宣布从此向国家纳税。女王在舆论前战战兢兢之心情由此可见一斑。

小王子爱德华是女王唯一没有上过丑闻榜的孩子。爱德华喜爱庶民生活，厌恶别人把他称为王子。他热爱戏剧事业，出演许多戏剧，特别是电视剧。他自己开创了自己的电视节目和电视剧公司。图为爱德华王子与妻子索菲·莉丝—琼斯。

王室的绯闻要是搁在几百年前，只不过是小菜一碟，谁也不会太在乎。王妃卡米拉的曾外祖母艾丽丝·凯帕尔夫人便曾是国王爱德华七世的情妇。那个时代，没有情妇的国王凤毛麟角，可而今是"君权民授"的时代，王室成员再也不能像百年之前那么随心所欲。"光荣革命"过去300多年后的今天，英国还保留着君主制，那是因为酷爱传统的英国人在尽量追求历史的延续感。什么是历史延续感？就是在什么都变了之后还让你还有一种什么都没变的感觉。君主立宪就是将专制主义掏空后依然保留着君王的外壳。王室成员每年获得的高额薪俸也不是白给的。他们作为国家第一家庭的首要使命是为国民树立人格典范和道德楷模。因此，离婚、再婚这些庶民中再平常不过的事情在王宫里却仍然被视为洪水猛兽。你的行为举止如果和庶民一样，纳税人为什么还要养着你？

小王子爱德华是女王唯一没有上过丑闻榜的儿子，只不过因为到35岁才结婚而长期被媒体猜测为同性恋者。不过，爱德华喜爱庶民生活，厌恶别人把他称为王子。他热爱戏剧事业，出演过许多戏剧，特别是电视剧。他自己开创了自己的电视节目和电视剧公司。如今爱丁堡公爵年迈体衰，许多事情做起来力不从心。他体谅父亲的苦衷，逐渐接过了父亲的王室义务，开始步入政治事务，但他表示决不继承王位。斑斓的色彩一旦褪去，帝国的王冠显得如此落寞。

随着女王年事渐高，踌躇满志的王储查尔斯王子开始琢磨自己继位后的封号了。照理说，当王子时叫做查尔斯，登基后也应顺理成章地称为"查理三世"。但是，这个封号听起来太不吉利，因为英国历史上前两位查理国王都不得好死。查理一世因为专制统治，与议会为敌而被推上了断头台。查理二世倒行逆施，企图恢复独裁统治，制造了"莱伊宅阴谋"冤案，遭到国人谴责，于55岁死于中风。这两位名号为查理王的先祖在英国历史上腥膻满天。查尔斯不愿意再以"查理"为自己冠名。好在英国王室成员名字都很长，选择封号的空间十分宽阔。他的全名是查尔斯·菲利普·阿瑟·乔治。他目前倾向于采用乔治作为君王封号，称为"乔治七世"。英国历史上的几位乔治王声望卓著，用"乔治"做封号可以借助祖先的阴德为自己增光添彩。

王储有王储的美梦，女王有女王的想法。年过六旬的王储还未接上班，照说也应该揣摩出母亲的心思了。女王80多岁不退位，似乎是在等着孙子威廉成熟起来，直接接她的班。查尔斯与戴安娜的长子威廉于1982年出生后，成为王位第二顺位继承人。民意调查表明，英国50%的妇女希望威廉王子能够直接继承祖母的王位。女王在这位洁白无瑕的孙子身上寄托了最大的希望，要在这张白纸上描绘最好的图画。

威廉王子与妻子。伊丽莎白女王80多岁不退位，似乎是在等着孙子威廉成熟起来，直接接她的班。民意调查表明，英国50%的妇女希望威廉王子能够直接继承祖母的王位。女王在这位洁白无瑕的孙子身上寄托了最大的希望，要在这张白纸上描绘最好的图画。

伦敦的西郊有一座三层楼房，它以前曾是一座郊外庄园，被中国大使馆买下，曾经是使馆教育处的办公地点。后来教育处迁到别处，现在那里只剩下教育处招待所。它坐落在德累吞格林路（Drayton Green），门牌号是51号，中国留学生都亲切地称它"51号兵站"，这是因为在英国学习的中国学生几乎没有没在那里住过的。国内学生初到英国还未找到合适的住处，或在外埠大学上学到伦敦搜集论文资料，或者往返国内在伦敦中转，这个招待所都是他们最好的临时落脚处。从伦敦市内到"51号兵站"，须沿地铁红线往西坐到头。从地铁出来后到"51号兵站"大约还有一两公里路程，有几路公交车可达。不同的公交车绕的路不一样，到达"51号"的站名和地点也不一样。

这一两公里路程，我通常步行过去。有天从伦敦市内回来，正走在去"51号兵站"的半道上，一辆从身后过来的公交车在我身旁戛然而止。车门开启，司机招手示意我上车。司机皮肤黝黑，尖尖的鼻子，长长的黑发，像是索马里或者埃塞俄比亚血统，听声音应该是位女士。她问我去哪里。我告诉她我去某某路51号。她回头朝车上的乘客大声喊道："诸位谁知道某某路51号在哪站停？"一位白发苍苍的老人在后座上应声答道："那是中国大使馆，在某某站下最近。"司机不再理我，只是听着乘客聊天，不时大声地插上一两句话，似乎车上的人全是她的邻里街坊。侧耳听听他们聊天的内容，还是当时热门的王子和戴妃的话题。当车到我要下的站时，司机看见对面站牌下有一位中国女生，便关照我说："下车问问那位女士，她应该知道你要去的地方。"我谢了她。回头再谢那位老人时，与乘客们打了一个照面，看到一车友好的目光。

利物浦大学的老师吉姆·汤姆森和乔·佛利告诉我，他们都敬仰女王，拥护君主立宪制，希望她的王冠能够顺利传递下去。这辆公交车上的乘客是女王的另一类臣民。他们处于社会底层，是与矜持的知识界不同的英国人，不知他们如何看待女王头上那顶落寞的王冠。

后 记

我效力的单位是研究欧洲的，最初有政治、国际关系、经济和文化等研究室。我早期的领导陈乐民先生专长于国际关系和政治学，但对文化问题情有独钟。他在主持研讨会时常常情不自禁地把话题引到文化上来。于是乎，在我们的头脑中便形成了政治与文化密不可分的印象。在他的影响下，这个研究所形成了重视文化的传统。

我的工作要求我经常往返欧洲，去考察欧洲联盟成长的过程。或许因为我的专长是经济，在探讨欧洲的变化时喜欢用放大镜寻找其背后的经济原因，结果发现，经济原因总是与政治和文化原因纠缠在一起，剪不断，理还乱。

欧洲经济一体化的过程磕磕绊绊，成员国在每项动议上争吵不休，经济利益自然是优先考虑的东西。欧盟每走一步，各成员国都要掂量自己能得到的好处和付出的代价。政治利益也锱铢必较。成员国向欧盟让渡的每一项主权都谨小慎微，害怕自己让出的主权会被别国操控。文化也是欧洲整合的阻力。成员国时时呵护着自己的民族特性，抱怨欧盟委员会高度划一的食品规范破坏本国的饮食传统。为满足成员国保护自己的语言的要求，欧盟所有机构的文件以27国的官方文字印行，所有重要会议的发言同声翻译成各国的语言。巨额的翻译费用成为欧盟机构沉重的行政成本。土耳其的会籍问题是欧盟最折磨人的心结。成员国找出了种种地缘的、政治的和经济的理由推迟和阻挠这个国家入盟，譬如说它不是欧洲国家，譬如说它人权不达标……，但人人心知肚明，根本的原因，是欧盟这个基督教营垒不愿意接纳一个穆斯林国家。欧盟大船这次搁浅在文化礁石上。

有好些年里，我被当做"专家"请到央视访谈节目上谈欧盟，在最权威的报纸上写欧盟，在个人专著中论欧盟。我以为，欧洲的经济和政治是我魂之所在。然而，我某一本书的写作过程颠覆了我的自信。当我写及经济和政治时，我大脑迟钝思维呆滞，而论及欧洲的历史和文化时思绪却如同平川跑马高峡放舟。我恍然大悟，原来我的内心深处有一条潜藏的河。于是，我决定让我的第六本书跨出职业领域，去开发这条河，挖掘我真正的兴趣。这本书要记述我在另一个领域的思考。这些思考一直游荡于欧洲的教堂、纪念碑、博物馆、画廊、凯旋门和雕刻之间，多年来在悄悄发酵。我从欧洲回来，每每忍不住要写一两篇随笔。有一篇无心插柳之作还在人民日报上获了奖。

从青年时代起我就有一个习惯，每到一个城市第一个造访的地方是当地的历史博物馆。这个习惯后来带到了国外。我原来早已心有旁骛。当我在利物浦大学进修欧洲经济史时，我最关注的课程却是欧洲通史。几年后我在马斯特里赫特大学合作研究全球化问题时，又悄悄地将荷兰版的欧洲通史听了一遍。那是一个内容号称"从柏拉图到北约"(from Plato to NATO)的课程。听这些额外的课完全是无的放矢，原动力除了兴趣还是兴趣。然而，这些课程一直在滋灌着我心中的地下河。今天看来，我种瓜不仅得瓜，而且还收获了豆。

在国外，每逢假日我都有一个固定的节目，那就是到天主教堂望弥撒或去新教教堂听布道，观察两个基督教教堂软、硬件的细节，熟悉它们的程序，了解它们的区别。我每到一个城市，预先要做的功课是从各种信息来源查询那里最古老的遗迹，然后奔它们而去。马斯特里赫特市中心有一个中世纪的街区，每幢房子的门楣上都镌刻着它的建造年份。这些古老的房屋已经不适宜居住了，当地政府要保护文物又不允许改建和拆除，因此这些街巷已空无一人，就像被瘟疫扫荡过一样。这样的空城区后来在西班牙的巴伦西亚和意大利的威尼斯等城市一再出现。欧洲人珍惜祖先留下的一砖一石，因为它们是历史，是文化，是宝藏。我一次又一次地流连于那些鹅卵石铺就的空街巷，努力辨识着罗马人、勃艮第人、诺曼人、隆巴第人、摩尔人留下的蛛丝马迹，并随手用相机将它们记录下来。这些照片今天也成了浓阴华盖的柳林，为我的书增添了色彩。

2009年我到中国台湾南华大学为欧洲研究所研究生讲授"欧洲经济整合"，暂时中断了本书的写作。第二个学期，我增设了"欧洲历史专题"课程。始料未及的是，这个临时插入的课程受青睐的程度大大超过了我的主课。打动学生的恐怕不是学术造诣，而是我心中奔腾的河。这条河终于涌出了地面，不仅为我的课程提供了养分，而且也羽化为我写作的灵感。这些灵感直到本书因篇幅而不得不截稿时还没有耗尽。

感谢我的同事曹慧女士和我家庭的朋友侯广琳女士慷慨地为这本书提供了部分图片。同时，感谢我的妻子阳为我提供了衣来伸手饭来张口的生活，并且作为本书的第一个读者和校阅人提出了有益的意见。她的支持是这本书的写作得以顺利完成的重要条件。

这本书只是一条涓涓细流。愿这条细流能与别的溪流和江河一起，汇入浩瀚的海洋。

作 者

二〇一一年一月七日